LE NAUFRAGE DU K-219

Titre original : *In Hostile Waters*
Traduit par Jean Charles Provost

Le Code de la propriété intellectuelle n'autorisant, aux termes de l'article L. 122-5, 2° et 3° a), d'une part, que les « copies ou reproductions strictement réservées à l'usage privé du copiste et non destinées à une utilisation collective » et, d'autre part, que les analyses et les courtes citations dans un but d'exemple et d'illustration, « toute représentation ou reproduction intégrale ou partielle faite sans le consentement de l'auteur ou de ses ayants droit ou ayants cause est illicite » (art. L. 122-4).
Cette représentation ou reproduction, par quelque procédé que ce soit, constituerait donc une contrefaçon sanctionnée par les articles L. 335-2 et suivants du Code de la propriété intellectuelle.

© Peter Huchthausen, Igor Kourdine et R. Alan White, 1997
© Presses de la Cité, 1998, pour la traduction française
ISBN 2-258-04890-7

Peter Huchthausen
Igor Kourdine et
R. Alan White

LE NAUFRAGE DU K-219

Document

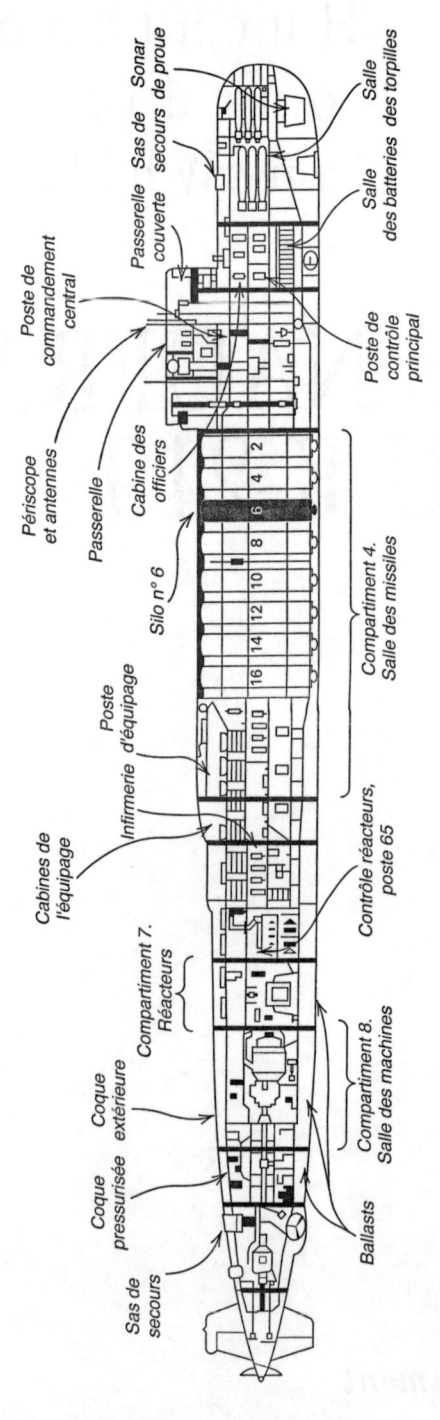

Avertissement

La tragédie du *K-219* s'est déroulée au plus fort de la guerre froide. La plupart des événements relatés ici sont encore protégés par le secret d'Etat. L'US Navy, quant à elle, ne divulgue aucune information concernant les opérations des sous-marins américains.

Curieusement, il a été plus facile d'obtenir des renseignements auprès des Russes. La manière dont les faits sont restitués reflète cette différence. Les gestes, les conversations, et jusqu'aux pensées intimes des membres de l'équipage du *K-219*, viennent directement de leurs témoignages ou du journal de bord du sous-marin.

Les faits qui se sont déroulés dans le sous-marin américain présent sur les lieux, ainsi que ses manœuvres, ont été reconstitués grâce aux observations des Russes, aux rapports américains, aux entretiens avec de nombreux officiers de marine et experts américains, et à la longue expérience des auteurs en la matière. Les conversations et les ordres donnés, tels qu'ils sont cités dans le livre, ne reprennent pas toujours les mots réellement prononcés par les protagonistes.

Comme n'importe quel ouvrage ayant trait au renseignement, ce récit a dû être reconstitué à partir de sources multiples. Bien qu'elles divergent sur certains détails, il est, pour l'essentiel, conforme à la réalité.

« Seigneur Dieu, toi qui es notre force et dont le bras atteint le fond de l'océan,
Sois le Dieu des hommes sous la mer, protège leur traversée des profondeurs,
Entends notre prière, préserve-les des périls des grands fonds.
Seigneur, garde et guide les sous-mariniers qui protègent notre sol,
Ne les abandonne pas, nuit et jour, dans le silence des abysses et le rugissement des embruns,
Entends notre appel vers Toi, pour ceux qui sont en danger sur les mers. »

(Extrait de l'hymne de la marine américaine)

Préface

par Tom Clancy

Nicholas Monsarrat parlait de « mer cruelle[1] ». Aussi impitoyable fût-elle depuis toujours, les œuvres de l'homme l'ont rendue encore plus cruelle. L'ère nucléaire n'a rien arrangé en forçant des hommes à y effectuer des séjours de plus en plus longs dans des conditions plus difficiles, et avec les intentions les plus noires. La fin de la guerre froide et la disparition de l'Union soviétique ont permis d'exhumer un certain nombre d'épisodes inconnus. Ce livre en donne un exemple.

Pendant des années, la marine soviétique a envoyé des sous-marins lance-missiles à propulsion nucléaire en patrouille au large des côtes américaines. Invariablement filés par des sous-marins d'attaque rapide américains, ces bâtiments avaient pour mission (le cas échéant) de lâcher leurs missiles sur notre pays. La mission des sous-marins américains en traque était (le cas échéant) de les en empêcher. Il y avait donc un « engagement à mort » entre les navires et les hommes qui se déplaçaient — invisibles — sous la mer, tandis que d'autres bâtiments voguaient sur la surface des océans.

Techniquement, les sous-marins soviétiques étaient inférieurs, et leurs équipages le savaient. Ils faisaient pourtant leur travail le mieux possible, sans cesser de s'interroger sur la présence dans le voisinage d'un adversaire hostile. Mais la tâche prioritaire des marins russes était de maintenir leur navire en état de marche. Loin de chez eux, ils devraient affronter des périls inconnus de

---

1. *Mer cruelle*, roman best-seller de Nicholas Monsarrat, Plon, coll. Livre de Poche, 1958.

leurs homologues américains, et faire le travail qu'on leur avait assigné.

Le *K-219* est un des navires qu'ils ont perdus pendant la guerre froide. A quelques centaines de milles des îles touristiques des Bermudes, le sous-marin a subi un accident grave, aussi dangereux pour son équipage que pour le bâtiment lui-même. Je me rappelle avoir éprouvé peu de compassion, lors de cet incident, pour les Russes qui se trouvaient à bord. J'avais tort. Ils étaient peut-être nos ennemis, mais c'étaient des êtres humains, et nous n'étions pas en guerre. A des milliers de milles de chez eux, sans la moindre possibilité de recevoir de l'aide, ils affrontaient la mort comme tant d'autres l'avaient fait tout au long des siècles. Leur seul objectif était leur propre survie. Et tandis que les navires américains se précipitaient sur les lieux du drame, les Russes recevaient l'ordre de n'accepter l'aide de personne, de ne compter que sur leurs propres forces.

Voici donc un récit de « la mer cruelle » se déroulant dans des circonstances plus cruelles encore, une histoire d'hommes piégés par leur devoir dans un combat avec le feu et l'eau. Certains d'entre eux n'y ont pas survécu. Aujourd'hui, la guerre froide est finie. Dans les prochaines années, nous allons pouvoir faire le compte des hommes et des femmes qui y ont laissé la vie. Et si nous voulons apprécier la paix que nous avons gagnée, il nous faudra tenir compte du prix que nous avons payé, pour nous et pour nos enfants. Les Russes ont payé, eux aussi. Ce livre retrace un chapitre de cette histoire-là.

Le Naufrage du K-219 est une des histoires de sous-marins les plus fascinantes que j'aie jamais lues.

Avril 1997

Introduction

Lorsque des fragments de l'histoire du *K-219* apparurent dans la presse, en 1986, je m'apprêtais à partir pour Moscou. J'allais y passer trois ans en qualité d'attaché naval américain. Il était prévisible qu'une telle histoire allait rapidement disparaître du domaine public. Les Soviétiques censuraient les informations sur leurs accidents militaires. Le gouvernement des Etats-Unis refusait quant à lui de parler des opérations sous-marines en général, et des opérations « noires » en particulier. Mais la lecture d'un article du *Washington Post* piqua ma curiosité. Il y était question d'un commandant soviétique qui avait refusé d'obéir aux ordres de quitter son sous-marin accidenté.

Durant les années que j'ai passées à Moscou, aucun des deux camps n'a jamais évoqué l'incident du *K-219*. Ce n'est qu'après en avoir reconstitué l'histoire, rencontré les survivants et leurs familles, après m'être entretenu avec le commandant du sous-marin, que j'ai commencé à comprendre l'ampleur de ce drame de la guerre froide.

Le naufrage du sous-marin balistique soviétique *K-219* a été reconstitué grâce aux témoignages des survivants, à des journaux de bord, aux enquêtes officielles, et aux participants (en mer et sur terre) des deux camps, russe et américain.

Voici donc l'histoire du seul sous-marin lance-missiles à propulsion nucléaire qui ait jamais été perdu en mer. C'est une histoire de courage, de lâchetés et, pour quelques-uns, de sacrifice ultime. Elle n'avait encore jamais été racontée.

Peter Huchthausen, avril 1997

Prologue

Même si personne ne s'en doutait, à l'automne 1986 la guerre froide était profondément engagée dans sa phase finale. Des armées considérables se faisaient encore face, de part et d'autre d'une Europe divisée. Les équipes de maintenance des missiles en Allemagne et en Ukraine, au Kansas ou au Dakota du Nord, se tenaient en alerte vingt-quatre heures sur vingt-quatre, prêtes à déclencher l'apocalypse. Pendant ce temps, sous les mers, les deux superpuissances jouaient au chat et à la souris. Un jeu qui ressemblait à une véritable guerre, sans l'ordre final de tirer.

Cette confrontation russo-américaine était dangereuse, mais elle était équilibrée. Depuis trois décennies, le monde dépendait de cet équilibre. Il faillit s'effondrer au milieu des années quatre-vingt, lorsque les Soviétiques déployèrent les SS-20, des missiles mobiles pointés sur le cœur de l'Europe de l'Ouest. Les Etats-Unis répliquèrent avec les missiles Pershing et Tomahawk basés en Grande-Bretagne et en Allemagne. Quelqu'un avait soudain surenchéri, et l'équilibre était rompu.

Aux yeux des stratèges soviétiques, le déploiement en Europe de missiles offensifs à courte portée constituait le pire des scénarios catastrophes. Pour la première fois, des armes nucléaires pouvaient tomber sur le Kremlin avant même que leurs leaders aient le temps de savoir qu'elles avaient été lancées.

Pour riposter à cette menace, la marine soviétique envoya des sous-marins lance-missiles patrouiller de manière provocante près des côtes américaines. Les ogives nucléaires de leurs missiles stratégiques pouvaient frapper Washington aussi vite, sinon aussi précisément que les Pershing américains dirigés sur Moscou. Puisque les deux capitales couraient des risques égaux, les Soviétiques crurent que l'équilibre était rétabli.

Ils se trompaient, car la guerre froide n'était nulle part moins égale que sous les mers.

Des sous-marins des services spéciaux du renseignement américain surveillaient la sortie des ports soviétiques et relevaient l'« empreinte acoustique » de chaque sous-marin sortant. Des kilomètres de dispositifs soniques hypersensibles enregistraient leur passage dans l'Atlantique. Des patrouilleurs aériens américains traquaient les sous-marins russes avec des balises acoustiques passives et actives. Et lorsqu'ils arrivaient devant les côtes américaines, les Soviétiques faisaient face aux sous-marins d'attaque ennemis qui se matérialisaient comme des fantômes, silencieux, furtifs, capables de les suivre — et de les prendre pour cible — à leur insu.

Les Russes ne sont pas moins patriotes que les Américains. Par devoir et par orgueil, parfaitement conscients des risques, ils conduisaient leurs vaisseaux bringuebalants et obsolètes sous le nez d'un ennemi qui leur était supérieur. Mais le rythme accru des opérations a rapidement exigé son dû. Fin 1986, la flotte du Nord soviétique faisait l'impossible pour respecter le programme de patrouilles sous-marines imposé par la politique. Inévitablement, il fallut parfois sacrifier la sécurité.

Le *K-219*, un sous-marin démodé appartenant à la classe que les forces de l'Otan avaient baptisée « Yankee », était un de ces navires. Il comportait deux réacteurs nucléaires d'une conception désuète et dangereuse. Sa batterie de seize missiles avait été réduite à quinze une dizaine d'années plus tôt, à la suite d'une explosion qui leur avait fait frôler la catastrophe.

En septembre 1986, ses cent dix-neuf hommes étaient enfermés dans une coque d'acier grinçante, entourés de poisons chimiques et radioactifs, traqués par des forces américaines qu'ils n'étaient même pas capables de repérer. Ils étaient venus de leur base de l'Arctique parfaitement conscients que si la guerre éclatait, leur espérance de vie serait très courte. Mais la guerre n'était pas leur principal cauchemar. Comme tous les marins, quel que soit leur pavillon, ils étaient trop occupés à combattre leur plus grand ennemi commun : la mer.

1

> *Il y avait deux façons de voir Gadjievo. D'abord, on était enchanté d'en partir. Mais, après trois mois de patrouille en mer, on ne pensait qu'à une chose : y retourner.*
>
> Gennadi Kapitulski,
> ingénieur propulsion, *K-219*

3 septembre, Gadjievo, 1er jour

A Gadjievo, base de la flotte soviétique du Nord, on n'était jamais sûr de trouver du savon, de l'eau chaude, des légumes frais et du papier hygiénique. La neige, en revanche, y était presque toujours abondante. D'après le calendrier, ce n'était que la première semaine de septembre. Mais au fond de ce fjord sinueux, au-dessus du Cercle arctique, la moindre surface d'épiderme exposée savait que l'hiver était déjà là.

Les pentes rocheuses du fjord étaient couvertes de neige. Les flocons tombaient du ciel couleur de ciment frais. Ils s'entassaient sur les docks de béton, les grues peintes au minium, les allées de gravier, et sur les ponts aux missiles noirs et luisants des sous-marins nucléaires.

— Machines arrière lentes, dit le capitaine Igor Britanov, commandant du sous-marin lance-missiles *K-219*.

Vladmirov, le nouveau *starpom*[1], en station au poste central de commande situé sous la passerelle, accusa réception de l'ordre. Les deux hélices du *K-219* se mirent en mouvement.

Britanov, un jeune capitaine de trente-six ans, était un

---
1. Second. (*N.d.T.*)

bel homme dont la frange de cheveux noirs contrastait avec ses yeux bleus étincelants. Son épaisse moustache noire et son crâne presque chauve lui donnaient l'air d'un pirate. Mais là-haut, sur le pont découvert, tout au sommet du kiosque — ce que les sous-mariniers américains appellent *l'aile* —, ce n'était qu'une paire de sourcils gelés dépassant du bonnet de fourrure d'officier. A chaque fois qu'il inspirait, le froid devait traverser cinq épaisseurs de laine et de ciré pour atteindre ses poumons.

Britanov se pencha contre le pare-brise pour s'abriter du vent. Le pavillon du *K-219* claqua. La marine de surface devait supporter le mauvais temps, et Britanov savait qu'un sous-marin chaud et sec présentait des avantages. Même un sous-marin comme le *K-219*.

Il avait été mis à l'eau en 1971, au chantier de sous-marins nucléaires de Severodvinsk. C'était un modèle ancien appartenant à la classe Navaga, connue à l'Ouest sous le nom de Yankee-1. Ce bâtiment de près de quatre cents pieds de long était équipé de deux réacteurs VM-4 capables de produire la lumière, la chaleur, l'eau et l'air frais nécessaires à ses cent dix-neuf hommes d'équipage. Neuf, il pouvait filer à vingt-six nœuds en plongée. Présentement, Britanov devait se satisfaire de vingt nœuds.

— Barre dans l'axe.

Les hélices firent bouillonner l'eau noire et glacée. La poupe s'éloigna du point d'amarrage.

— Capitaine ! cria-t-on sur le quai.

C'était Igor Kourdine, l'ancien second de Britanov. Il lui fit un grand signe, mit ses mains en cornet devant sa bouche et cria :

— Après cette croisière, ils vont devoir vous donner un sauf-conduit pour la maison de repos !

Britanov lui rendit son salut. Il aurait aimé avoir Kourdine avec lui en qualité de *starpom* au lieu de Vladmirov, qui manquait d'expérience. Il retourna à l'abri du pare-brise.

Les vigies placées de part et d'autre du capitaine, sur la passerelle, étaient complètement à découvert. Elles avaient le visage rougi par le froid et trempé par la neige fondue, les épaules couvertes d'énormes flocons blancs.

— Barre par le milieu, ordonna Britanov.

Dans l'interphone, une voix rauque accusa réception. Le vaisseau frissonna quand ses hélices battirent l'eau qu'épaississait déjà une couche de cristaux de glace mêlés d'huile. Appareiller n'était pas chose facile. Le navire avait l'air d'une bûche agitée par les flots — il était d'ailleurs aussi difficile à manœuvrer qu'une bûche —, et le chenal menant vers la haute mer était perfide. Britanov savait que la base tout entière, du conscrit armé de son faubert à l'amiral commandant la flottille, allait observer et apprécier sa prestation.

Le sous-marin de dix mille tonnes s'écarta de son mouillage, la proue en avant, pour donner aux remorqueurs un point d'appui.

Britanov regarda derrière lui, au-delà de l'étendue de son pont aux missiles. Une section de l'équipage se tenait au garde-à-vous. Les gilets de sauvetage orange clair étaient les seules taches de couleur dans ce morne paysage où régnaient le blanc de la neige, le noir de la mer et le gris du ciel. Les seize écoutilles de missiles étaient abaissées et verrouillées.

Les missiles RSM-25 constituaient à la fois la raison d'être du *K-219* et sa faiblesse la plus dangereuse. Les missiles des sous-marins américains étaient remplis de combustible solide. Les fusées russes, en revanche, étaient alimentées par du tétroxyde d'azote et de l'hydrazine, deux liquides volatils soumis à une pression énorme. Pas besoin de système de mise à feu complexe : ces deux produits étaient hyperboliques. Ils explosaient lorsqu'ils entraient en contact l'un avec l'autre. Mais le tétroxyde d'azote était aussi hautement réactif à l'eau de mer ordinaire. Et quel est le meilleur endroit pour trouver des infiltrations d'eau de mer, sinon un vieux sous-marin ?

C'était déjà arrivé. Sur ce navire, précisément. Quelques années après sa mise en service, on avait découvert une fuite au silo numéro seize. Une fuite peu importante, mais il ne fallait pas grand-chose... Un joint mal placé. Une fente dans l'épais manteau de caoutchouc. Un trou d'épingle dans la membrane qui recouvrait l'ouverture du silo.

Mais quelle qu'en fût la cause, de l'eau s'était mélangée à la minuscule flaque de tétroxyde d'azote résultant de la fuite, entraînant la formation d'acide nitrique concentré. L'acide avait rongé un conduit d'hydrazine soudé et le tube pressurisé avait cédé. Les deux combustibles s'étaient mélangés, ce qui avait provoqué une réaction chimique incontrôlable. Une explosion se produisit — non dans la chambre de combustion de la fusée, mais à l'intérieur du silo à missile. Elle tua un homme d'équipage. L'eau inonda la salle des missiles. Le capitaine parvint à ramener le bâtiment en surface et à purger le tube avant que le sous-marin ne coule. Depuis lors, l'écoutille du silo numéro seize était définitivement condamnée.

Le même accident avait failli se reproduire au mois de janvier précédent. Lors d'un exercice à tir réel, dans la mer de Barents, ils s'étaient escrimés pendant des heures pour lancer un missile dans la zone d'essais près de Novaïa Zemlia. Le pauvre Petratchkov, l'officier missilier, s'était démené comme un beau diable. La fusée avait fini par s'envoler, mais le satané panneau refusait de se fermer.

Ils avaient dû gouverner en surface pour rentrer au bercail, par un vent glacé de force huit. Il faisait si froid que les embruns gelaient immédiatement au contact du navire, de la peau, de n'importe quoi. Britanov était resté de quart sur la passerelle pendant cinq heures d'affilée. Quand on le releva enfin, il avait les bras gelés, dans une position qui le faisait ressembler à un Christ en ciré. Il fallut verser de l'eau chaude sur ses vêtements pour les dégeler et lui faire passer la grande écoutille.

Ces écoutilles de missiles étaient le point faible des Navaga, plus encore que leurs deux réacteurs nucléaires excentriques. Il aurait suffi de souder tous ces panneaux en position fermée, et le *K-219* aurait été nettement plus sûr. Mais sa mission consistait à porter au plus près des rivages ennemis les quinze missiles qui lui restaient (et leurs trente ogives), et c'est précisément ce que Britanov s'apprêtait à faire.

Un panache de vapeur blanche se déployait au-dessus de la centrale électrique de la base. Il entendit le grondement d'un camion qui descendait la route gardée menant aux docks, les voix puissantes des matelots à bord des remorqueurs tout proches. Aucun orchestre ne jouait. Aucun drapeau n'avait été déployé en l'honneur de leur départ. Officiellement, il était même interdit à leurs parents, comme au personnel de la base, de se rassembler pour les regarder partir.

Les rafales de neige augmentèrent. Elles formaient au-dessus de Gadjievo un rideau qui dissimulait le littoral, où les proches des hommes d'équipage pouvaient les voir partir en dépit de l'interdit officiel. Le départ d'un Navaga était un secret jalousement gardé, mais pas pour les familles. Tout Gadjievo connaissait le programme en détail.

Natalia Britanova devait être là, silencieuse, avec ses deux enfants. Le benjamin avait tout juste quatre ans et connaissait à peine son père. C'était sa quatrième croisière de trois mois. Cela s'ajoutait à plus d'un an passé loin de Natalia, essentiellement sous la mer. Une année loin de la lumière, du soleil, du ciel, de l'air. Il trouvait cela surprenant, quand il y pensait... et il y pensait très souvent, depuis quelque temps. Il se réjouissait que Natalia ait autant d'amies.

Irina Kapitulski, la femme de l'ingénieur en propulsion, devait se trouver à ses côtés. Britanov était heureux d'avoir Gennadi Kapitulski dans son équipe. C'était un des meilleurs ingénieurs nucléaires de la flotte du Nord. Kapitulski aurait pu demander à embarquer sur n'importe quel sous-marin plus récent. Mais les vieux réacteurs du *K-219* — et Britanov — avaient davantage besoin de lui.

De l'autre côté de Natalia devait se tenir Olga Aznabaïeva, la femme de son navigateur, l'air encore plus affairé que d'habitude. Deux jours plus tôt, l'officier de navigation Genia Aznabaïev avait parlé à Britanov de l'état du sous-marin. Fait exceptionnel, son visage rond et jovial semblait inquiet. L'équipage avait travaillé vingt-quatre heures sur vingt-quatre pour que le *K-219* soit prêt à appareiller dans les délais prévus. Du moins aussi prêt que possible. Tout le monde savait qu'il y aurait des problèmes, bien entendu. Mais Aznabaïev en avait trouvé beaucoup trop à son goût. Le navigateur, d'ordinaire si bavard, s'était enfermé dans une coquille de silence, et s'était plongé dans son travail.

Britanov faisait confiance à Aznabaïev quand il disait avoir découvert des défauts. Mais cela ne changeait rien. Que pouvait-on attendre d'un vieux Navaga ? Si l'on visait la perfection, on n'appareillerait jamais. Il y aurait toujours des problèmes. Il faudrait bien qu'ils s'occupent durant leurs trois mois de navigation, et le capitaine avait l'intention de mettre ce temps à profit pour corriger les vices mineurs que les équipes de la base n'avaient pas pu (ou voulu) réparer. S'ils avaient de la chance, ils ramèneraient le bateau dans un meilleur état qu'au départ et, de surcroît, l'équipage en saurait un peu plus sur les Navaga. Si Kapitulski affirmait que ses réacteurs et ses moteurs étaient parés, cela lui suffisait.

Le rideau de neige s'éclaircit. La côte réapparut.

Britanov aperçut le groupe de silhouettes sur le fond de roche grise. Les femmes, les familles, les amis. Une épouse au moins manquait à l'appel : Liudmilla Petratchkova, celle de l'officier missilier. Elle l'avait jeté dehors et vivait avec un autre officier. Trois mois au large pourraient peut-être cicatriser en partie les plaies de Petratchkov. Quel gâchis ! *C'était sans doute l'homme le plus heureux du bord,* se dit le capitaine. Il agita la main, en espérant qu'ils pourraient le voir. En espérant qu'ils sauraient que tout allait bien. Dans la base isolée de Gadjievo, où l'on ne savait rien et où tout était rumeur,

l'inquiétude pouvait se répandre comme une épidémie de grippe.
— Toutes machines stoppées.
On détourna des turbines la vapeur des réacteurs nucléaires VM-4. Les grosses hélices de bronze du *K-219* ralentirent, puis stoppèrent dans une grande gerbe d'eau de mer. Les remorqueurs s'approchèrent en toute hâte.
Un bruit sourd, une secousse, un grondement, et le *K-219* commença à virer sous leur poussée. Sa proue pointa au nord. Le fjord pivota, devint visible. La première balise du chenal se trouvait devant eux. Lançant deux nuages de fumée de diesel, très noire, les remorqueurs reculèrent et se mirent en position de part et d'autre du sous-marin. Très loin au large, l'océan — la mer de Barents — était couleur d'ardoise.
Nous y sommes.
Britanov frôla de la lèvre le micro de l'interphone. Ça ne gelait pas. Ça gèlerait à leur retour, trois mois plus tard. C'est ainsi qu'un capitaine de la flotte du Nord mesure le passage des saisons. Non pas par le nombre de kilomètres parcourus, ni par la croissance de ses enfants en son absence, ni par la multiplication des mèches grises dans les cheveux noirs de sa femme. Mais par la vitesse à laquelle la chair gèle au contact du métal. En plongée, l'heure de référence était celle de Moscou, et il n'y avait d'autres saisons que celles imposées par les dispositifs capricieux de climatisation. En général, ils ne connaissaient qu'un été étouffant.
Mais, en cet instant précis, un peu de chaleur n'aurait pas été malvenue.
— Pilote, machines avant lentes, ordonna-t-il.
— Machines avant lentes, répéta le *starpom* Vladmirov.
Les hélices se mirent en mouvement, paresseusement d'abord, puis de plus en plus vite. Le battement des pales de bronze se transforma en un grondement de cataracte ininterrompu. La coque d'acier vibra au même rythme — *avec de la vie*, se dit Britanov.
Comme bon nombre de commandants de sous-marins,

Britanov était un ancien spécialiste de la radio-électronique. Son attitude froide et calculatrice lui venait de son habitude des schémas mystérieux et des circuits abscons. L'idée qu'il se faisait de son commandement était du même ordre.

Aux yeux de ses pairs, Britanov avait une réputation de tacticien inspiré, de maître d'échecs déplaçant des pièces de dix mille tonnes sur un échiquier qui s'étendait d'un bout à l'autre de l'horizon. Handicapé par un bâtiment dangereux et obsolète, il était obligé de mener une partie plus risquée, moins prévisible, contre des Américains techniquement supérieurs à lui.

Un jour, un capitaine soviétique audacieux était parvenu à longer toute la côte Est des Etats-Unis, à l'intérieur des eaux territoriales, dans un Navaga parfaitement identique au *K-219*. Les Américains avaient eu un mal de chien à le localiser. Britanov mourait d'envie de répéter ce raid en zone interdite. Mais il savait que ce n'était plus possible. Le jeu et ses avantages s'étaient modifiés en faveur de l'Ouest. Aujourd'hui, il suffisait d'exécuter les ordres : patrouiller le long des côtes américaines et agiter devant l'ennemi la même menace de destruction imminente que celle qu'il agitait devant la Mère Patrie. La mise à feu des missiles américains en Europe ne tenait qu'à un fil. Il n'était pas mauvais de leur rappeler qu'il y avait dans le monde d'autres fils aussi fragiles. Britanov pensait que c'était déraisonnable, bien sûr. Mais il le fallait.

Bien que la sensation de mouvement fût presque imperceptible, Gadjievo était déjà loin derrière eux. Un paquet d'eau passa par-dessus la proue sphérique du *K-219*. Il emporta toute la neige accumulée, ne laissant le long de l'avant-pont qu'une crête en forme de flèche. Comment ces damnés officiers politiques appelaient-ils le service sous-marinier ? Le fer de lance de la Mère Patrie ?

C'était peut-être presque vrai.

Regarder vers le bas, depuis la passerelle, c'était comme voler au-dessus des vagues. Les deux barres de plongée surgissaient du pont, comme des ailes. Seule la vitesse permettait de maîtriser le vaisseau. Elle transformait la bûche dansante en un navire de guerre, noir et hydrodynamique. Elle provoquait chez Britanov un frisson indescriptible. C'était comme être libre.

Ils dépassèrent la seconde balise. La suivante émergea de la brume.

— Vladmirov ? dit-il dans l'interphone. Gouvernez à trois-cinq-cinq degrés.

La proue vira à bâbord. Le chenal était étroit, mais pour Britanov, c'était une question d'amour-propre : il devait le franchir sans l'aide constante des remorqueurs. Il savait qu'Aznabaïev, son navigateur, était en train de tracer leur route sur sa carte. Il est bon qu'un homme qui a des soucis ait de quoi s'occuper, surtout à l'approche de la première plongée. Après une longue période d'amarrage, celle-ci est toujours un peu angoissante. Cela vaut pour les officiers aguerris — sans parler des jeunes marins qui ont acquis dans leur baignoire la plupart de leur expérience sous-marine. Trois mois plus tard, quand ils feraient surface à l'entrée de ce même fjord, ils seraient devenus à leur tour des vétérans. Britanov y veillerait.

La quatrième balise apparut devant eux.

— Barre droite, pilote. Gouvernez à trois-cinq-huit.

Le capitaine d'un des remorqueurs se pencha hors de sa cabine surélevée. Il fit un signe du bras. Etait-ce l'heure du départ ?

Britanov agita la main à son tour, puis lui fit le salut militaire. L'homme du remorqueur referma promptement son écoutille pour se protéger du vent glacial. *Nous y voilà.* Les remorqueurs s'éloignèrent, laissant le sous-marin livré à lui-même.

Sur l'avant-pont, la neige avait presque disparu. Lavée par les coups répétés de la lame d'étrave. Le fjord était plus large, maintenant. L'océan était proche. Britanov approcha le micro de ses lèvres.

— En avant toute un tiers. Section de surface, descendez.

A l'arrière du kiosque, les hommes en gilet orange se dirigèrent vers l'écoutille et disparurent à l'intérieur, ne laissant sur le pont que les deux vigies. Ils ne verraient plus la lumière naturelle et ne respireraient plus l'air pur avant quatre-vingt-dix jours.

La cinquième balise. La sixième.

La neige s'épaissit à nouveau autour de lui. Britanov ne voyait plus la côte.

Une vague d'eau glacée recouvrit totalement la proue. Le kiosque la coupa proprement en deux. La liberté. Qui d'autre, dans toute l'Union soviétique, jouissait de la même liberté qu'un commandant de sous-marin nucléaire ? Qui d'autre pouvait vivre et travailler aussi loin des yeux et des oreilles de l'Etat ?

Il est vrai qu'il y avait Serguienko, l'officier politique du navire. Le *zampolit*. Il n'avait pas de compétences particulières, sauf le talent nécessaire pour assurer la justesse idéologique. Il était à peu près aussi utile qu'un cautère sur une jambe de bois. Mais, en qualité de représentant officiel du Parti à bord du sous-marin, Serguienko portait, accrochée au cou, une des trois clés de mise à feu des missiles. Non qu'il comprît quoi que ce soit aux missiles, aux réacteurs ou aux sous-marins. Il se préoccupait surtout d'imposer la discipline du Parti, et de rédiger des rapports sur les marins coupables d'infractions mineures. Dans une situation critique, il ne pouvait rien faire d'autre qu'encombrer le chemin. Britanov s'efforçait de l'ignorer, quoiqu'il eût intérêt à être prudent. Serguienko ne rendait des comptes qu'au commissaire politique de la flotte, qui avait beaucoup d'influence sur les questions de promotions et d'attributions.

Peut-être pas pour longtemps, se dit Britanov en souriant. Romanov s'était mis dans de sales draps en séduisant des femmes de sous-mariniers en patrouille. Elles ne réclamaient qu'une chose : des sauf-conduits pour des villes où elles pourraient faire des achats, rendre visite à leurs proches et voir de nouveaux visages, afin de rompre ces mois d'isolement forcé à Gadjievo. Romanov leur avait offert un marché : une nuit contre un sauf-conduit. Cela avait provoqué un véritable scandale qui pouvait faire sauter l'ensemble de la section politique. Avec un peu de chance.

Et son officier missilier, le pauvre Petratchkov. Au retour d'un exercice à tir réel qui s'était déroulé dans la plus totale confusion, il avait découvert que sa femme l'avait quitté pour un officier subalterne. Britanov s'estimait heureux que le type en question n'appartînt pas à son équipage. Vous vous imaginez, enfermé pendant trois mois avec l'homme qui vous a pris votre femme !

Le tangage et le roulis étaient sensibles, maintenant. La houle projetait des embruns contre le pare-brise.

Il y avait une différence subtile entre les eaux profondes du fjord et celles du large. Britanov n'eut pas besoin d'attendre la première balise de mer pour la sentir. C'était une certaine majesté, une certaine puissance dans le mouvement des vagues. Il n'y avait pas de discussions, pas de demi-mesures. La mer devenait plus sérieuse, tout simplement. Comme la partie qui se jouait.

Des sous-marins américains spécialement équipés étaient tapis au fond de l'océan. Ils écoutaient tous les bruits, les analysaient, envoyaient des bulletins informant leurs supérieurs que le *K-219* était en route. Britanov savait qu'il portait autour du cou une sonnette qui attirait les sous-marins d'attaque américains. Pour le moment, il n'y pouvait rien. Mais plus tard ? Il pouvait tout simplement les prendre par surprise. L'océan était vaste, même pour ces Américains arrogants.

— Rentrez les mâts, dit-il dans le micro.

Derrière Britanov, la grande antenne radar commença à se rétracter. L'émetteur-récepteur conique placé au sommet se logea dans son blindage d'acier au faîte de l'aile. L'antenne radio, plus fine, suivit le mouvement. A mi-chemin, elle s'immobilisa et se replia automatiquement dans la rainure où elle serait à l'abri.

La neige se raréfia, puis cessa tout à fait. Un rayon de soleil apparut. L'éclaircie permit à Britanov de jeter un

dernier regard derrière lui. Vers sa patrie. Il agita la main une dernière fois, tout en sachant que personne ne pouvait voir la forme sombre qui dirigeait sa proue vers le vent du nord. La neige se remit à tomber sur l'embouchure du fjord, et la terre disparut.
— Glace flottante à tribord ! s'exclama une vigie.
— Profondeur sous la quille ? cria Britanov en bas, vers le central.
— Soixante-dix mètres, camarade capitaine.
Une vague plus haute. La proue plongea droit dans la lame, ce qui fit disparaître de la coque les dernières traces de neige. Le *K-219* se précipita sur les longs et bas rouleaux. Une couche de glace recouvrait tout le paysage, mais on voyait çà et là des fragments plus hauts qui pouvaient présenter des difficultés. Britanov avait le visage trempé. Le moment était venu de conduire son navire de guerre là où il devait aller, loin des dangers de la surface, des vagues et de la glace. Il inspira profondément l'air froid et pénétrant — mais si frais, si doux... Il tourna le dos à Natalia, à Gadjievo, à l'Union soviétique tout entière, et donna ses ordres.
— En avant toute deux tiers, dit-il dans l'interphone. Evacuez la passerelle ! Les vigies, en bas ! (Il prit une dernière inspiration, puis :) Paré à plonger !
On amena le pavillon bleu et blanc avec l'étoile rouge bien en vue. Le pare-brise fut soigneusement arrimé. Britanov se retourna une dernière fois pour s'assurer que le pont était désert, que les vigies étaient descendues, que la passerelle était parée pour la plongée. Alors, seulement, il se dirigea vers la grande écoutille, descendit l'échelle et tira sur la chaîne fixée au lourd panneau d'acier.

**A bord d'un sous-marin américain
(classe Esturgeon), station de la mer de Barents**

L'opérateur sonar écouta le *boomer* bruyant qui faisait bouillonner l'eau au-dessus de sa tête. Les deux hélices à cinq pales faisaient un vrai raffut. Le navire de renseignement américain reposait sur le haut-fond sablonneux, absolument silencieux, au large du fjord menant à la base soviétique de Gadjievo. Son travail consistait à surveiller les allées et venues des sous-marins russes, à répertorier les radars côtiers et, par-dessus tout, à ne pas se faire repérer.

L'opération Bedcheck était un travail rapproché, dangereux. Au regard des critères internationaux, ils se trouvaient à une quinzaine de kilomètres à l'intérieur des eaux territoriales soviétiques. Au regard des prétentions de Moscou, il s'agissait de plusieurs centaines de kilomètres. Leur présence en ces lieux était un véritable acte de guerre. Mais seulement s'ils étaient repérés.

Tchouga-tchouga-tchouga-tchouga.

L'opérateur introduisit les empreintes acoustiques dans l'analyseur digital. Quelques secondes plus tard, il savait tout ce qu'il voulait savoir sur le dinosaure qui se déplaçait au-dessus de lui :

Yankee-1, K-219/220 ?

Un Yankee-1 était vraiment un vieux de la vieille. L'analyseur sonique n'était pas sûr du navire auquel ce son correspondait le mieux. Le technicien sonar pouvait presque entendre, dans ses écouteurs, le bruit sourd qu'il produisait.

Tchouga-tchouga-tchouga-tchouga-clang !

Il se redressa sur son siège.

— Ici, sonar.

— Sonar, j'écoute, répondit immédiatement le jeune commandant, attentif, du bâtiment espion.

La vigilance était une qualité indispensable pour commander un navire dans le monde du renseignement.

— Contact de passage. Selon nos estimations, il se prépare à plonger.

— Vitesse et cap ?

— Vitesse aux hélices treize nœuds, cap trois-trois-huit.

— Nous l'avons identifié ?
— Oui, monsieur. (Il consulta son écran. L'analyseur sonique avait enfin pris une décision.) C'est un Yankee-1. Le *K-219*.

A bord du *K-219*

Britanov inspecta le joint de la grande écoutille et s'assura que la fermeture automatique fonctionnait correctement. Il se laissa tomber dans le sas, attendit pendant qu'un *michman*[1] fermait le second panneau, puis pénétra sur le pont intérieur. Les hublots étaient à fleur d'eau. Sous l'effet du roulis, le pont s'inclinait désagréablement. Britanov entendait les vagues frapper les tôles d'acier du kiosque. Juste au-dessous de lui se trouvait le poste de commandement central.

Il descendit dans le local étroit et familier. Le poste du *K-219* était comme le reste du navire : bruyant et surchauffé. Ce compartiment bas de plafond était situé sous le kiosque du sous-marin. Il y régnait un vacarme épouvantable — gémissements des machines, cliquetis et bourdonnements, vrombissements de ruche des climatiseurs.

Le central n'était pas plus grand que le salon d'une maison américaine modeste — quinze pieds sur dix environ —, mais il abritait tout de même vingt hommes installés devant leurs consoles. La salle principale s'ouvrait sur deux alcôves plus petites : le local du navigateur et la cabine radio. Des écoutilles donnaient accès vers le haut à l'aile, vers l'arrière au compartiment quatre (la salle des missiles) et vers l'avant au compartiment deux (la salle de contrôle des machines où trônait Gennadi Kapitulski, comme une araignée au milieu de sa toile nucléaire).

Vladmirov, le jeune officier en second qui remplaçait Igor Kourdine, se trouvait au centre de la salle. Le bras-

---

1. Maître principal. (*N.d.T.*)

sard blanc indiquant sa fonction d'officier de pont faisait un contraste saisissant avec les combinaisons bleu foncé que tout le monde portait à bord. C'était sa première mission à bord du *K-219*. En fait, il n'avait jamais navigué sur un sous-marin aussi ancien. Il avait l'air purement et simplement terrifié.

L'homme de barre tenait des deux mains un volant moleté de la taille d'une grande assiette, qui actionnait les stabilisateurs arrière. L'officier de plongée se trouvait à côté de lui, les mains sur les leviers des barres de plongée. Ils faisaient face à une paroi couverte d'instruments indiquant la profondeur, l'allure et le cap du navire — de vieilles « jauges à vapeur » rondes montées sur une console métallique beige. Un peu plus loin, l'officier du sonar surveillait un écran qui montrait deux cascades blanches de son. Elles passaient alternativement de gauche à droite, tandis que deux transducteurs à haute fréquence placés dans la proue projetaient dans la mer des décharges d'énergie sonique. Ce n'étaient pas les vaisseaux ennemis qui inquiétaient l'opérateur. S'il s'efforçait de ne pas quitter son écran des yeux, c'était à cause de la glace.

En continuant le tour du compartiment, on trouvait les consoles du radar, des contre-mesures électroniques et les officiers responsables des armes et du contrôle des avaries. Tout le monde était disposé en demi-cercle autour du fauteuil officiel, un peu surélevé, du capitaine Britanov.

Des dizaines de câbles noirs d'interphone pendaient du plafond, comme des serpentins dans un réveillon. Au bout de chacun d'eux était accroché un micro. Les *kashtans* (ainsi baptisés parce qu'ils ressemblent vaguement à des châtaignes) étaient absolument indispensables. Le bruit était tel dans le poste de commandement que Britanov aurait pu s'égosiller en pure perte s'il avait essayé de se faire entendre sans micro. Le central du *K-219* ressemblait plus à une usine de locomotives qu'au centre nerveux d'un vaisseau dont la survie dépendait de sa discrétion.

Britanov commençait à transpirer. Il se contorsionna pour sortir de sa combinaison de mauvais temps, et suspendit son ciré à un crochet planté dans la cloison. Juste à côté se trouvait la plaque qu'il avait fait encadrer :

« *La vie à bord d'un sous-marin n'est pas un service, mais une religion.* »

Serguienko, l'officier politique du *K-219*, avait critiqué cette décision en arguant qu'il n'était pas très convenable, même en cette ère de *perestroïka*, de mettre sur le même plan la religion et le service à la Mère Patrie. Britanov lui avait enjoint de s'occuper de ses affaires.

— Paré à plonger, capitaine, dit le chef mécanicien Krasilnikov.

Cet homme de trente-neuf ans était un vrai vétéran. L'équipage du *K-219* l'avait surnommé Grand-Père. Il avait deux ans de plus que Britanov, et il était responsable des délicats systèmes mécaniques du sous-marin. Cet officier costaud et bourru était divorcé. Il vivait quasiment à bord du navire. Au port, il passait l'essentiel de son temps sur le *K-219*, des pièces détachées étalées devant lui sur un établi. Son âge lui valait la confiance de chacun. S'il avait survécu aussi longtemps, se disait-on, c'est qu'il en savait long sur les Navaga.

Kapitulski, l'ingénieur en propulsion, avait un peu la même réputation. Responsable des réacteurs nucléaires et des moteurs du sous-marin, il passait son temps au poste de contrôle des moteurs situé dans le compartiment deux. Ce local situé à l'avant du central était encore plus encombré de cadrans et de leviers. Il était décoré de photographies de femmes occidentales en sous-vêtements de dentelle. Toutes les données nécessaires au bon fonctionnement des réacteurs étaient acheminées vers son compartiment. Certains marins affirmaient que la quantité de travail abattue par le responsable des réacteurs montrait à quel point ces derniers étaient peu fiables.

Kapitulski prenait sa santé très au sérieux. Il était pratiquement le seul à bord à ne pas fumer.

C'était sa femme, Irina, qui avait dénoncé l'officier politique de la flotte, le *zampolit* Romanov. *Un geste risqué*, se disait Britanov. Cela pouvait avoir des conséquences néfastes sur la carrière de son mari. Mais Kapitulski avait beaucoup de *blat* — beaucoup d'influence. Britanov espérait qu'il en aurait assez.

A eux deux, Grand-Père Krasilnikov et l'ingénieur en propulsion Kapitulski connaissaient le moindre centimètre carré du vieux Navaga, le moindre écrou, le moindre boulon, le moindre câble. S'ils disaient que le *K-219* était paré, Britanov pouvait les croire.

Le capitaine jeta un coup d'œil au tableau de situation, puis se tourna vers Vladmirov. C'était sa première plongée opérationnelle sur le *K-219*. Le moment était venu de le dessaler.

— Situation ?

— Toutes ouvertures de coque sur le vert, répondit Vladmirov. Tous systèmes alignés. (Sa voix se brisa, puis monta d'une octave. Il s'éclaircit la gorge.) Nous sommes parés pour la plongée, capitaine.

Britanov examina lui-même les voyants sur le tableau de plongée. C'était le seul écran du central qui eût l'air à peu près moderne. C'était aussi, il le savait, une copie fidèle des écrans vidéo utilisés par les Américains. Chaque ouverture de coque, chaque porte, chaque écoutille y apparaissait en rouge (pour « ouvert ») ou en vert (pour « fermé »). Du sas de secours de la poupe aux seize écoutilles de missiles, à l'écoutille du kiosque, aux tubes des torpilles et au sas de secours de l'avant, tous étaient d'un vert franc et indiscutable. Juste à côté, la console d'air sous pression surveillait chacun des dix principaux ballasts du sous-marin. Rien que du vert. Mais, après une période à quai, il fallait toujours observer de très près la première plongée.

— Très bien. (Britanov se tourna vers le jeune *starpom*.) Immersion quarante mètres. Submergez les ballasts principaux. Dix degrés vers le bas sur les barres. En plongée !

Vladmirov actionna l'alarme de plongée. Au-dessus du bruit, on entendait à peine la sonnerie.

La coque retentit du long et triste soupir de l'air s'échappant des ballasts. L'eau de mer monta dans les caissons, tandis que l'air s'en échappait en sifflant.

A bord du sous-marin américain (classe Esturgeon), station de la mer de Barents

Tchouga-tchouga-tchouga-whooush !
— Ici sonar. Il y va. Le Yankee est en train de submerger ses ballasts.
— Nous avons entendu, répondit d'un ton sec le commandant du sous-marin furtif.

L'opérateur sonar écouta les gargouillis et les sifflements, pendant que le *boomer* soviétique vidait son air et embarquait son lest d'eau de mer. *Combien les paie-t-on ?* se demanda-t-il. *Pas assez.* Des réacteurs mal protégés. Des canalisations soudées par des ivrognes. On ne navigue pas sur un tel navire. On parie dessus.

A bord du *K-219*

Le pont s'inclina. Le sifflement de l'air se transforma peu à peu en un chuintement, à mesure que le sous-marin embarquait des tonnes de lest liquide. Dans le central déjà étouffant, la température parut s'élever instantanément. Mais Britanov savait que c'était une illusion. C'est ce qui se produisait lorsqu'on manœuvrait sous l'eau dix mille tonnes d'acier. Déjà, on ne sentait plus le roulis et le tangage. Même lui avait conscience de la tension qui régnait lorsque le *K-219* fut englouti par les eaux noires de la mer de Barents.

Le pont se redressait. La coque cognait et craquait sous

la pression de l'eau. Quelques-uns parmi les plus jeunes, au central, interrompirent ce qu'ils faisaient. Ils levèrent la tête, très pâles.

C'était le cas de Vladmirov. Il levait les yeux lorsqu'un bruit sec le fit sursauter. Il tourna la tête. Grand-Père Krasilnikov jeta les morceaux du crayon qu'il venait de briser, et se mit à rire.

L'officier de plongée manipulait les deux leviers qui dirigeaient le sous-marin. L'œil fixé sur l'indicateur de profondeur, il les tira en arrière.

— Niveau quarante mètres, camarade capitaine.

— Cap initial trois-un-zéro, capitaine, dit le navigateur Aznabaïev.

— Pilote, faites route trois-un-zéro, dit Britanov. Beau travail, vous tous ! Contrôle des avaries, au rapport de tous les chefs de compartiments.

La console de contrôle des avaries était placée sous la responsabilité de Sergueï Voroblev. Ce lieutenant de vingt-huit ans était un officier brillant, et le seul homme de toute la flotte du Nord « triplement qualifié » pour servir en qualité de spécialiste des armes, de responsable du contrôle des avaries et d'officier chimiste.

— Compartiment un ? demanda Voroblev.

La réponse vint, immédiate, du compartiment le plus proche de la proue.

— Salle des torpilles armée et parée. Le sas de secours est sec.

Britanov hocha la tête. C'était une bonne nouvelle. En plus de la grande écoutille du kiosque, il n'y avait que deux sas de secours menant à l'extérieur du sous-marin. Le premier se trouvait à la proue, le second à l'autre bout du navire, dans le compartiment dix. Plus d'un sous-marin avait été à deux doigts de sombrer parce qu'un matelot paniqué, lors de sa première plongée, avait essayé de se forcer un chemin à l'extérieur du bâtiment.

— Compartiment deux ?

— Armé et paré, répondit sur-le-champ la voix assurée

de Gennadi Kapitulski. Deux moteurs, raccordés. Deux réacteurs, situation normale.
Le compartiment trois, c'était le central. Voroblev parla encore dans le *kashtan*.
— Compartiment quatre ?
Sa voix retentit dans le haut-parleur placé dans la grande salle des missiles au plafond voûté, à l'arrière du central, sous la « bosse » du pont du sous-marin.
L'officier missilier Alexeï Petratchkov jura. Il courut le long de la passerelle suspendue à mi-hauteur, au travers du compartiment en voûte. Quatorze hommes travaillaient là, mais l'endroit était vaste, au point d'avoir l'air presque désert. Les officiers disposaient d'un fumoir au niveau inférieur. Même les cuisiniers venaient au compartiment quatre, pour se détendre. Cela valait presque une sortie à l'extérieur.
Il passa rapidement en revue les seize gros tubes de missiles. Ils mesuraient cinq pieds de diamètre et trente pieds de haut. Ils s'élevaient jusqu'au sommet, où ils traversaient la coque pressurisée. Les Américains, qui peignaient leurs silos en vert, appelaient cet endroit la forêt de Sherwood. Les silos du *K-219*, eux, étaient d'un jaune acide lumineux.
Quinze seulement abritaient des missiles. Le dernier était définitivement scellé à la suite d'un accident. Une explosion provoquée par une infiltration d'eau de mer.
Et maintenant, un des tubes fuyait de nouveau. Le silo six.
— Compartiment quatre ?
Petratchkov tendit le bras vers l'interphone, mais il interrompit son geste. Il consulta la jauge du silo six. Le niveau d'eau avait monté durant les premiers instants qui avaient suivi l'immersion, mais la pression avait changé, et sa progression semblait ralentir. Peut-être même allait-elle s'arrêter. Le niveau était bien inférieur à la limite de sécurité des quatre litres. Mais une fuite est une fuite, et un sous-marin n'est pas l'endroit rêvé pour cela.
Petratchkov transpirait abondamment, et ce n'était pas

seulement l'effet de l'air chaud et humide. Si quelqu'un prononçait le mot *fuite*, ils devraient rentrer à Gadjievo. Leur croisière serait retardée, le diable savait pour combien de temps... Et, de toute façon, ces salopards de la base ne dessaoulaient pas. Qu'ils essaient de réparer une fuite, et ils ne réussiraient qu'à en provoquer deux autres...

— Salle des missiles ! Au rapport !

S'ils devaient faire demi-tour et suspendre leur programme de mission, Britanov récolterait un mauvais point. Et ses hommes avec lui. A deux reprises, cette année, Petratchkov avait fait l'objet d'un blâme parce que ses missiles n'étaient pas prêts pour les essais de mise à feu. Britanov l'avait soutenu à cent pour cent. C'est ainsi que ça se passait dans un sous-marin. Ils formaient une organisation d'élite, avec une meilleure paie, une meilleure nourriture, une vie plus confortable pour leurs familles. Non qu'il ait à se préoccuper de quiconque, désormais. Ce salaud ! Un officier subalterne ! S'il le revoyait, il l'écraserait comme un furoncle ! Mais sa femme était coupable, elle aussi. Elle savait ce qu'elle faisait. Les documents pour leur séparation définitive étaient prêts. Ils l'attendaient à son retour à la base. Qu'ils fassent demi-tour, et il devrait aussi affronter cela. Non. Il était content de laisser tout cela derrière lui, de rester seul quelque temps à bord du *K-219* pour réfléchir à son avenir, et laisser sa femme patienter pendant trois mois de plus. Il consulta la jauge. Elle avait l'air de se stabiliser à quatre litres. A la limite du niveau de sécurité. Il pourrait charger un homme de pomper un peu plus souvent, et rien n'empêcherait le monde de tourner.

Il prit l'interphone.

— Compartiment quatre, armé et paré.

— Merci, dit Voroblev, soulagé. Compartiment cinq ?

Petratchkov écouta la réponse du lieutenant Igor Kotcherguine, le médecin du bord, dans son infirmerie.

Il tapota la jauge. L'aiguille vacilla, puis baissa. Une petite fuite pouvait parfois se réparer d'elle-même. Tout comme l'équipage du *K-219*, les joints d'étanchéité devaient s'habituer à la vie sous-marine. Et rien n'est parfait en ce bas monde, n'est-ce pas ? Il sourit, satisfait d'avoir pris une décision de commandement difficile. Et d'avoir pris la bonne. Il se retourna.

— Hé, vous ! dit-il à un de ses hommes, un technicien attaché au contrôle des missiles, et qui partait pour la première fois en patrouille sous-marine. Je veux que vous gardiez ce silo à l'œil. Il y a peut-être un léger suintement, mais il est probable que le joint de ce missile ait simplement du mal à se mettre en place. Si ça monte au-dessus de quatre litres, vous me le purgez sur-le-champ. Compris ?

— A vos ordres !

Le jeune marin observa le silo avec circonspection. Il savait ce qui pourrait arriver si l'un des quinze se mettait à fuir. Mais puisque Petratchkov disait que ce n'était qu'un suintement, ça ne pouvait pas être bien grave, n'est-ce pas ?

Centre d'Information de Surveillance maritime (Fosic), Norfolk (Virginie)

Au Fosic, ce matin-là, le chef de quart d'Intel était le capitaine de corvette Gail Robinson. Il ne se passait pas grand-chose. Dans la perspective de la rencontre au sommet Reagan-Gorbatchev, qui devait avoir lieu quelques semaines plus tard, les mouvements navals des deux superpuissances avaient nettement diminué. Le sommet de Reykjavík n'aurait peut-être pas beaucoup d'effet sur le jeu de chaud-et-froid de la stratégie nucléaire globale. En attendant, il était évident qu'il permettait à tout le monde de faire des économies de combustible.

C'était une journée calme, au Fosic. La salle était immense, mais on y voyait peu de monde. Robinson n'avait besoin que du personnel du demi-quart pour mettre à jour les relevés de position de navires basés sur les renseignements les plus récents : photos satellites, interceptions Elint, émissions électroniques, radar et radio, pistage physique par les forces américaines et — le plus sensible ! — les rapports fournis par les sous-marins américains tapis au fond de l'océan, à l'extérieur (voire à l'intérieur) des ports soviétiques.

Une immense carte du bassin atlantique recouvrait un des murs. Elle reproduisait la totalité de l'océan, de l'Antarctique (au niveau du sol) au cap Nord (près du plafond).

Sur la gauche, les silhouettes bleues des navires américains étaient groupées autour de la baie de Chesapeake, de Cape Charles à Newport News. Au milieu de l'océan, un groupe de navires américains en manœuvres était en route vers la Méditerranée.

A droite, les symboles des vaisseaux n'étaient pas bleus, mais rouges : éléments de la flotte soviétique opérant dans des eaux proches de leurs bases, navires marchands du Pacte de Varsovie, simples chalutiers. Ces derniers servaient souvent d'auxiliaires navals et surveillaient les mouvements de la flotte américaine, déployant à l'occasion des détecteurs soniques et des antennes destinées à écouter le trafic naval codé.

Chalutier, cargo ou lance-missiles, un navire communiste n'était jamais amical. Plus hostile encore que les autres bateaux, il y avait le groupe des sous-marins déployés par les bases de la flotte du Nord soviétique, sur la presqu'île de Kola.

Mais tous les sous-marins n'étaient pas aussi loin.

Trois d'entre eux étaient tout près des rivages américains, chacun dans un secteur de patrouille défini, au large de la côte Est des Etats-Unis. Chaque secteur abritait un navire soviétique lance-missiles qui avait pour tâche de larguer des fusées à tête nucléaire sur les grandes villes américaines. Ils étaient là pour permettre aux Russes ce qu'on appelait un « tir à trajectoire surbaissée » : la possibilité de tirer un missile qui atteindrait sa cible presque avant que le Norad ait le temps de donner l'alerte.

Un vieux Yankee contrôlait le secteur nord tandis que des Delta plus modernes patrouillaient dans les secteurs centre et sud. Un Yankee récent devait permettre au vieux Yankee en poste de rentrer à la maison. Le minutage de cette substitution n'était connu que du commandement de la flotte soviétique, mais il ne fallait jamais très longtemps au Fosic pour deviner ses intentions.

Gail Robinson regardait le diagramme mural, sur la grande carte, alors que l'on opérait les mises à jour. Elle vit le sous-marin rouge disparaître du lot, près de Gadjievo, et réapparaître au large de la presqu'île de Kola, dans la mer de Barents. Elle savait qu'ils étaient déjà en train de déployer les Yankee sur la ligne de front. Le danger était plus grand pour leurs propres équipages que pour les Etats-Unis. Si le sommet de Reykjavík obtenait le moindre résultat positif, ces vieux bateaux seraient renvoyés chez eux une fois pour toutes. Où celui-ci allait-il ?

Bingo, se dit-elle, lorsque le symbole du *boomer* qui patrouillait dans le secteur nord fut déplacé vers l'est, vers le bercail. Un Yankee entre en scène, un autre s'en va. Battez le secteur et croisez les doigts pour qu'ils restent en un morceau assez lourd pour sombrer dans des eaux profondes et lointaines.

**A bord du SSN-710 *Augusta*,
au large de Martha's Vineyard (Massachusetts)**

— Ici sonar. Distance mille mètres.

Depuis presque une heure, le commandant James Von Suskil suivait à la trace un navire de surface. Sa cible — une frégate de l'US Navy — était loin de se douter qu'elle se trouvait dans son collimateur. Et il était parvenu à s'en approcher en dépit du fait que la frégate était avertie qu'elle allait jouer au chat et à la souris avec un bâtiment nucléaire.

L'*Augusta* avait fait comme un trou dans l'eau, dans un silence absolu, tandis qu'il manœuvrait pour se placer en position d'attaque optimale. Ils avaient détecté la frégate à une distance inédite de près de quatre-vingts kilomètres. Preuve de la valeur des nouveaux systèmes de détection sonique. L'approche s'opérait exclusivement sur sonar passif.

L'*Augusta* était un des sous-marins les plus récents de la flotte, et un des plus rapides à l'attaque. Ce modèle amélioré de la classe Los Angeles était attaché à la 12ᵉ escadrille de développement sous-marin. Il venait de subir une révision de ses systèmes électroniques, et on l'avait équipé d'un nouveau jeu de processeurs et de détecteurs soniques. Jusqu'alors, tout avait parfaitement fonctionné.

— Parfait, messieurs, allons-y. Procédure d'approche.

— Procédure d'approche, à vos ordres, dit le capitaine de corvette David Samples.

Le second de l'*Augusta* savait que ces mots n'avaient pas le même sens pour Von Suskil et pour les règlements de la Navy. Le capitaine aimait s'approcher suffisamment de sa cible pour « pouvoir la regarder dans le blanc des yeux », selon ses propres mots. Cela leur valait des moments éprouvants pour les nerfs, même si l'on savait qu'à ce petit jeu, personne n'était meilleur que Von Suskil. Ou bien, comme on disait aussi, que personne n'avait autant de chance.

— Sonar. Distance cinq cents mètres, maintenant. Relèvement de la cible un-quatre-deux, vitesse dix-huit nœuds, cap deux-six-un.

— Sortez le périscope ! ordonna Von Suskil.

Le périscope d'attaque sortit de son habitacle à tribord du socle central. Un second maître en déplia les poignées et le pointa dans la direction voulue. Von Suskil y posa l'œil et le fit légèrement pivoter, centrant le viseur sur la proue de la frégate.

— Relèvement, marquez !

Le quartier-maître pressa le bouton placé sur le « bitto-

niau » du périscope, transmettant automatiquement les données de l'attaque à l'ordinateur Mark 117 de contrôle des tirs.
— Angle sur la proue, tribord vingt. Distance trois cents mètres.
Le technicien de contrôle des tirs introduisit promptement les nouvelles données dans l'ordinateur.
Leur marche les menait à la collision. Von Suskil devait prendre une décision, et vite.
— Solution en place, dit le technicien de contrôle des tirs. Tubes trois et quatre parés, capitaine.
La frégate de l'US Navy était marquée pour la destruction.
— Distance deux cents mètres, capitaine...
— Submergez le trois et le quatre.
— Capitaine ? s'exclama le second, stupéfait.
Les détecteurs de la frégate allaient certainement repérer le bruit de l'eau s'engouffrant dans les tubes des torpilles de l'*Augusta*. C'était la meilleure manière de lui faire comprendre qu'elle était la proie du sous-marin.
— Il faudra vous laver les oreilles, monsieur Samples. J'ai dit : submergez le trois et le quatre.
— A vos ordres, monsieur !
Le second hocha la tête. Le grondement de l'eau envahit le centre d'opérations. C'était un indiscutable geste de mépris à l'égard de la frégate.
— Ici sonar. La cible a modifié sa vitesse et son cap !
— Vous avez vu ? dit Von Suskil en souriant. Il a entendu. Il ne se doutait pas de notre présence.
— Oui, monsieur, répondit Samples.
Ils étaient allés diablement près de cette frégate. Un faux mouvement, une erreur, une hésitation, et ils étaient dans de sales draps.
— Refermez le trois et le quatre, dit Von Suskil avec un gloussement. On lui a secoué les puces, non ?
— Eloignement à quatre cents mètres.
— Oui, monsieur, dit le second.
— Monsieur Samples, reprit Von Suskil, je voudrais

que vous vous souveniez de ceci. C'est ainsi qu'on brise un homme. Qu'on lui brise les nerfs. Vous faites en sorte qu'il soit trop nerveux pour réfléchir correctement. Il est incapable de penser, et nous le tuons plus vite. Vous me suivez ?
— Oui, monsieur.
Cela rend pas mal de gens nerveux, se dit le second.
— Parfait, dit Von Suskil. Maintenant, allons essayer cela sur des Russes.

A bord du *K-219*

Il était 7 h 59, heure de Moscou, quand le capitaine Britanov entra dans le poste de commandement, muni d'une poignée de fiches. L'équipe de l'avant-midi avait pris son poste, et la cuisine allait servir le repas des hommes du quart descendant. Britanov prit un des *kashtans* qui pendaient, et s'installa dans son siège de commandant, au centre. A 8 heures précises, il prit la parole.
— Camarades ! Marins et officiers du *K-219* ! Nous avons surmonté la première épreuve de cette patrouille. Notre plongée initiale s'est déroulée sans problèmes. Notre navire se trouve dans les conditions optimales pour affronter ce qui nous attend. C'est aussi le cas, et j'en suis fier, de notre équipage.
Au réfectoire, dans la file de marins, l'officier missilier Petratchkov s'immobilisa, son plateau à la main, et leva les yeux vers le haut-parleur. Son repas était constitué de pain et de fromage, et d'une côtelette d'agneau grillée. Un verre plein à ras bord de thé chaud. Aujourd'hui, c'était son tour de déjeuner avec l'équipage afin d'assurer au réfectoire la présence et (si nécessaire) l'autorité d'un officier. On le poussa du coude pour qu'il avance vers l'homme qui servait la kacha.
— Vous savez tous où nous allons, continua le capitaine. Ce n'est pas un secret pour vous, et pour parler

franchement, ce n'est pas non plus un secret pour l'ennemi. Ils attendront, camarades, ils attendront pour nous sauter dessus si nous leur laissons la moindre chance. Je ne sais pas ce que vous en pensez. Mais moi je n'ai pas l'intention de leur laisser cette chance. Compartiment un ! s'exclama-t-il après avoir jeté un coup d'œil à la fiche qui portait les noms des hommes des torpilles. Sergueï, Alexeï, Piotr. Certains prétendent que les torpilles ne sont bonnes que pour l'alcool qu'il y a dans leurs moteurs. Mais je veux vous rappeler ceci : chaque homme du *K-219*, jusqu'au dernier, dépend de votre capacité à les garder prêtes à servir. Notre vie dépend d'elles. Notre vie dépend donc de vous. (Il remua de nouveau ses fiches.) Et vous, Gennadi Kapitulski, chacun sait que nous pouvons vous faire confiance pour maintenir les atomes là où ils doivent être. Ma femme, vous le savez, est une amie intime de la vôtre, et celle-ci l'a informée que, même si vous fumez après l'amour, vous ne brillez pas encore dans le noir.

Au réfectoire, un léger gloussement parcourut la file d'attente. Tout le monde savait parfaitement que Kapitulski détestait le tabac. Petratchkov avança machinalement, remarquant à peine le bourdonnement des conversations.

— Et même si les vieux ont droit à un repos bien mérité, comme nous le savons tous, j'émets le vœu que Grand-Père Krasilnikov ne dorme pas trop profondément. Vous gardez un œil ouvert pour nous, n'est-ce pas ?

Nouveaux gloussements, au réfectoire.

— Et vous, les hommes du compartiment quatre ! Vous êtes la raison même de notre voyage à la ligne de front. Vous tous du contrôle des missiles, du contrôle du feu et des postes chimiques. Igor, Stepan et Ivan. Ecoutez Petratchkov. Suivez son exemple et souvenez-vous : vos missiles sont la seule force capable d'empêcher le monde de devenir encore plus dingue qu'il n'est. Vos camarades de bord, votre Marine et votre Mère Patrie exigent de

vous une vigilance absolue. Je sais que vous ne décevrez aucun d'entre nous.
— Kacha ?
Le serveur lui adressait un sourire illuminé par des dents en or.
— Comment ?
Petratchkov le regarda.
L'homme lui jeta un regard en biais.
— De la kacha ? Vous en voulez, ou pas ?
Il tendit son assiette. Un amas de gruau blanc fumant apparut à côté de la côtelette d'agneau. Petratchkov s'éloigna et trouva une table libre, tandis que la voix de Britanov énumérait les compartiments et attirait l'attention sur chacun des hommes.
— Hommes des compartiments six, sept, et huit ! Sans vos moteurs, nous n'irions nulle part. Sergueï Préminine ! C'est votre premier voyage, en qualité de mécanicien. Prêtez attention au lieutenant Belikov. Ne laissez jamais passer une occasion d'apprendre. Quand nous reviendrons à Gadjievo, vous serez devenu le vétéran sur qui d'autres pourront compter à leur tour.
Le lieutenant Voroblev vint s'asseoir à côté de Petratchkov. Il n'était pas supposé se trouver au réfectoire à cette heure. Mais l'officier responsable du contrôle des avaries, sur un Navaga, a tout à gagner à se lier d'amitié avec l'homme qui s'occupe des missiles.
— Quelque chose ne va pas ? demanda-t-il en voyant l'expression de Petratchkov.
— Pourquoi cette question ?
Il était supérieur en grade à Voroblev, mais le chef du contrôle des avaries avait suffisamment de pouvoir pour rendre la vie difficile à n'importe qui.
— Camarades ! conclut Britanov. Marins et officiers du *K-219 !* Tous, des officiers supérieurs aux jeunes camarades novices en mer, nous devons travailler ensemble, et former une équipe. Le jeu en vaut la chandelle. Les Américains sont convaincus que l'océan leur appartient. Eh bien, nous allons leur prouver qu'ils se

trompent ! Grâce à votre aide, à vos compétences et à votre infaillible vigilance, nous allons faire en sorte que ces quatre-vingt-dix jours de patrouille soient en tout point mémorables !

Pas trop mémorables, j'espère, se dit Petratchkov en mastiquant.

— Comment se porte votre compartiment ? demanda aimablement Voroblev. Aucun motif d'inquiétude ?

— *Nitchevo,* répliqua Petratchkov. Tout va bien.

2

> *Les sous-marins soviétiques qui patrouillaient au large de nos côtes ? Cela ne nous inquiétait pas beaucoup. Ils étaient dans notre collimateur vingt-quatre heures sur vingt-quatre.*
>
> Amiral Ted Sheafer, officier de renseignement de la flotte atlantique

A bord du K-219, 5 septembre, fosse GIUK[1], 2ᵉ jour

Le *K-219* glissait silencieusement, bien droit, à une profondeur stable de deux cents mètres. Il se trouvait au large de l'éperon méridional du massif Jan Mayen, un vaste plateau sous-marin situé à mi-chemin de l'Islande et des îles Féroé. Au sud du massif, le fond marin descendait brusquement vers la fosse Catherine, et la plaine abyssale de l'Atlantique nord.

— Toujours rien ? demanda Britanov.
— Toujours pas de cible, capitaine, dit le sonar.

Il écoutait attentivement, les gros écouteurs noirs serrés sur ses oreilles.

Jusqu'ici, tout se passait exceptionnellement bien. Britanov avait fait marcher le *K-219* de la manière dont un sous-marin doit marcher. Indépendant, solitaire, perdu dans l'immensité marine.

Une porte s'ouvrit, qui menait à la minuscule alcôve du navigateur.

— SOSUS à vingt kilomètres, rappela Aznabaïev. (Il avait toujours l'air inquiet. Ses cheveux noirs coupés ras luisaient de transpiration. Ils semblaient presque peints.)

---
1. Fosse Groenland-Islande-Royaume-Uni. (*N.d.T.*)

Dans dix-huit minutes, nous entrerons dans la zone de détection.

Britanov enrageait. Ils approchaient du barrage du SOSUS — une barrière acoustique constituée de milliers d'hydrophones ultrasensibles déployés au fond de la mer. Il y avait un nombre infini de routes entre la mer de Barents et leur zone de patrouille au large des Bermudes, et les Américains les avaient toutes placées sous surveillance sonore. Ils n'avaient aucun moyen d'échapper à cette barrière. Mais il existait un moyen de la tromper, grâce à une tactique consistant à « peloter le cul de la baleine », comme on disait.

Britanov devait faire la jonction avec un auxiliaire naval, un cargo particulièrement bruyant, puis manœuvrer le *K-219* au plus près du fracas de ses hélices. Théoriquement, les hydrophones allaient repérer le cargo, et manquer le bourdonnement plus discret du sous-marin nucléaire. Une fois qu'il aurait franchi sans dommage le barrage du SOSUS, le *K-219* pourrait se séparer de sa baleine. Il filerait à grande vitesse, en immersion, jusqu'à son secteur de patrouille au large des côtes américaines.

Cette ruse était l'objet du mépris général, mais elle était indispensable. Tant pis pour les risques — réels — de collision. Les sous-mariniers préfèrent opérer seuls, perdus en haute mer, au lieu de croiser dans le sillage huileux et parsemé d'ordures d'un cargo qui encrassait les prises d'eau. Cela exigeait une concentration ininterrompue pendant tout le temps où les deux vaisseaux étaient couplés. Et, surtout, un sous-marin se meut dans un espace à trois dimensions, comme un avion. Pour un bâtiment nucléaire rapide, rester couplé à un navire de surface lent et bruyant était presque insupportable. S'il y avait eu une autre manière de franchir le barrage du SOSUS, Britanov ne s'en serait pas privé. Mais il n'y en avait pas.

La « baleine » chargée de les escorter ce jour-là était un cargo russe, le *Iaroslavl*. A son bord, un officier de la Marine soviétique prendrait la direction des opérations pendant le délicat ballet sous-marin avec le *K-219*. Toute sa responsabilité consistait bien entendu à rester éveillé. *Tu imagines à quel point il faudrait cafouiller pour qu'on te charge d'un tel boulot ?* se dit Britanov. Et c'était *à ce type* qu'il devait faire confiance pour leur faire passer la barrière du SOSUS.

Dès qu'ils seraient de l'autre côté, le *Iaroslavl* mettrait le cap sur Cuba, avec sa cargaison de machines, et le *K-219* filerait vers son poste de patrouille stratégique au large des Bermudes. On n'avait encore relevé aucune trace du *Iaroslavl* au sonar passif. Britanov allait devoir le rechercher au radar. Ce qui voulait dire expédier des signaux que ses ennemis, sans aucun doute, cherchaient déjà. Rien n'était plus risqué, sauf peut-être monter en surface et jeter un coup d'œil au périscope. Si une patrouille aérienne passait par là, ils seraient immédiatement repérés. Il savait qu'ils approchaient du barrage du SOSUS. L'hypothèse de la patrouille aérienne n'était pas exclue.

Il se leva de son siège et se mit à arpenter la pièce.

— Pilote, profondeur à vingt mètres.

— Vingt mètres.

Le sous-marin commença à remonter, poussé par ses machines et l'action hydrodynamique de ses barres de plongée.

— Machines pour quinze nœuds.

La plainte stridente des turbopropulseurs diminua. Quand le sous-marin commença à ralentir, les commandes perdirent de leur précision et de leur stabilité. Le pilote devait imprimer à la barre des mouvements de plus en plus amples pour que le *K-219* garde son cap. Une fois qu'ils seraient accrochés à leur baleine, le boulot serait encore plus difficile et plus risqué. Laissez le sous-marin se faire aspirer vers le haut, dans la zone de dépression créée par la coque du cargo, et vous aurez au mieux une collision oblique, au pire une brèche dans la coque.

— Dix-huit nœuds, rapporta la barre.

En ralentissant, le *K-219* se fit moins bruyant. Ce qui

améliorait aussi l'efficacité de leur propre système de détection sonique.
— Sonar ? demanda Britanov.
— Toujours rien.

Si leur baleine ne se montrait pas, ils se passeraient d'une escorte pour franchir la ligne du SOSUS. Ce serait désobéir à ses ordres de mission — que l'officier politique du navire connaissait aussi, hélas. Mais il pourrait s'arranger avec le *zampolit* Serguienko. Britanov s'inquiétait beaucoup plus des Américains.

S'il déclenchait l'alarme du SOSUS, ils seraient sur lui comme des moustiques assoiffés de sang pendant les neuf prochaines semaines. Il tambourina sur son accoudoir. Forcer le barrage du SOSUS sans escorte ? Attendre ? Impossible d'envoyer le moindre signal radio. Les règles étaient strictes : il fallait garder le silence...

— Profondeur cinquante mètres, déclara l'officier de plongée.

— Capitaine, appela l'opérateur sonar, en tournant un gros bouton noir pour en tirer la puissance maximale. Contact possible, relèvement un-zéro-trois. Ça va et ça vient, mais sa vitesse à l'hélice est stable : quatre-vingt-dix-huit tours par minute.

La vitesse d'hélice convenue. Celle qui figurait dans les ordres de mission de Britanov. Ce devait être le *Iaroslavl*.

— Vitesse quinze nœuds, dit l'homme de barre. Profondeur stable, vingt mètres.

L'opérateur sonar se raidit.

— Contact avéré ! Une seule hélice à trois pales, marchant à quatre-vingt-dix-huit tours/minute. Distance seize kilomètres, cap deux-deux-zéro, vitesse huit nœuds. C'est notre baleine, capitaine. J'en suis sûr.

— Relevez sa position, dit Britanov à Aznabaïev.

Seize kilomètres. Un rafiot pareil, les Américains étaient capables de le repérer de cinq fois plus loin. Et ses détecteurs soniques étaient si mauvais que la baleine l'avait pris par surprise. S'il s'était agi d'un navire de guerre américain, d'un destroyer, il aurait pu lui tirer des-

sus avant que Britanov ne sache ce qui lui arrivait. Le premier indice aurait été le hurlement de la torpille. Et ce qui valait pour un destroyer tapageur était doublement vrai pour un de leurs sous-marins stratégiques furtifs.
— Pilote, venez à zéro-un-zéro. Placez-nous à une profondeur de cinquante mètres. En avant toute deux tiers. Nous allons décrire un cercle vers le nord, et nous le laisserons nous rattraper.
Les moteurs recommencèrent à geindre, et les turbines reçurent plus de vapeur. Le pont s'inclina légèrement lorsque le sous-marin de dix mille tonnes vira. Britanov frissonnait en sentant le bâtiment donner de la bande sous son commandement. Le *K-219* était peut-être un vieux sous-marin — peut-être même était-il tout à fait dépassé. Mais il pouvait vraiment filer, sous l'eau, avec ses deux réacteurs et ses deux moteurs en ligne.
— Nous perdons le contact.
— Parfait, sonar.
Il s'y attendait. Le sifflement de l'eau filant le long de sa coque à grande vitesse diminuait terriblement les performances de ses détecteurs soniques. Une sorte de jour blanc, de blizzard sonore.
— Quand nous croiserons sa dernière position connue, nous virerons et nous nous glisserons derrière lui. Compris ?
— Compris, répliqua l'homme de barre.
Britanov s'empara d'un *kashtan*.
— Quart des manœuvres spéciales, au central ! ordonna-t-il.
Puis il laissa retomber l'interphone. Seuls les officiers les plus expérimentés appartenaient à cette équipe spéciale. Il fit un clin d'œil au second, Vladmirov.
— Pour commencer, nous allons nous approcher de cette baleine, et la tripoter, dit-il au jeune *starpom*. Après quoi, nous ferons la même chose aux Américains. Je reviens dans un instant. Je vous laisse les commandes.
Il franchit l'écoutille à l'avant du central et passa dans le compartiment deux. Gennadi Kapitulski « surveillait

les fourneaux » dans le poste de contrôle des moteurs, tordant les commandes des réacteurs, distribuant ses instructions pour ajuster les féroces feux nucléaires du compartiment sept.

Britanov s'enfonça dans un siège, à côté de son ingénieur en propulsion.

— Nous sommes en approche finale. Alors ?

— Tout va bien.

Kapitulski surveillait le mouvement saccadé d'une aiguille. Il avait un large visage, de grandes oreilles et des cheveux de jais.

— Nous allons passer quarante-huit heures à dérouiller dans le sillage d'un cargo commandé par un ivrogne et gouverné par un imbécile, et vous prétendez que tout va bien ?

— Pas tout, admit Kapitulski. (Il modifia la position d'une soupape dans le circuit de vapeur secondaire, et observa la réaction de l'aiguille qui mesurait la pression et les vibrations.) Juste les choses sur lesquelles je peux intervenir.

— Comment va Irina ?

En entendant prononcer le nom de sa femme, Gennadi se détourna de sa cloison de cadrans et de jauges.

— Elle va châtrer un porc, pendant notre absence.

— Elle s'occupe d'animaux, maintenant ?

— Un seul. Il s'appelle Romanov.

— Je vois. Elle va peut-être devoir faire la queue, pour l'opération.

— Tout le monde fait la queue, en Russie. Elle va lui couper les couilles et les envoyer à Moscou.

— Eh bien, c'est pratique.

L'ingénieur leva la tête.

— Pratique ?

— Romanov pourra signer lui-même les sauf-conduits pour le voyage.

Kapitulski rugit. Tout le monde détestait les *zampolit*. Qu'ils séduisent les épouses d'officiers en mission fournissait un motif supplémentaire de les haïr.

— Salauds de *zampolit*. Qui a besoin d'eux, de toute façon ?

Britanov se leva. Il le frappa sur l'épaule.

— Quand je verrai Serguienko, je lui poserai la question.

— A propos... Ayez l'œil sur Petratchkov.

— Pourquoi cela ?

— Sa femme. Vous savez ce qui s'est passé ?

— J'ai entendu des rumeurs.

— Tout est vrai. Un salopard débarqué d'un Delta s'est installé chez lui alors qu'il était en patrouille. Il a emménagé dans son appartement ! Gonflé, le type. Petratchkov n'a même pas pu récupérer ses affaires. Vous vous rendez compte ? Les documents pour le divorce l'attendront à son retour. Il serait surprenant qu'il soit impatient de rentrer.

— Après quatre-vingt-dix jours, je vous promets qu'il sera impatient.

— Je ne sais pas... Il a l'air inquiet. Vous voyez ?

— *Ia panimaiou*, dit Britanov. Je comprends. Je garderai cela à l'esprit.

Contrôle SOSUS, Naval Ocean Systems, Norfolk

Les superordinateurs Cray du sous-sol du Naval Ocean Systems étaient les machines les plus puissantes et les plus rapides existant à l'époque. Il n'en fallait pas moins pour mener à bien la tâche gigantesque du SOSUS (Sonar Surveillance System). Dans le local où ils étaient installés, de puissants climatiseurs maintenaient une température polaire. Mais, malgré cela, une telle quantité d'énergie circulait dans le réseau extrêmement dense de leurs circuits que les cylindres des unités de calcul principales auraient pris feu sans l'action permanente d'un système de refroidissement à eau.

Les Cray rassemblaient les sons recueillis par les milliers d'hydrophones déployés aux points de passage stratégiques dans l'Atlantique. Les pièges acoustiques sous-marins étaient disséminés dans la fosse GIUK, le massif centre-atlantique, les abords de la côte américaine, et même à l'intérieur de l'arrière-cour russe de la mer de Barents.

Ils entendaient tout, y compris des choses qu'ils n'étaient pas censés entendre : les chants d'amour des baleines, les claquements de mâchoires de millions de minuscules crevettes, le faible grondement sismique du magma se déplaçant sous la croûte terrestre. Et, bien entendu, ils entendaient les sous-marins. Les ordinateurs enregistraient tout, mais il fallait le travail de l'équipe de service à l'étage supérieur pour interpréter les enregistrements et faire la différence entre un gros requin blanc et un prédateur sous-marin d'un autre genre.

Le silence régnait dans la salle des opérateurs. Des techniciens océanographes coiffés de gros écouteurs perfectionnés étaient reliés à leurs postes de travail, les yeux dans le vague, les oreilles grandes ouvertes pour saisir le moindre gargouillis, le moindre chuchotement ou le moindre soupir de sous-marins nucléaires. Chaque homme était responsable d'un secteur déterminé, mais leurs zones respectives se recoupaient, afin de créer une barrière acoustique sans couture où même les sous-marins stratégiques américains furtifs seraient incapables de se glisser sans se faire remarquer. Mais ils essayaient tout de même.

Derrière les opérateurs se trouvait un tableau tactique général affichant la situation présente de tous les contacts SOSUS. De l'autre côté, c'était la salle de contrôle, où régnait l'officier de service. C'était une cage vitrée et surélevée de quelques pieds, ce qui lui permettait de voir tous ses opérateurs et, en même temps, le tableau principal.

Un sous-officier était responsable d'un secteur particulier de la fosse GIUK. Depuis une demi-heure, il écoutait un contact en surface qui s'escrimait pour filer huit nœuds. D'après sa marque, il savait qu'il s'agissait du

Iaroslavl, un navire marchand en route pour La Havane. Il se trouvait dans la position idéale pour escorter un *boomer* essayant de passer le barrage. Il n'était pas question de les laisser faire. Les navires soviétiques se perfectionnaient, ils étaient de plus en plus silencieux... Mais le jeu n'en était que plus intéressant.

Soudain, il se redressa, hocha la tête et introduisit une série d'informations sur son clavier.

Au sous-sol, les Cray commencèrent à traiter les sons qui lui parvenaient de quatre points d'écoute différents. Ils en nettoyaient certains, en amplifiaient d'autres. L'opérateur pouvait masquer les sons de la houle, de milliards de moutons. Il pouvait masquer quasiment n'importe quel son, pour autant que le programme soit capable de le reconnaître. Nettoyer le fouillis faisait de la place pour les sons qui l'intéressaient.

Autour du contact de surface, gargouillis et remous s'évanouirent. Il leur ordonna de disparaître. Il entendait maintenant le battement régulier des hélices sous-marines.

— Je l'ai !

Il s'empara du téléphone et composa le numéro de l'officier de service, dans la cage vitrée.

— Contrôle.

— Nous avons de nouveau le Yankee de la mer de Barents, monsieur. Il manœuvre à l'est de la ligne, pour faire la jonction avec un marchand.

— Dommage que ce ne soit qu'un Yankee, répliqua l'officier de service. Ils ne prendront pas la peine d'envoyer un P-3. (Il n'était pas nécessaire de prendre des mesures exceptionnelles pour tenir à l'œil un navire aussi bruyant qu'un Yankee.) Vous avez son cap ?

— Il file sur deux-deux-six. Gros, stupide et content de lui.

— Il va entrer dans le secteur des Brits. Peut-être enverront-ils un Nimrod jeter un coup d'œil. (Le Nimrod était l'équivalent britannique du P-3 américain.) Marquez-le, et gardez-le en mémoire. Tenez-le à l'œil, chef. Et prévenez-moi dès que ça devient excitant.

— A vos ordres.

Il était à l'écoute le jour où un *boomer* soviétique avait percuté l'escorte de surface qu'il était censé suivre. Il se rappelait encore les craquements, les hurlements du métal qui se déchirait. Pourquoi s'entêtaient-ils donc à se faufiler en douce derrière le SOSUS ? C'était inutile. Par temps calme, le SOSUS pouvait entendre des avions volant *au-dessus* de l'eau. Les Ruskoffs auraient été plus avisés de passer la ligne à grande vitesse. Se planquer dans le sillage d'un bananier ne faisait aucune différence. Zéro.

Bien entendu, s'ils étaient vraiment malins, ils resteraient chez eux, plutôt que de s'enfermer dans un vieux rafiot comme ce Yankee. Le simple fait d'y penser lui donnait le frisson.

Le technicien océanographe tapa une autre série d'informations, et un voyant illumina le tableau principal : YANKEE-1.*K-219.*

A bord du K-219

— Cible à deux kilomètres. File toujours huit nœuds.
— Préparez-vous pour l'approche, dit Britanov.

Ils étaient déjà au-delà du point où le cargo était supposé monter à douze nœuds. Même à cette vitesse, il leur faudrait faire route pendant quarante-huit heures en formation rapprochée, très dangereuse, pour franchir la barrière infestée d'hydrophones du SOSUS. Britanov faisait absolument confiance à son équipe des manœuvres spéciales. Gouverner son bâtiment dans le sillage du *Iaroslavl* exigeait son meilleur officier de plongée, son meilleur homme de barre, son meilleur opérateur sonar. Mais deux jours de ce régime les mettraient tous sur les genoux.

— Distance, un kilomètre.

— Immersion vingt mètres. Vitesse quinze nœuds.

Britanov faisait mentalement les calculs d'approche, et se représentait les mouvements respectifs des deux bâtiments. Il devait se glisser par l'arrière, légèrement plus vite que le *Iaroslavl*, puis se mettre en position, doucement, prudemment.

Plus ils étaient proches, plus les risques étaient élevés.

— Balayage ESM.

Un mât s'éleva, creva la surface de l'eau. Son antenne, fine comme un fouet, servait à intercepter les émissions des radars ennemis.

— Rien au ESM, camarade capitaine.

— Très bien. Sortez le périscope.

Britanov se dirigea vers la plate-forme du périscope, juste au-dessus du poste central. Il y fut au moment où le cylindre métallique glissait à hauteur de ses yeux. Il saisit les deux poignées, et poussa. Le périscope opéra un tour complet, par à-coups.

— Profondeur stable à vingt mètres, capitaine.

Il poussa encore sur les poignées, le périscope pivota. Tout était noir. On devinait à l'est la trace encore légère de l'aube prochaine. La vue était très basse sur l'eau. Par bonheur, la mer était calme, mais c'était une arme à double tranchant : il serait plus facile de garder la position avec leur baleine, mais leur périscope serait plus aisément repérable.

Il actionna les poignées. D'une saccade, le moteur fit tourner le périscope de quelques degrés supplémentaires. *Où était donc cette espèce de...* Il arrêta. *Là-bas !*

Le feu de poupe blanc apparut, aussi brillant que Vénus, au-dessus de la lueur sinistre du sillage du cargo. Il semblait dangereusement proche. Mais il le fallait, s'il voulait duper le SOSUS.

— Distance à la cible ?

— Cent mètres, capitaine.

Il leur fallait approcher encore, mais très, très doucement.

— Pilote, vitesse douze nœuds.

Un remous provoqué par le *Iaroslavl* fit vaciller le sous-marin.
— Distance, soixante-dix mètres.
En croisant le sillage du cargo, le bâtiment tangua et fit une embardée. Britanov reprit le périscope. Il apercevait maintenant les deux faibles lueurs rouges, de part et d'autre du feu de poupe blanc. C'était le signal convenu. La preuve qu'il suivait bien le *Iaroslavl*, et non un navire rencontré par hasard.
— Cinquante mètres, capitaine.
Il faudrait conserver exactement cette position.
— Gennadi ?
— Propulsion, répondit Kapitulski, depuis le compartiment deux.
— Coupez le réacteur numéro un. Assurez le moteur de bâbord et faites traîner l'hélice bâbord. Nous devons être aussi discrets que des chats.
— Compris.
Assurer un réacteur et un des moteurs en permettant à son hélice de « mouliner » dans le sillage devait réduire au minimum absolu la trace sonore du *K-219*. Cela rendait aussi les manœuvres plus difficiles, plus aléatoires.
— Nous serons dans la zone de détection de SOSUS dans cinq minutes, dit Aznabaïev.
Une nouvelle série de turbulences les fit à nouveau danser et sautiller. *Et cela va durer deux jours,* se dit Britanov. Il prit un *kashtan* et enfonça le bouton de transmission.
— Ici votre capitaine. Tous compartiments, gréez le navire pour gouverner en silence.
— Distance à la cible, stable à cinquante mètres. Relèvement zéro-un-zéro. Vitesse douze nœuds, maintenant.
Enfin, ils prenaient de la vitesse. Britanov aurait souhaité vingt nœuds, au moins. A quelle vitesse...
Soudain, il y eut deux explosions sèches. Le cœur de Britanov fit un bond. Les déflagrations se répercutèrent tout au long du *K-219*. Il s'empara du périscope et regarda à nouveau dehors.

Deux gerbes blanches retombaient lentement de part et d'autre de la poupe du *Iaroslavl*. L'explosion de deux grenades percutantes signalait l'approche d'un avion anti-sous-marins ennemi.

— Descendez le périscope ! Rentrez tous les mâts ! Profondeur à cinquante mètres !

Le sous-marin s'inclina vers le bas, tandis que le périscope d'acier réintégrait son habitacle.

Comment ont-ils su, pour être là en cet instant précis ? Des espions à Gadjievo ? Un piège acoustique inconnu ? *Comment ?* C'était exaspérant ! Avec des avions ASM au-dessus de la tête, ils allaient devoir gouverner à l'aveuglette. Seuls leur sonar et leurs détecteurs passifs les empêcheraient de percuter le *Iaroslavl*. Ils n'avaient pas beaucoup de marge. En eaux calmes, quinze mètres à peine séparaient la quille du cargo du sommet du kiosque du sous-marin.

Britanov descendit l'échelle qui menait au central.

— Distance ?

— Toujours cinquante mètres, capitaine.

— Parfait. Ce ne sera pas aussi facile que nous l'espérions.

— Ce sera d'autant mieux pour l'entraînement, camarade capitaine, dit Vladmirov, avec juste l'enthousiasme nécessaire.

Le nouveau second avait décidé que même si ce sous-marin avait l'âge de partir en retraite, il se trouvait en sécurité avec Kapitulski, Krasilnikov et le capitaine.

Britanov était fier de son équipage, même s'il n'avait pas développé avec Vladmirov des relations aussi étroites qu'avec Igor Kourdine, qui avait été son second durant toutes ces années de patrouille en mer. Il jeta un coup d'œil circulaire au central. Certains de ses hommes étaient des novices, mais ils manœuvraient déjà en vrais professionnels.

Le fracas des hélices du *K-219* s'évanouit. Le navire se redressa, puis retomba, répercutant le bruit de l'eau. Un calme inhabituel s'installa dans le central. Il était presque possible de mener une conversation normale.

Britanov leva les yeux — comme s'il pouvait voir, à travers la coque, le bouillonnement des bulles que produisaient les hélices du cargo. Il toucha du doigt un cadre métallique. Il sentit une nouvelle vibration. Elle n'appartenait pas au *K-219* — il les connaissait toutes. Elle venait du battement des moteurs d'un autre navire.

— Pilote ?

Il sentit que le pont, sous ses pieds, s'élevait.

— Profondeur...

L'homme poussa brusquement en avant la manette qui agissait sur les barres de plongée. Puis il la ramena à niveau. Il transpirait abondamment.

— Profondeur stable, cinquante mètres.

Le bruit sourd était plus fort, maintenant. On eût dit qu'il se trouvait juste de l'autre côté de la coque d'acier du sous-marin. Il y eut des grincements et des fracas métalliques, comme si des hélices sortaient de l'eau. Britanov sourit. Les arbres d'hélice du cargo faisaient le même bruit qu'une chaîne d'ancre en liberté.

— Ses beaux jours sont derrière lui, dit l'officier sonar à l'écoute.

Britanov haussa les épaules.

— Ils tiendront quarante-huit heures ?

Grand-Père Krasilnikov se mit à rire.

— Ils font sans doute ce bruit-là depuis quarante-huit ans. Alors, deux jours de plus...

Deux jours. Après cela, ils seraient tous abrutis de fatigue. Que la baleine fasse le plus de bruit possible, se dit Britanov. Cela les protégerait de ces Américains tellement sûrs d'eux, et de cette technologie dont ils étaient si fiers. L'océan était immense et le *K-219*, si on l'y aidait un peu, pourrait passer inaperçu. Surprenons les Américains, pour une fois.

— Distance à la cible : stable.

La cible. C'était bien la preuve que, pour un sous-marin, tous les navires de surface sont l'ennemi, même s'ils appartiennent à votre camp.

— Parfait, dit Britanov. Navigateur ?

Aznabaïev surgit de sa petite alcôve, à l'écart du central. Comme Vladmirov, il ne montrait plus aucun signe d'inquiétude. Le visage large et joufflu du navigateur avait presque retrouvé sa malice coutumière.

— Prévenez-moi à l'instant précis où nous dépasserons la ligne du SOSUS. (Britanov regarda les hommes du central, en veillant à croiser le regard de chacun.) Camarades ? La jonction était très, très bonne. Félicitations, à vous tous.

Le fond de la mer s'éloignait sous les deux navires tandis qu'ils faisaient route en haletant vers le sud-ouest. Au-dessus de la montagne sous-marine connue sous le nom d'Outer Bailey, Britanov fit relever le quart des manœuvres spéciales et ordonna qu'on prenne un nouveau cap et une nouvelle allure. Après quoi il descendit à sa cabine, s'écroula dans sa couchette et s'endormit, épuisé.

Contrôle SOSUS, Naval Ocean Systems, Norfolk

C'était stupéfiant. Les Russes croyaient-ils vraiment tromper le SOSUS en se cachant dans le giron d'un cargo ? Le technicien océanographique relié à une petite partie de la barrière GIUK était à l'écoute lorsque les deux cibles (le *Iaroslavl* et ce vieux *boomer* Yankee si bruyant) se séparèrent et partirent chacune de son côté. La première mit le cap sur Cuba. L'autre se dirigeait tout droit vers les côtes américaines. Leurs routes s'affichèrent instantanément sur le tableau général représentant la carte de l'Atlantique.

Le chef eut un sourire narquois. Tromper le SOSUS avec un truc aussi éventé ? C'était presque insultant. Il se doutait pourtant à quel point ce devait être désagréable, pour un sous-marin, de rester accroché à un navire marchand. Il leur souhaitait d'ailleurs de transpirer un maximum. Ce sous-officier haïssait les sous-marins et les sous-mariniers. C'étaient tous des reptiles. Lui, il venait de la marine de surface. Tous les sous-marins — quel que soit leur camp — étaient ses ennemis.

Un voyant clignotait sur son téléphone. Il décrocha.

— Chef ? (C'était l'officier de quart, dans la cabine de contrôle vitrée.) Voulez-vous monter une seconde ?

— J'arrive.

Le technicien se débarrassa de ses écouteurs, frotta ses oreilles engourdies, et retourna à la salle de contrôle.

— New London nous envoie un navire modifié, lui dit l'officier de quart. Ils y ont placé de nouvelles oreilles, et ils cherchent quelque chose qui soit digne d'intérêt. Nous avons une proie à leur jeter pour faire un essai ?

New London était le siège de la 12e escadrille de développement sous-marin, l'unité responsable de la production des nouveaux dispositifs, ordinateurs, détecteurs et processeurs soniques. Ils essayaient un nouvel appareil sur un navire, et s'il était efficace, ils l'envoyaient à la Flotte. Ou bien ils ne l'envoyaient pas. Ces gens des sous-marins étaient imprévisibles. Ils vivaient derrière un mur de secret si élevé qu'il excluait même la plus grande partie de l'US Navy.

— Nous avons deux Delta en poste, expliqua-t-il. Ils rappellent un Yankee au bercail, et le font relever par un autre. Il vient de pénétrer dans mon secteur.

— Il navigue déjà en solo ?

— Ils viennent de se séparer, dit le chef. Qui est ce bateau que nous envoie New London ?

— L'*Augusta*.

— César Auguste ? grogna le chef. Serait marrant de le coincer dans nos filets.

Tous les capitaines de sous-marins d'attaque étaient des cow-boys. Mais celui de l'*Augusta*, un bâtiment nucléaire perfectionné de la classe Los Angeles, était le Lone Ranger en personne. Un commandant qui avait une très haute opinion de lui-même et de son navire.

— Est-ce que nous ne pourrions pas le refroidir un peu, monsieur ? Peut-être demander au commandant de la flotte atlantique de sortir un P-3 et de le lâcher sur lui ? Il y a fort à parier que ça lui secouerait les puces !
— Nous ne sommes pas censés être capables de pister l'*Augusta*. Il croit qu'il peut tromper le SOSUS.
— Les Russes aussi.
L'officier de service sourit.
— Je vais prévenir New London pour les deux Delta et le Yankee. Quel Yankee les Russes ont-ils sorti, cette fois ?
— Le *K-219*, monsieur. Un Yankee-1.
— Yankee tiret un ? Ils doivent être au bout du rouleau.

A bord du *K-219*, 15 septembre, milieu de l'Atlantique, 12ᵉ jour

Le bâtiment croisait au-dessus de l'immense chaîne montagneuse sous-marine du massif centre-atlantique. Si ces montagnes se trouvaient sur la terre ferme, elles constitueraient le plus grand massif de la planète. Mais ici, noyées sous trois mille mètres d'eau, elles n'étaient qu'un fragment du monde caché de Britanov. Et un homme enfermé à l'intérieur du *K-219* n'en avait pas d'autre.

L'équipage avait repris ses habitudes de croisière normale. La peur de la première plongée, pour les néophytes, s'était apaisée sous l'effet de la routine — quart, repas, sommeil, reprise du quart. Vladmirov, le nouveau second, avait commencé à se détendre sous les taquineries incessantes de Krasilnikov. Le navigateur Aznabaïev lui-même semblait plus à l'aise. Il s'était remis à raconter des histoires drôles. Tout le monde les connaissait déjà, évidemment, mais c'était bon signe.

La cuisine préparait d'excellents repas. Ce *banya*[1] était

---

1. Bain de vapeur russe traditionnel. (*N.d.T.*)

l'endroit idéal pour se détendre et évacuer par tous ses pores les toxines de la journée. Rien d'essentiel n'était cassé — pas même le magnétoscope du bord, sur lequel les hommes visionnaient des films occidentaux et des clips.

Jusque-là, ils n'avaient rencontré d'autre ennemi que l'ennui. Aucun signe de sous-marins ou de navires de surface américains. Pas de mauvais temps. Aucune houle sous-marine n'était venue les secouer pour leur rappeler où ils se trouvaient.

Moteurs et réacteurs tournaient à nouveau. Ils filaient au sud-ouest à un peu plus de vingt nœuds. Britanov n'avait pas besoin de regarder par-dessus l'épaule d'Aznabaïev. Il n'avait pas besoin de lire une seule ligne sur le diagramme du navigateur pour savoir que bientôt — *très bientôt*, peut-être — son équipage et lui devraient être sur leurs gardes.

Le centre de l'Atlantique était trop vaste pour que les Américains puissent le câbler tout entier. Il y avait beaucoup trop de canyons, trop de massifs sous-marins où l'on pouvait se dissimuler. Mais lorsqu'ils approcheraient des côtes américaines, les choses seraient différentes. Ils seraient dans l'arrière-cour de l'ennemi, loin de chez eux, loin de tout soutien, plus dépendants que jamais de leurs propres compétences.

Le moment était venu de se secouer un peu.

Britanov se leva. Il se tint à côté de son siège, au centre du poste de commandement. Il portait à la ceinture un nécessaire de survie individuel peu commode. De la taille d'une boîte de café, il contenait un masque de caoutchouc et un tuyau que l'on reliait à la réserve d'oxygène du navire ou, dans des circonstances plus difficiles, à une cartouche individuelle portative.

Cette cartouche permettait à un homme de circuler et de respirer pendant une dizaine de minutes — le temps nécessaire pour procéder à l'évacuation méthodique d'un sous-marin gravement endommagé. Bien entendu, l'évacuation d'un sous-marin en proie aux flammes ou envahi par des gaz toxiques était tout sauf méthodique. Peut-être que si le bâtiment était en surface, par beau temps, et que l'on disposait d'assez de lumière pour voir ce qu'on faisait... Un objet parfaitement inutile, en d'autres termes, sauf dans ces exercices académiques concoctés par les écoles de sous-mariniers.

Le *K-219* disposait d'un système central de distribution d'oxygène relié à chaque compartiment. Il fonctionnait comme ceux que l'on trouve à bord des avions de ligne : chaque homme pouvait brancher son propre tuyau à la prise d'oxygène placée au-dessus de sa tête, et respirer de l'air sain.

En théorie, du moins. Rester assis dans un avion et respirer est une chose. Etre capable de se déplacer et de réparer ce qui a été endommagé par un sinistre, dans l'obscurité, avec le bruit de la catastrophe dans les oreilles et l'océan qui se rue vers vous en est une autre.

Pourquoi les gens qui concevaient les sous-marins étaient-ils incapables d'apporter des améliorations utiles au système de secours ? Pourquoi ces cartouches portatives n'étaient-elles pas plus petites, plus légères, plus efficaces ? Si elles étaient bien conçues, on pourrait se passer totalement du collecteur central d'oxygène. Comment pouvaient-ils ne pas s'en rendre compte ?

Pour une raison très simple, pensa Britanov : ces gens ne sont pas des sous-mariniers. Il fouilla dans la poche de sa combinaison bleu foncé et en sortit un chronomètre. Puis il croisa le regard du lieutenant Voroblev.

L'officier responsable du contrôle des avaries se tendit. Il savait qu'ils étaient en retard d'un exercice, et la présence du chronomètre dans la main du capitaine Britanov ne laissait aucun doute à ce sujet.

Le capitaine attrapa le micro de l'interphone.

— Fumées toxiques dans le compartiment cinq ! Fumées toxiques dans l'infirmerie ! (Puis, après un moment de silence stupéfait et de visages gris de terreur, il ajouta :) Ceci est un exercice !

Le lieutenant Voroblev prit un micro à son tour.

— Tous compartiments ! Aux dispositifs individuels de survie !

Dans une frénésie qui tenait à la fois du ballet et de l'émeute, chacun des vingt hommes présents dans le central tira une longueur de tuyau de l'étui qu'il portait à la ceinture et l'appliqua sèchement sur la prise d'oxygène qui se trouvait au-dessus de lui. Puis ils sortirent de l'étui un épais masque de caoutchouc. Le central retentit bientôt d'une cacophonie épouvantable, tous les marins aboyant sous leurs masques. A travers les lentilles minuscules, on pouvait à peine apercevoir son voisin. Et il était totalement impossible de se faire entendre — *a fortiori* de se faire comprendre.

Pourquoi, se demanda Britanov, les gens qui conçoivent les sous-marins ne comprenaient-ils pas non plus cela ?

L'officier de contrôle des avaries déplia un plan du *K-219*. Il était divisé en dix compartiments. Dans une situation critique, personne ne pouvait se déplacer à bord du navire, car les panneaux intermédiaires étaient fermés. Dans une situation critique, chaque compartiment vivait ou mourait en fonction des efforts et des capacités des hommes qui étaient enfermés entre ses parois d'acier.

Voroblev regarda Britanov. Celui-ci tenait le chronomètre levé devant son visage masqué. Il surveillait l'aiguille des secondes, qui mesurait les divisions séparant la mort de la survie.

— Tous les commandants de compartiments au rapport !

Temps écoulé, une minute.

Voroblev pointa les compartiments l'un après l'autre, à mesure que les rapports confirmaient qu'ils étaient « armés et parés, et à l'abri contre les fumées toxiques ».

Britanov prit un crayon gras et traça un grand X noir à l'emplacement du compartiment six — le compartiment de magasinage situé juste à l'arrière de l'infirmerie. Il se pencha vers Voroblev et cria :

— Propagation de fumée signalée ! Equipement de survie perdu à partir du cadre 236 !

Voroblev cligna des yeux sous son masque embué, puis saisit le micro.

— Equipe de contrôle avaries quatre, rendez-vous au cinq, immédiatement ! Et équipez-vous ! Les limites, maintenant ce sont le quatre et le six ! Sortez de là, maintenant !

Equipez-vous signifiait que les lourdes combinaisons protectrices étaient indispensables, désormais, même si elles limitaient l'efficacité, tout comme les masques réduisaient les possibilités de communication.

Le chef mécanicien apparut au central. Il portait son masque. Britanov se dirigea vers lui. Leurs têtes se penchèrent l'une vers l'autre, puis Grand-Père Krasilnikov hocha la tête et se dirigea vers un tableau de distribution électrique.

Temps écoulé, deux minutes.

Soudain, à l'arrière du compartiment cinq, les lampes s'éteignirent. Des lampes de secours étaient censées intervenir en cas de coupure de courant. Au lieu de quoi, elles pâlirent, virèrent au jaune, vacillèrent et s'éteignirent en quelques secondes. Les hommes terrorisés se retrouvèrent dans une obscurité totale alors qu'ils se bagarraient avec leurs combinaisons. Une sirène se mit à hurler.

— Alerte au courant électrique, compartiments cinq, six et sept ! s'écria Voroblev. Ceci n'est pas un exercice !

Le cinq était l'infirmerie, le six un compartiment de magasinage, mais le sept était la salle des réacteurs. Ce n'était plus le moment de plaisanter.

Britanov fit un geste vers Grand-Père Krasilnikov, et claqua du doigt. Le chef mécanicien sortit précipitamment du central. Il fallait savoir ce qui se passait.

Trois minutes.

A leur transpiration, aux mouvements brusques des hommes du central, Britanov comprit que les événements les mettaient à bout. Encore un incident, et ils seraient incapables de fonctionner comme une équipe. Encore *deux* incidents, et ils seraient incapables de fonctionner, point final. Pas bon du tout.

— Arrêtez l'exercice ! aboya-t-il dans l'interphone. Exercice interrompu ! Ingénieur propulsion, au central !

Gennadi Kapitulski entra au central, titubant, l'air découragé. Il avait le visage maculé de cambouis. Il respirait avec difficulté et transpirait abondamment. Le compartiment des réacteurs se trouvait sous sa responsabilité.

— Qu'est-il arrivé à vos lampes ? lui demanda Britanov.

Avant que Kapitulski ait le temps de répondre, Grand-Père Krasilnikov entra, le visage couvert, lui aussi, de sueur et d'huile de machine.

— C'est ma faute, dit-il en jetant son masque de caoutchouc sur la table des cartes. Le courant s'est coupé dans le cinq, le six et le sept lorsque j'ai basculé sur le circuit de secours. Le disjoncteur de mon panneau de contrôle principal s'est enclenché, et je n'ai pas pu le rétablir.

— Et les lampes de secours ? Elles sont alimentées par leurs propres batteries.

— Il doit y avoir un court-circuit dans le chargeur. Je vais...

— Un circuit de secours qui se coupe en cas d'urgence, ce n'est pas très bon, dit Britanov.

Les deux ingénieurs restèrent silencieux.

Britanov vit l'effet que provoquaient ses paroles. Il posa la main sur l'épaule de Grand-Père Krasilnikov.

— Nous referons le même exercice plus tard dans la journée. Je veux que tous les compartiments soient armés et parés en deux minutes. Pas trois. Allons, leur dit-il, descendons dans ma cabine. Il faut élucider ce problème d'électricité.

L'officier missilier Petratchkov arracha son masque malodorant. Les quatorze hommes placés sous ses ordres se tenaient au niveau de l'entrepont. Ils échangèrent des regards. Lorsque le capitaine avait lancé ce damné exercice, Petratchkov venait de leur donner l'ordre de purger le silo six.

Pourquoi fallait-il qu'ils procèdent à des exercices au moment où il essayait de faire un travail important ? Ignoraient-ils que s'il ne gardait pas les choses à l'œil, la prochaine alerte pourrait être une vraie ? Il revint à la jauge qui mesurait le niveau d'eau dans le silo.

L'aiguille indiquait juste un peu moins que le maximum de quatre litres. Tout d'abord, la fuite avait eu l'air de s'interrompre d'elle-même. Il était clair maintenant qu'elle augmentait de plus en plus vite. Un pompage par jour ne suffisait plus.

— Eh bien, s'exclama-t-il. Ne restez pas ainsi les mains dans les poches. Videz-moi le six, et que ça saute !

Ses hommes regagnèrent leurs postes, après s'être débarrassés de leurs masques et capuchons de caoutchouc.

Petratchkov tapota encore une fois sur la jauge, en espérant voir l'aiguille redescendre. Toute déperdition était dangereuse, mais un minimum de suintement était considéré comme normal. Les fumées qui se formaient lorsque l'eau de mer entrait en contact avec le combustible du missile étaient évacuées par un système d'aération spécial. Il s'agissait des mêmes orifices qui aspiraient la fumée de cigarette de la petite cabine, située juste au-dessous, où allaient fumer les officiers.

Mais si on laissait pénétrer des quantités trop importantes d'eau de mer, la situation devenait beaucoup plus dangereuse. Si l'eau et le combustible se mélangeaient en quantité suffisante, on se retrouvait avec un acide puissant, toxique, capable de ronger pratiquement n'importe quoi. Les câbles, les joints, jusqu'au corps d'aluminium des missiles. Le problème cessait alors d'être un simple problème. Pour devenir un désastre.

C'était là le cauchemar intime de tout sous-marinier qui sert à bord d'un Navaga : une infiltration d'eau de mer provoquait une réaction chimique en chaîne qui finissait par ronger le corps de la fusée, perçait les réservoirs de carburant hautement pressurisé et mélangeait les deux poisons à l'intérieur du silo. L'explosion brisait le silo, fracassait les missiles voisins, mélangeait encore plus de carburant à toujours plus d'eau de mer. La réaction en chaîne explosive pouvait condamner très vite le bâtiment et son équipage. Même s'ils se trouvaient en surface.

Petratchkov observa la jauge, puis il prit une décision. Il devait la faire purger à sec deux fois par jour. La patrouille était bien entamée, mais ils n'étaient pas encore à mi-chemin du retour à la maison. Non qu'il fût impatient de rentrer à la maison, d'ailleurs. Il n'était pas sûr qu'une maison l'attende quelque part... Il n'avait même plus son propre appartement, ni sa propre cuisine. Le salaud... Il s'était installé pendant que Petratchkov était en mission. Et maintenant, elle voulait divorcer. Eh bien, cette putain bonne à rien attendrait qu'il soit paré et disposé. Même un Navaga plein de fuites valait mieux que de rentrer la queue entre les jambes. Plutôt que de ramper, il valait mieux être au loin et contrôler son destin.

Sur la jauge du silo six, il vit l'aiguille bouger. En outre, il était trop tard pour reculer. On lui poserait beaucoup trop de questions pour n'avoir pas signalé la fuite plus tôt.

Sa vie dépendait de cette décision. Comme celle de beaucoup d'autres.

3

> *Les sous-marins soviétiques n'étaient pas à la hauteur de nos navires d'attaque rapide. Ce qui ne veut pas dire qu'un commandant soviétique doué n'était pas capable, de temps en temps, de nous surprendre.*
>
> Capitaine James Bush, commandant
> de sous-marin à la retraite

**A bord du *K-219*, 17 septembre 1986,
Atlantique ouest, 14ᵉ jour**

— Profondeur stable à quatre-vingts mètres, capitaine, dit l'homme de barre. Cap deux-trois-huit. Tournons à quinze nœuds.
— Très bien. Maintenez le cap et la profondeur, ordonna Britanov. Qu'on sorte la sonde.
A la poupe du sous-marin lance-missiles, un câble fin se déroula de son carénage. Ce câble, connu sous le nom de « sonde rectale », était fait d'un alliage métallique biconducteur très particulier. Les réactions de ses composants à une impulsion électrique informeraient Britanov de la température de l'eau. Et la question n'était pas sans importance.
Ils n'étaient plus qu'à deux jours de route de leur zone de patrouille au large des côtes américaines. Deux jours pendant lesquels ils se rapprocheraient des forces anti-sous-marins que les Américains ne manqueraient pas de lâcher sur eux. Surveillance aérienne, lignes d'hydrophones, et — ce qu'on craignait le plus — sous-marins prédateurs. Ces derniers étaient capables d'entendre Britanov tout en restant invisibles. Ils pouvaient se dissimu-

ler dans des buissons acoustiques que les détecteurs russes étaient incapables de pénétrer.

Sous l'eau, la propagation du son est profondément affectée par la température de l'eau. Cela signifie que Britanov — si la chance lui souriait — pouvait utiliser ce paramètre pour renverser le rapport de forces avec cet ennemi si arrogant. Pour un navire de guerre qui dépend totalement de sa propre discrétion, la manière dont la mer transmet les sons est aussi vitale que l'air et la lumière.

Le capitaine Britanov observa la carte affichée près de la cabine de navigation d'Aznabaïev. Les isobares soigneusement tracées délimitaient les zones d'une température et d'une profondeur données.

L'océan pouvait être divisé en couches distinctes définies par leur température et leur salinité. Chacune possédant ses propres caractéristiques, un sous-marin se déplaçant sur l'une d'elles était difficilement détectable par un bâtiment se trouvant sur une autre strate. C'était comme si on voulait se regarder dans un miroir dont les propriétés réfléchissantes variaient en fonction de la température. En trouvant l'emplacement et la profondeur idéale, on pouvait plonger à travers le miroir et devenir pratiquement invisible pour le reste du monde. La séparation entre les strates — la surface du miroir — était appelée la thermocline.

L'invisibilité présentait des avantages évidents pour un sous-marin aussi bruyant que le *K-219*. Mais elle permettait aussi à Britanov de n'être plus seulement la proie, mais le chasseur. Les sous-marins américains se cantonnaient souvent aux zones supérieures, plus chaudes, où leurs propres bruits s'évanouissaient dans les conditions de transmission acoustique difficiles. Ils savaient, à juste titre, que les sonars russes ne pourraient jamais les y repérer. Leurs propres sonars étaient suffisamment bons pour rendre totalement transparentes les eaux troubles, plus chaudes. Ils n'avaient aucun mal à pister les sous-marins russes.

Ce qui était vrai pour les hauts-fonds l'était aussi pour les grands fonds. Les eaux plus profondes sont plus froides, et le son s'y propage mieux. Les sonars américains pouvaient repérer de loin les sous-marins russes naviguant en profondeur. Ce n'est que lorsque les Américains se trouvaient au-dessus d'une strate, et les Russes au-dessous, que la situation devenait plus difficile, et que les chances s'équilibraient. Les antagonistes se trouvaient de part et d'autre du « miroir ». Un capitaine soviétique prudent et malin pouvait en tirer avantage.

L'entreprise était extrêmement difficile. De fait, la plupart des capitaines soviétiques ne s'en inquiétaient pas, et se résignaient à la présence invisible d'un navire d'attaque américain à proximité de leur bâtiment.

Pas Britanov.

— La strate descend à quatre-vingts mètres, capitaine, dit le lieutenant Tcherkassov.

Le second navigateur était responsable du câble-thermomètre. Bien évidemment, on l'avait surnommé « Camarade Sonde rectale ».

Quatre-vingts, se dit Britanov. Ce n'est pas suffisant. Les eaux chaudes du Gulf Stream s'épaississaient. Au-dessous de quatre-vingts mètres, la mer est noire, glacée. Le son porte très, très loin. Au-dessus, la température est plus douce. Quatre-vingts mètres, c'est la surface du miroir. Mais c'était encore trop peu pour passer au travers.

— Commencez à sonder dans une demi-heure, dit-il. Nous serons bientôt dans des eaux hostiles. Il se pourrait que quelqu'un nous attende, là-bas.

— Toutes les eaux sont hostiles, capitaine, lança le chef mécanicien, Grand-Père Krasilnikov. Dès qu'elle est trop profonde pour qu'on la boive, l'eau est hostile.

Britanov sourit, puis se tourna vers Tcherkassov.

— Prévenez-moi lorsque la strate descendra à cent mètres.

— Si vous ne mâchonnez pas mon câble.

Il arrivait souvent que la sonde rectale s'emmêle dans

les hélices de bronze. Celles-ci la hachaient menu si l'homme de barre manœuvrait sans prévenir le spécialiste de la température.

— Le camarade Sonde rectale s'imagine que nous ne pilotons ce sous-marin que pour traîner son damné bout de câble, dit Krasilnikov.

— Pendant les prochaines heures, ce sera le cas, dit Britanov.

Pendant trois heures, Tcherkassov s'employa à compléter sa carte avec ses crayons de couleur, relevant la profondeur de la thermocline à mesure qu'elle baissait. Ils faisaient route au sud-ouest, et ils approchaient assez vite du centre du courant chaud remontant vers le nord.

— Epaisseur : quatre-vingt-dix mètres, annonça Tcherkassov.

C'était le moment.

— Pilote ! Faites-nous descendre à quatre-vingt-dix mètres, dit Britanov.

— Quatre-vingt-dix mètres, à vos ordres !

Presque imperceptiblement, le pont s'inclina vers le bas.

— Pas trop vite.

S'ils traversaient trop brutalement la strate, vers la zone froide et calme au-dessous d'eux, le bruit qu'ils feraient s'entendrait jusque dans le port de New York.

— Vous pensez qu'ils sont par ici ? demanda le jeune second, Vladmirov.

— Je crois que nous allons le savoir, lui répondit Britanov.

L'officier de plongée transpirait devant ses commandes. Maintenir un sous-marin à une profondeur donnée exigeait une concentration presque surhumaine. Le pont pencha vers le bas, remonta en correction — un peu trop —, glissa à nouveau légèrement vers le bas. L'indicateur de profondeur tressauta, puis s'immobilisa.

— Stable à quatre-vingt-dix mètres, capitaine.

— Très bien, dit Britanov. Voici ce que nous allons faire. Nous allons effleurer la strate jusqu'à ce qu'elle des-

cende à cent mètres. Puis nous traverserons, nous stopperons les moteurs et nous nous laisserons dériver. Sonar, je veux que vous ouvriez grand vos oreilles. C'est au moment où nous passerons sous la strate que vous aurez le plus de chances de ramasser quelque chose. Compris ?
— Compris, camarade capitaine.
— Pilote, dès que nous serons de l'autre côté, nous mettrons cap au sud et couperons les moteurs pour avancer à vitesse minimale. Je veux juste la puissance nécessaire pour planer dans le courant. D'accord ?
— A vos ordres, capitaine.
Ça ressemble beaucoup à la pêche, se dit Britanov. Si vous bougez trop vite, les poissons s'échappent. Si vous y allez doucement, si vous parvenez à leur faire croire à quelque chose qui n'existe pas — si vous leur faites croire que l'invraisemblable leurre duveteux que vous agitez est un petit déjeuner —, vous avez une chance d'en ferrer un gros.
— La strate s'enfonce, capitaine, dit Tcherkassov. Elle descend à cent mètres, et se maintient.
— Parfait, dit Britanov. Il faut y aller très progressivement. Tout doucement. Nous ne voulons pas effrayer notre poisson. Pilote ? Baissez les barres. Descendez à cent mètres.

A bord de l'USS *Augusta*, SSN-710, Atlantique ouest

— Ici sonar. Red Two change à nouveau de profondeur.
Le capitaine Von Suskil hocha la tête.
— Position ?
— Inchangée. Il se maintient tout près de la strate. (Placée à l'avant tribord du centre d'attaque du navire, la cabine sonar était pleine de récepteurs soniques et de processeurs de signaux tout neufs. Ces appareils étaient capables d'identifier la signature sonore de n'importe

quel bâtiment soviétique.) Une seule de ses hélices tourne. Vitesse de rotation toujours quinze nœuds. Distance quinze milles. Il avance droit devant lui, comme un balourd.

— C'est ce qu'ils font tous.

Von Suskil eut un sourire. Pourquoi ces ganaches, à terre, ne lui trouvent-ils pas une cible qui en vaille la peine, pour une fois ? Il trouvait presque déshonorant de pister un vieux, un lent Yankee — même s'il savait parfaitement que c'était important.

Le sous-marin était peut-être lent, mais ses seize missiles étaient capables de voler terriblement vite. A une telle distance, ils pouvaient être au-dessus de Washington avant que le président sache ce qui lui arrivait. C'était la raison pour laquelle Von Suskil avait presque carte blanche pour prendre les décisions appropriées si la cible se conduisait bizarrement. Par exemple si elle faisait mine de se préparer à tirer. Jusqu'à l'instant où l'*Augusta* serait relevé, une paire de torpilles Mark 48 et quelques Subroc avaient son nom gravé dans leur cerveau électronique. Red Two était un zombie. Un mort en sursis.

— Ici sonar. Distance dix milles. Il se trouve juste sur le bord de la strate. Je commence à recevoir quelques réflexions.

Red Two pouvait-il savoir que l'*Augusta* était là, attendant de se glisser dans sa position de tir optimale dès qu'il serait passé en toussotant ? Non.

Le sous-marin de classe 688 amélioré ne pouvait pas être repéré par les détecteurs américains. Encore moins par les Russes... Et son dispositif de détection, très sophistiqué, pouvait entendre de très loin les capricieuses machines russes. Il fallait admettre que le nouveau processeur sonique qu'on avait installé à Groton était très bon. L'*Augusta* avait suivi à la trace un Delta soviétique vers le sud, aussi facilement que ce vieux Yankee. Ce salaud était bruyant, certes, mais il l'avait détecté à une distance incroyable. A plus de trente milles. Il n'avait pas l'intention de rester si loin. Ce n'était pas la règle du jeu.

Il se demanda qui commandait Red Two. Quel genre d'homme c'était. *Probablement un second couteau,* se dit-il. Qui d'autre pouvait conduire un rafiot aussi vieux ? Ces eaux appartenaient aux Etats-Unis. Red Two affrontait l'équipe de première division, le meilleur commandant d'attaque de toute la flotte atlantique, à la barre du bâtiment le mieux équipé et muni des « oreilles » les plus sensibles.

— Ici sonar. Distance, six milles, maintenant. Il commence à agiter la strate.

Von Suskil avait mis à profit l'important trafic maritime qui circule au large de la côte est pour entraîner son équipage et affiner sa technique contre des cibles réelles : des navires de guerre, des pétroliers, voire des paquebots, lorsque l'occasion se présentait. Ses nouveaux détecteurs acoustiques lui avaient permis de placer son navire en travers du chemin de ses victimes, de rester absolument silencieux tandis que les cibles faisaient irruption dans ses collimateurs et se condamnaient à mort.

Il avait manœuvré si près d'un porte-avions américain au départ, au large de Norfolk, que son capitaine avait déposé une plainte. Elle n'avait pas abouti, bien entendu. Les sous-mariniers ont leurs propres règles, et mettre un porte-avions dans l'embarras (un bâtiment protégé par la meilleure technologie militaire anti-sous-marins du monde !) était considéré comme un objet de fierté, pas comme un problème.

Von Suskil s'apprêtait à recommencer, pour de bon cette fois. Sa cible était un sous-marin lance-missiles soviétique. Il était probable qu'une (ou deux) de ses fusées SS-N-6 était pointée sur Groton, dans le Connecticut. Le port d'attache de Von Suskil. Chacune de ces fusées portait deux ogives de cinq cents kilotonnes. A vol d'oiseau, elles se trouvaient à moins de dix minutes de leur objectif. Pensez au jeu en ces termes, et vous comprendrez qu'il ne s'agit pas seulement d'un défi professionnel. Briser la volonté de l'ennemi devient une affaire personnelle.

— Qu'est-ce qu'il prépare, sonar ?
— Red Two se trouve à une profondeur de trois cents pieds. Il se confond avec la strate. Joue aux fantômes. Apparaît et disparaît.
— Il peut courir, mais il ne peut pas se cacher, dit Von Suskil. Quelle distance ?
— Quatre milles. Cap et vitesse inchangés.
— Parfait, messieurs, dit Von Suskil. Le premier qui fait un bruit rentre chez lui à la nage. (Il ne souriait même pas.) Pilote, soyez extrêmement doux... Je ne veux pas le moindre gloussement dans l'eau.

Les « gloussements » étaient provoqués par des mouvements d'eau tourbillonnante, des turbulences créées par une manœuvre brusque. Les gloussements faisaient du bruit.

— Nous allons le laisser passer, avec tout son raffut, puis nous nous laisserons tomber derrière lui. Le repas est servi.

L'*Augusta* était suspendu dans la mer, presque silencieux, en position sur la route prévue (et prévisible) de Red Two.

— Il commence à disparaître, annonça le sonar. Distance trois milles. Il pourrait bien être en train de plonger sous la strate. Si c'est le cas, il s'y prend rudement lentement, et de façon bien sournoise, capitaine.

— Il ne peut pas savoir que nous sommes là. Il essaie simplement de faire le malin, dit Von Suskil.

— Ici sonar. Red Two est en train de passer. Le signal est fort, mais très étendu. Il est sous la strate, c'est sûr. Cap deux-cinq-cinq.

— Pilote ! En avant un tiers, allez à deux-cinq-cinq, dit Von Suskil. Descendez à une profondeur de trois cents pieds. (Il se tourna vers son second :) Descendons chercher ce salopard, monsieur Samples. Entamez les procédures d'approche.

A bord du *K-219*

— Toutes machines lentes, dit Britanov. (Le sous-marin glissa à travers la strate et fit route dans les eaux plus profondes et plus froides.) Cap un-huit-zéro.

Il pointait la proue du sous-marin dans le fort courant du Gulf Stream, qui l'entraînait vers le nord. En maintenant sa puissance dans un équilibre délicat, il pouvait faire « planer » le navire sur place comme un cerf-volant sous une brise régulière, et se laisser aller dans le courant à reculons, la proue pointée vers le sud. C'est dans la proue que se trouvaient ses détecteurs acoustiques sensibles. Il était dans la position optimale pour entendre quiconque s'approchait de lui.

— Un-huit-zéro. Vitesse trois nœuds, maintenant, capitaine.

— Sonar?

— Rien pour le moment. (L'opérateur semblait observer son écran vert. En fait, il avait les yeux fermés. Il se concentrait sur les signaux recueillis par les hydrophones placés dans la proue. Il secoua la tête.) Il n'y a rien... attendez... Attendez.

Britanov jeta un coup d'œil vers lui. Sur l'écran circulaire, devant l'opérateur, il vit une pointe de lumière verte, un peu floue. Elle s'évanouissait comme un spectre, disparaissait, revenait.

— Contact possible. C'est... On dirait...

— Qu'est-ce que c'est?

Britanov avait du mal à ne pas crier.

— Il est tout proche! s'exclama le sonar, l'air émerveillé.

Il n'avait jamais entendu, pour de bon, un sous-marin américain. Pas une seule fois. C'était comme si des anges lui rendaient visite. Improbable, rare, trop beau...

— Evaluation : possible sous-marin. Position zéro-neuf-cinq! (Sa voix avait monté d'une octave.) Il plonge!

— Calmez-vous, lui dit Britanov.
Toute l'équipe de quart avait les yeux fixés sur l'écran. Repérer un sous-marin américain était un véritable honneur. Un événement rarissime.
— Tous à vos postes ! Sonar, enregistrez-moi ça.
La pointe verte était de plus en plus brillante.
— Capitaine... murmura l'opérateur sonar. Il vient droit sur nous ! *Il ne nous voit pas.*

A bord de l'USS *Augusta*

— *Comment cela, le contact est perdu !* beugla Von Suskil. Ils venaient tout juste de plonger dans la thermocline. Il s'attendait à voir réapparaître Red Two devant lui, juste à sa proue. Mais quand il avait traversé la surface de la strate, le *boomer* russe avait disparu.
— Contact possible, relèvement zéro-un-zéro, Mais s'il s'agit de Red Two, il s'est arrêté. La signature est très, très basse.
Puis il le vit. Red Two était venu vers lui en douce. Il s'était arrêté, puis avait dérivé au nord, dans le courant. Peut-être Von Suskil avait-il été trop sûr de lui. Il avait présumé que l'ennemi n'était qu'une cible aussi stupide que les autres, et non un adversaire habile.
— Toutes machines stoppées. Gréez le navire pour la marche furtive, dit-il, les lèvres serrées. Sonar, je veux une résolution de ce contact. Immédiatement !

A bord du *K-219*

— *Nitchevo !* dit l'opérateur sonar.
Sur son écran, la pointe verte pâlit, puis disparut tout à fait. Ses doigts coururent sur les gros cadrans noirs réglant le dispositif acoustique.
— Je... Je l'ai perdu ! Pas de contact.
Britanov avait l'air mécontent, mais il ne l'était pas

vraiment. Un contact avec un sous-marin tueur américain fantomatique valait toujours le coup, même aussi fugitif.
— Dernière position connue ?
— A notre sud, route sud-ouest, répondit le second Vladmirov.
Il écarquillait les yeux. Il ne comprenait pas tout à fait comment Britanov s'y était pris. Comment avait-il deviné la stratégie des Américains ?
— Sonar, je veux un *ping* sur le poste actif. A mi-puissance. A mon signal.
— Capitaine ?
L'opérateur sonar le regarda comme si Britanov lui avait subitement parlé en ourdou.
Un *ping* actif n'était pas prévu par le règlement. Provoquer une explosion sonique dans l'eau était réservé aux situations extrêmes, en temps de guerre. Mais Britanov en avait assez d'être une cible lente et stupide pour ces Américains si malins. Il voulait que son adversaire, quel qu'il fût, sache que le sort venait peut-être de tourner. Cela n'arrivait pas souvent. Il lui suffisait de savoir que c'était possible.
Britanov leva la main.
— Gardez le cap, dit-il calmement au pilote. Levez les barres, gouvernail par le milieu. (Il sentit que le pont commençait à s'élever. Il baissa la main.) Sonar ! Lancez un *ping*. A mi-puissance. *Maintenant !*
Ping !
Un son aigu, à haute fréquence, se répercuta dans le navire quand les transducteurs de proue lancèrent dans la mer une vague d'énergie acoustique.
Sept secondes plus tard, leur parvint un *pong* faible, mais satisfaisant.
— Contact ! s'écria l'opérateur sonar. Contact rétabli avec la cible !

A bord de l'USS *Augusta*

— Nom de Dieu ! s'écria Von Suskil. (Le *ping* s'évanouit. Il tressaillit, comme s'il avait reçu un coup au visage.) Sonar ! Quelle était la force de ce truc ?
— Angle de détection très bas. Nous sommes beaucoup trop près. De toute évidence, il pourrait nous avoir.

Un *ping* à pleine puissance, et ce salopard drôlement culotté avait manifestement une solution de tir réel. *Comment diable savait-il que nous étions ici ?*
— Second, ramenez-nous vers l'est. Je veux m'éloigner un peu de ce plaisantin.
— Zéro-neuf-zéro, à vos ordres.
— Distance accrue, dit le sonar.
— Nous allons faire une boucle vers le large, puis le réacquérir, dit Von Suskil. (Il s'éclaircit la gorge.) Eh bien, messieurs... Voilà qui est nouveau !

A bord du *K-219*

Sur l'écran de l'opérateur sonar, la pointe de lumière verte s'évanouit.
Il est parti !
— Nous l'avons chassé ! s'exclama Krasilnikov. Ça lui apprendra !
— Peut-être, dit Britanov.
Il souriait. La tension, dans le central, disparut d'un seul coup. Il cligna de l'œil à Krasilnikov et lui fit signe, les pouces levés. Puis, à son second :
— Reprenez le cap et l'allure pour rallier notre station.
— A vos ordres, capitaine ! répliqua Vladmirov, encore plus enthousiaste que d'habitude.
— Sonar, dit Britanov, faites-moi une copie de cette piste. Consignez ce contact comme un possible sous-marin hostile, classe Los Angeles.

— A vos ordres !

— Vous voyez ? dit Britanov. On ne s'ennuie pas toujours, en patrouille. Cette fois, au retour, nous aurons quelque chose à raconter.

4

> *Quand Moscou nous ordonnait de veiller aux sous-marins américains, je me demandais quelle serait leur prochaine recommandation. Attention, l'eau est mouillée ?*
>
> Capitaine Igor Britanov,
> commandant du *K-219*

A bord du *K-219*, 3 octobre 1986, Atlantique ouest, 31ᵉ jour

Le capitaine Britanov sirotait son thé au poste de commandement central. Boire du thé brûlant était moins approprié dans les eaux chaudes du Gulf Stream que dans les glaces de la mer de Barents, mais il est difficile de se séparer de ses habitudes.

La sueur lui coulait dans le cou. Il régnait au central une odeur d'huile de machine, de circuits électroniques chauds, d'uniformes sales et de transpiration. Leurs combinaisons bleues n'étaient pas lavées régulièrement. Il n'y avait pas assez d'eau douce pour cela. Le premier mois était toujours le pire. Après trente jours de mer, l'odorat cessait tout simplement de fonctionner. Britanov jeta un coup d'œil à la carte du navigateur.

Ils croisaient à cent mètres de profondeur, à mille trois cents kilomètres au sud-est de New York. Sous peu, le *K-219* allait mettre cap au sud, pour rallier leur seconde zone de patrouille près des Bermudes. Ils étaient presque au bout de leurs deux semaines de navette dans la zone nord. Ils allaient bientôt remonter à l'immersion périscopique afin de recevoir les nouveaux ordres de Moscou. Dans la marine soviétique, on appelait cela une « séance de spiritisme » — saisir dans l'éther et décoder les chuchotements spectraux à basse fréquence émis par Moscou. Le rituel était conduit par Markov, l'officier des communications du navire.

Dès qu'ils recevraient ses ordres, le *K-219* ferait route vers le sud pour relever le sous-marin lance-missiles de classe Delta de Boris Apanasenko, déjà en station. Le Delta rentrerait au bercail, et un nouveau sous-marin prendrait la place du *K-219* dans la zone nord. A condition, pensa Britanov, qu'ils trouvent un sous-marin en état de naviguer.

Britanov savait qu'ils avaient eu beaucoup de chance, jusqu'alors. Attraper ce sous-marin d'attaque américain, c'était presque du jamais vu. Et s'il n'y avait eu ce matelot victime d'une crise d'appendicite, la patrouille aurait été de pure routine. Kotcherguine, le médecin du bord, l'avait soigné avec une dose massive d'antibiotiques plutôt que de les contraindre à croiser la route d'un cargo pour y transborder le malade.

Mieux encore : ils n'avaient plus rencontré le moindre navire américain. Mais Britanov savait qu'ils devaient être plus circonspects à partir de maintenant. *Bien. Qu'ils apprennent leurs leçons, pour changer.*

Il avala une autre gorgée de thé, et prêta l'oreille aux bruits de son navire. Après un mois de mer, il avait cessé d'entendre le raffut, le sifflement de la vapeur, les ahans et les cliquètements des deux moteurs. Mais il savait qu'ici, au large de la côte américaine, le bruit du *K-219* était synonyme d'un collimateur géant pointé sur son dos. Les Américains pouvaient l'entendre. Ils avaient eu beaucoup de chance de prendre ce sous-marin américain par surprise. Mais on ne pouvait pas compter sur la chance.

Il passa en revue les instruments disposés sur les panneaux de contrôle beiges, tout autour de lui. Il scruta les cadrans des « jauges à vapeur » comme autant de minuscules fenêtres — comme s'il pouvait voir, à travers elles, les eaux chaudes de l'Atlantique ruisselant contre sa coque immergée. A quoi cela pouvait-il ressembler ? La lumière du soleil pouvait-elle traverser cent mètres d'eau ? Non. Pas même les eaux merveilleusement claires des Bermudes. Dehors, il faisait noir comme dans un four. Loin sous la quille du *K-219*, c'était la plaine abyssale d'Hatteras. Un endroit réservé exclusivement aux monstres.

Un petit samovar électrique projetait de la vapeur dans l'air déjà fort humide.

Ils marchaient sur un seul réacteur, sur une seule hélice. C'était la procédure opérationnelle classique pour réduire l'« empreinte sonore » du *K-219*. La seconde hélice tournait à vide dans le courant liquide comme une toupie d'enfant. Encore un truc pour rendre le sous-marin plus silencieux et plus difficile à repérer. Il essuya la sueur qui lui dégoulinait dans le cou, puis se tourna vers le chef mécanicien.

— Tu ne peux pas baisser un peu la température, à bord de ce navire ?

Grand-Père Krasilnikov ne leva même pas les yeux.

— La climatisation travaille déjà au maximum, capitaine. Vous le savez parfaitement.

Il le savait ? Krasilnikov devenait irritable. Britanov ne pouvait pas le lui reprocher. Le central était un véritable *banya*. Il était situé juste sous le kiosque du sous-marin, et toute la chaleur du navire venait s'y accumuler. Un seul endroit était encore pire : la salle des réacteurs. Le *K-219* était conçu pour les eaux froides de l'Arctique. Au large des Bermudes, les accessoires dont il disposait étaient incapables de fournir le moindre confort.

Britanov leva les yeux vers la paroi d'acier au-dessus de sa tête. Il rêva qu'ils se trouvaient sous les eaux recouvertes de glace de leur région d'origine. Ils se préparaient à faire surface à Gadjievo. Il allait apercevoir la tache colorée devant les pentes rocheuses du fjord, et il saurait que Natalia était là, en bonne santé. Son regard s'arrêta sur la petite affiche encadrée qu'il avait fait placer sur la cloison.

« La vie à bord d'un sous-marin n'est pas un service, mais une religion. »

Markov, l'officier des communications, ouvrit la porte de la cabine radio.

— Séance de spiritisme dans cinq minutes, capitaine.

Le visage de Britanov ne trahit rien de ses pensées. Cinq minutes plus tard, un signal codé venu de Moscou leur donnerait l'ordre de faire route au sud, vers leur nouvelle zone de patrouille. Britanov devait remonter assez près de la surface pour déployer ses antennes au-dessus des flots.

Il présumait que l'ennemi connaissait aussi bien que lui le programme d'émission de Moscou. Ils l'attendaient, là-haut. Ils cherchaient la traînée des antennes brisant la surface de l'eau, et qui révélerait sa position. Les Américains n'avaient pas besoin de faire surface pour recevoir leurs signaux spéciaux à basse fréquence. Britanov se demandait parfois jusqu'à quel point tout cela avait encore de l'importance. Il avala le reste de son thé et fit claquer son verre sur la table aux cartes, assez fort pour que l'officier de plongée sursaute.

Il vérifia l'écran du sonar. L'appareil, pourtant alimenté par la série d'hydrophones sensibles disposés à la proue du *K-219*, était muet. Rien. Britanov renifla. Quand le navire était en marche, le flot faisait beaucoup trop de bruit pour que l'on puisse vraiment écouter soigneusement. Si un bâtiment d'attaque américain de la classe Los Angeles, par exemple, se trouvait juste au-dessus de sa proue, il serait tellement silencieux que Britanov pourrait n'en rien savoir avant de le percuter par le travers.

Mais ils ne seraient pas au-dessus de sa proue. Ils l'observeraient, ils le fileraient de loin, car ils avaient appris à être prudents. Ils se glisseraient dans l'angle mort derrière ses énormes hélices, pour se livrer à l'art complexe du meurtre sous-marin. Il repensa à son rendez-vous avec le *Iaroslavl*. Aux yeux d'un commandant américain, son sous-marin nucléaire était comme ce vieux cargo. Une baleine lourde et bruyante, tout juste bonne à se faire couillonner par les Américains, vifs et silencieux. Mais la baleine gagnait, parfois. Pas souvent. Mais cela pouvait arriver. Il sourit.

Il regarda le chronomètre du bord. Trois minutes. C'était le moment. Il se tourna vers Vladmirov, son second.

— Eh bien, finissons-en. Appelez aux postes de combat. Remontez à l'immersion périscopique.

— Compris, camarade capitaine ! (Vladmirov s'empara d'un *kashtan*.) Aux postes de combat ! Aux postes de combat ! Profondeur, à vingt mètres !

La promptitude et l'efficacité de l'équipage, dans cette chaleur étouffante, permettaient de mesurer l'autorité de Britanov. Deux minutes après qu'il eut lancé son ordre, le *K-219* s'élevait promptement, propulsé par ses barres de plongée vers la surface de l'eau éclairée par la lune. La pression se modifia, le lest se déplaça. Les cadrans enregistrèrent la diminution des tensions qui s'exerçaient sur sa coque vieillissante.

Tout semblait parfaitement normal. Pour autant qu'on trouve normal d'être enfermé sous l'eau, dans un tube d'acier qui portait assez de puissance de feu pour détruire la planète.

Britanov regarda l'officier de plongée qui poussait son levier pour interrompre le mouvement de remontée. Le sous-marin retrouva la position horizontale à une profondeur de vingt mètres. Une précision d'horloger était nécessaire pour manœuvrer le *K-219* sans risque. Il fallait anticiper certaines choses, et attendre patiemment que d'autres se produisent. Quand elles se passaient comme prévu.

Ce qui est remarquable, se dit Britanov, c'est que depuis trente et un jours, tout se passe comme prévu.

— Radar, levez l'antenne ESM.

Au sommet de l'aile, une antenne particulière, de la forme d'un vieux feu rouge, commença à monter vers la surface. Elle était conçue pour renifler les signaux élec-

troniques émis par les Américains. Elle avertirait Britanov si quelqu'un les attendait là-haut et, éventuellement, les observait.
— Mon écran est clair, capitaine. Pas de signaux.
Pas de signaux, ou pas d'ennemis ? L'un n'impliquait pas l'autre. Si les Américains savaient déjà qu'il était là, il n'y aurait pas de signaux révélant leur présence.
— Très bien. Déployez l'antenne radio. *Comm ?*
— Capitaine ? demanda Markov.
— Paré pour recevoir les ordres.

A l'arrière du central, dans le compartiment quatre — la salle des missiles —, la jauge indiquant le niveau d'eau dans le tube numéro six avait de nouveau attiré l'attention de Petratchkov.

Le compartiment en voûte était divisé en trois niveaux. Le plan inférieur (le fond de cale) abritait une rangée de toilettes, plus le minuscule fumoir utilisé par les officiers. Quelqu'un s'y trouvait, pour le moment. Il sentait la fumée, en dépit des conduits d'aération spéciaux. Le pont intermédiaire contenait toutes les commandes de mise à feu des missiles ainsi que les pompes qu'on utilisait pour « nettoyer » les silos de l'eau de mer qui pouvait s'y être infiltrée. Quatorze de ses hommes s'y trouvaient, ainsi que quelques employés de cuisine qui se glissaient depuis le secteur du réfectoire, situé juste au-dessus. Petratchkov se trouvait à l'avant du niveau supérieur — une sorte de passerelle que traversaient les gros tubes de missiles jaunes.

Il vit que l'aiguille de la jauge du silo six montait.

Il suçota sa lèvre inférieure. Ils remontaient vers des eaux peu profondes. Il le savait, son corps le lui disait. Une fuite normale diminuait lorsque la pression s'exerçant sur la coque chutait. Sur ses ordres, ils avaient nettoyé le silo deux fois par jour. Mais cela ne suffisait plus. Cela signifiait que la fuite empirait. Pourrait-il la faire tenir jusqu'à la fin de leur patrouille ?

Il se pencha au-dessus du garde-fou et appela un des missiliers en poste sur le pont intermédiaire, au-dessous de lui.

— Hé, vous ! Quand ce tube a-t-il été nettoyé pour la dernière fois ?

— Nous l'avons pompé deux fois par jour, répondit le jeune marin, sur la défensive (et d'un air pas tout à fait franc). Vous nous avez donné l'ordre de...

— Je *sais* ce que je vous ai ordonné. Je vous ai demandé *quand* il a été pompé pour la dernière fois !

Le missilier chercha un soutien du côté de ses camarades. Personne ne put lui offrir une réponse.

— Je l'ignore, camarade lieutenant.

— Alors faites-le *sur-le-champ*. Que les pompes soient parées. A partir de maintenant, je vous charge de maintenir le niveau dans ce tube à moins de quatre litres. Qu'il faille pomper deux fois par jour, ou cinq fois par jour. Est-ce que vous avez compris ?

— Compris, camarade lieutenant.

Petratchkov tira sur sa combinaison humide. Après un mois de mer, même lui se rendait compte qu'il puait. Il pensa à sa femme. Il pensa à ce sous-officier qui la lui avait prise. Qu'est-ce qu'il sentait, lui ? Une eau de Cologne fantaisie ? Le salaud.

Il regarda l'aiguille qui sautillait. Se pouvait-il que la jauge fût détraquée ? Peut-être n'y avait-il pas tant d'eau que cela. Comment une fuite pouvait-elle empirer alors qu'on approchait de la surface ? La pression devrait avoir diminué. La chaleur l'empêchait de se concentrer. Il essuya sur sa paupière une goutte de sueur salée. Peut-être devrait-il parler à l'officier de contrôle des avaries. Que Voroblev se décide à prendre ses responsabilités, pour une fois. Il saisit le micro de l'interphone.

— Lieutenant Voroblev, au compartiment quatre !

Puis il raccrocha. Il avait gardé le silence sur cette fuite pendant plus d'un mois. Il était temps que quelqu'un d'autre soit au courant.

Le capitaine Britanov se tourna vers l'officier de plongée.
— Profondeur ?
— Stable à vingt mètres.
— Radar ?
— Toujours aucune émission, capitaine. Il fait nuit, là-haut. Peut-être sont-ils tous endormis.
— Donnez-moi deux balayages à faible puissance. Nous ne voulons surtout pas les réveiller.
Une ombre de traînée verte, fantomatique, scintilla lorsque le mât radar creva la surface.
Le *K-219* roula légèrement quand la vague descendit et le poussa d'un côté et de l'autre.
La ligne radiale blanche balaya l'écran vert du radar. Elle fit le tour une fois, puis une autre.
— Aucune cible en surface, capitaine.
Ce n'était pas une surprise. Britanov s'inquiétait beaucoup plus de la présence d'autres sous-marins.
— Parfait. Nous ne pouvons pas attendre indéfiniment. Je monte jeter un coup d'œil. Sortez le périscope et les antennes satellites. Navigateur ?
— Capitaine ? dit Aznabaïev.
— Je vous donne deux minutes pour mettre à jour vos ordinateurs inertiels, Genia. Deux minutes. Pas une de plus.
Quelle ironie, se dit-il en montant vers la passerelle située à l'intérieur du kiosque. *Nous utilisons les satellites de navigation américains pour viser leurs propres villes avec nos missiles.* Etait-il possible que le monde fût aussi insensé ?
Il saisit les poignées du périscope. Il approcha l'œil du viseur et poussa les poignées. Le moteur, en grinçant, leur fit faire lentement un tour complet.
Temps clair, mer calme. Les vagues formaient de légers vallonnements argentés qui miroitaient au clair de lune. Il pouvait presque sentir l'air frais. Quand avait-il

senti pour la dernière fois du bon air pur ? Lorsqu'ils avaient quitté Gadjievo, il faisait froid, il y avait de la brume et il neigeait. Mais ici, au-dessus de lui, il faisait chaud, un temps tropical. Des fleurs ? Non, ils étaient trop loin de la terre. Mais tout de même. Un peu d'air neuf. Est-ce que cela ne serait pas délicieux ?

Pendant qu'il regardait dehors, Aznabaïev fit un relèvement satellite, affina leur position et transmit aux ordinateurs de guidage des missiles le résultat de ses calculs. Profitant du sommeil des Américains, il utilisait le chuchotement de leurs satellites pour placer leurs cités dans les viseurs électroniques de ses quinze missiles RSM-25. *Jacksonville, Kings Bay, Norfolk, Washington, New York, Groton.*

Une voix retentit soudain dans cette étuve qu'était devenu le central.

— Reçu et décodé un message, capitaine.

Le lieutenant Markov, l'officier des communications, lui tendit une feuille de papier qu'il venait d'arracher à son imprimante.

— Capitaine, je voudrais me rendre à l'arrière, pour inspecter ma section.

— Baissez le périscope.

Britanov prit le document. Plusieurs des hommes de Markov devaient écouter le laïus politique.

— Vous devriez aller les réveiller, répondit-il.

Après le départ de Markov, Britanov parcourut le message.

La marine soviétique, à l'instar de son homologue américaine, utilisait la radio à basses fréquences pour communiquer avec les sous-marins en patrouille. Des champs entiers de grandes antennes étaient sortis de terre, à cette fin, dans les prairies au sud-est de Moscou.

REJOIGNEZ SECTEUR DEUX. ATTENTION. SELON INFORMATIONS RECOUPÉES, HAUTE PROBABILITÉ PRÉSENCE SOUS-MARIN D'ATTAQUE AMÉRICAIN CLASSE LOS ANGELES DANS VOTRE ZONE DE PATROUILLE. SUPPOSONS LE PLUS HAUT DEGRÉ (RÉPÉTONS : LE PLUS HAUT DEGRÉ) DE PRÉPARATION ASM.

Britanov froissa le message en gloussant. Il n'y avait qu'à Moscou qu'on pouvait croire qu'un tel avertissement pût être utile. Les sous-marins américains sillonnaient *tous* les océans de la planète. Il arrivait même qu'ils pénètrent dans les eaux soviétiques. Ils avaient de la chance s'il ne s'en trouvait pas au milieu du port de Gadjievo. Le *K-219* patrouillait juste en face des côtes ennemies. A quoi Moscou pensait-elle que tout cela servait ?

Mais le fait de voir cette mise en garde imprimée noir sur blanc excitait Britanov. Il y avait trop longtemps qu'il n'avait pas rencontré l'ennemi. Le moment était venu de secouer encore le pot, ne serait-ce que pour maintenir son équipage sur ses gardes. La partie qu'ils jouaient était pour l'essentiel un exercice mental où le moral et le talent pouvaient être défaits par un adversaire agressif.

Britanov n'allait pas rester assis les bras croisés en attendant l'événement. Le *K-219* était un navire de guerre, pas un remorqueur qui descend la Neva en dansant sur l'eau.

— Pilote, préparez-vous pour les manœuvres dilatoires. Sonar, soyez prêt. J'ai l'impression que nous pourrions attraper une fois de plus ces Américains endormis.

L'officier sonar grimaça. Pister un sous-marin américain, même brièvement, c'était un succès en soi. Mais deux fois de suite ? De retour à Gadjievo, il serait au centre de l'attention générale : tout le monde voudrait lui parler et lui payer à boire... Attraper l'ennemi deux fois, ce n'était pas rien. Même si votre propre sous-marin devait pour cela se tortiller, plonger, et gigoter comme une anguille au bout d'un hameçon.

Les Américains appelaient ça un Ivan fou. Sans le moindre avertissement, un sous-marin soviétique exécutait un virage serré, en vrille. Cela permettait aux récepteurs soniques très sensibles de sa proue de repérer le sous-marin qui le suivait à la trace.

Dans ce mouvement de demi-tour, le sous-marin détourne sa proue de sa route initiale pour la pointer directement sur la trajectoire de son suiveur, qu'il contraint à s'arrêter et à virer en catastrophe — ou, dans le meilleur des cas, à faire de grands trous dans l'océan avec ses hélices en essayant d'éviter la collision. Lorsque ces « trous » explosent sous l'énorme pression de l'eau, ils font du bruit. Ce bruit, c'était précisément ce dont Britanov avait besoin pour localiser le Los Angeles furtif dont son intuition lui disait (bien plus que le message de Moscou) qu'il était toujours dans les parages.

Voroblev et Petratchkov se trouvaient tous les deux au niveau supérieur de la salle des missiles.

— Ça dure depuis combien de temps ? demanda Voroblev en tapotant l'indicateur de niveau du silo six.

— Quelque temps, lui dit Petratchkov, mal à l'aise.

Un de ses hommes les regardait, depuis le pont intermédiaire. Il avait l'air inquiet. Qu'est-ce qui pouvait amener là l'officier de contrôle des avaries ? Sûrement rien de bon.

— Combien de temps ? insista Voroblev.

Petratchkov haussa les épaules.

— Comme elle avait l'air de se stabiliser, ce n'était pas la peine d'en parler.

— Combien de temps ? Un jour ? Une semaine ? Depuis le départ ? *Combien de temps exactement ?*

Petratchkov déglutit.

— Il y avait un peu de déperdition lors de notre première plongée.

— *Notre première plongée ?* Et il ne t'est pas venu à l'idée de m'en parler ?

Petratchkov ne répondit pas.

Les deux jeunes officiers se trouvaient à l'avant du compartiment. Les quatorze hommes du pont intermédiaire s'efforçaient d'avoir l'air affairé, mais ils ne les quittaient pas des yeux. Deux cuistots en train de flemmarder n'avaient rien remarqué.

— A quel rythme faut-il pomper, maintenant ? demanda enfin Voroblev.

— Deux fois par jour. Parfois un peu plus.
— Depuis le départ ?
— Non. Au début, une fois par jour suffisait.
— Le joint doit se détériorer.

Voroblev se pencha vers Petratchkov, de sorte que les missiliers ne l'entendent pas.

— Tu ne comprends pas ce que ça signifie ? Tu es cinglé ?

L'officier missilier se raidit.

— Ce que je comprends, c'est que ça nous aurait obligés à rentrer. Notre devoir sacré...

— Ce n'est pas le moment de me faire un sermon sur le devoir sacré !

En bas, les missiliers levaient les yeux vers eux. Même les cuistots sentaient qu'il se passait quelque chose. Ils les observaient, tels les spectateurs d'un combat de coqs.

Petratchkov n'avait pas besoin qu'un officier débutant, aussi brillant fût-il, vienne créer du désordre dans son compartiment.

— Tu l'ignores peut-être, mais le fait de ne pas appareiller à la date prévue nous aurait valu une croix rouge dans nos dossiers. A tous, y compris aux brillants jeunes lieutenants. Penses-y.

— Et selon toi, quelle sorte de croix allons-nous récolter si ce truc ne s'arrange pas ?

Ils avaient les yeux fixés sur le cadran. L'aiguille sautillait vers le haut.

— Il faut prévenir le capitaine Britanov, dit Voroblev.

La voix du capitaine retentit soudain dans le haut-parleur de l'interphone, comme s'il avait été à l'écoute.

— Préparez condition deux, sur pont niveau deux.

Cela signifiait que la seconde section allait prendre le quart montant. Les hommes de la première section allaient pouvoir quitter leurs postes et se sustenter.

— Parfait, dit Petratchkov. Le responsable du contrôle des avaries, c'est toi. Alors va le lui dire.

Les hommes ayant fini leur service se dirigèrent vers le réfectoire, épuisés. Leur petit déjeuner se composait de fromage blanc, de pain noir et de thé. Tels des automates aux batteries déchargées, ils firent la queue, assommés par la chaleur et l'épuisement, avant de s'écrouler sur les chaises disposées autour des quinze petites tables. Ils mangèrent lentement, profitant de chaque bouchée. Ils n'avaient aucune raison de se presser, car on ne les autoriserait à quitter le réfectoire que lorsque le *zampolit* du navire — l'officier politique Serguienko — aurait fini son damné exposé sur la *perestroïka* dans la marine (quel que soit le sens qu'on donnait à ce mot). Où était-il, d'ailleurs ? Plus vite il commencerait son discours, plus vite il aurait fini, plus vite ils pourraient tous sortir en titubant vers leurs couchettes où les attendait un sommeil bien mérité.

Il régnait dans ce réfectoire une chaleur d'enfer — à cause des fours à convection, des eaux chaudes du Gulf Stream derrière la coque, et de la chaleur rance que dégageaient tous ces hommes éreintés. Il est bien assez difficile d'essayer de rester éveillé quand vous êtes de quart. Mais rester assis là, à attendre les nuances embrouillées de la perestroïka, c'était trop leur demander.

Les têtes s'inclinèrent l'une après l'autre, les bouches grandes ouvertes ; de légers ronflements retentirent au-dessus des assiettes de biscuits intactes. Le *K-219* se trouvait assez près de la surface pour que les vagues lui impriment un balancement doux et lénifiant. L'odeur lourde et grasse de l'agneau emplissait la salle. Les cuistots préparaient le repas principal du jour, prévu à onze heures.

Il était 5 h 20, heure de Moscou.

L'officier politique Serguienko se trouvait au fumoir des officiers, dans le fond de cale de la salle des missiles. De son siège, en tendant le bras, il pouvait toucher la paroi jaune cylindrique du silo numéro six. Elle était froide — si froide qu'elle était recouverte de condensation, comme un verre de thé glacé. Malgré la compagnie, il se sentait très seul.

Le lieutenant Markov, l'officier des communications, et Volodia Vladmirov, le nouveau second, partageaient une cigarette. A leurs yeux, de toute évidence, il n'existait pas.

— Quand j'ai appris qu'on m'envoyait sur le *K-219*, avouait Vladmirov, j'étais terrifié.

— Je l'aurais été aussi, s'il n'y avait eu Britanov. Il connaît son affaire. Comme Kapitulski, d'ailleurs.

Un culte de la personnalité en formation, se dit Serguienko.

— Vous n'êtes pas d'accord, camarade *zampolit* ? demanda Markov d'une façon qui laissait clairement entendre qu'il se moquait de l'opinion de l'officier politique.

— Certes, en termes de résultats, Britanov est très efficace.

— Mais qu'est-ce qui importe, sinon les résultats ?

— Les méthodes.

— Alors qu'est-ce que cette histoire de perestroïka ? demanda Markov.

— En fait, dit Serguienko, c'est un thème très complexe.

— En fait, dit Vladmirov, il n'en sait rien lui non plus.

Les deux officiers éclatèrent de rire. Pas Serguienko. Sur ce navire, il était la cinquième roue de la charrette, dans tous les sens du terme. Il savait que Britanov n'avait pas besoin de lui. Les autres officiers le traitaient avec mépris. Même l'officier de la sécurité, Valéry Pchenitchni, l'ignorait, et il appartenait au KGB. La Sécurité d'Etat et le Parti étaient du même côté, en principe. Mais aujourd'hui, tout allait de travers.

Vladmirov et Markov se mirent à parler de stéréos portables, ignorant une fois de plus l'officier politique.

Conformément aux directives de l'administration politique centrale, Serguienko s'efforçait d'avoir l'air assuré. Le col de sa veste blanche d'uniforme était ouvert, montrant la clé d'argent qui, avec celles que portaient Britanov et ce salaud arrogant de Pchenitchni, pouvait déclencher la destruction nucléaire sur le sol ennemi. Est-ce que ce n'était pas ça, le pouvoir ?

En fait, il n'avait pas l'air assuré. Il avait l'air de l'homme à qui on demande de raconter une histoire qu'il ne comprend pas tout à fait. Est-ce qu'elle est drôle ? Est-ce que tu comprends la chute ? Il écrasa sa cigarette dans le cendrier. Dans un des cabinets voisins, quelqu'un tira la chasse et sortit. La porte claqua. Une puanteur toute neuve envahit le fumoir.

Serguienko n'était pas très pressé de prononcer son discours. Il avait deux ans de moins que Britanov, et il n'était pas vraiment sous-marinier. Il le savait, et tout le monde le savait. Pire encore : il ne suscitait même plus le respect de l'équipage. Les hommes n'avaient plus peur de lui. Son public serait constitué d'une trentaine d'hommes épuisés, accablés par la chaleur, hostiles, parfois plus âgés et beaucoup plus expérimentés que lui. Et le capitaine, bien sûr, ne valait pas mieux. Il traitait Serguienko comme un passager qu'on lui aurait imposé, comme une cargaison inutile.

Il s'attendait à ce que les hommes soient turbulents pendant qu'il s'efforcerait de retenir leur attention. Il devait parler pendant une heure et demie. *La perestroïka dans les forces armées.* Comme s'il avait la moindre idée de ce que cela signifiait. Tout ce qu'il savait, c'était que les officiers ne prenaient plus la politique assez au sérieux. Ils toléraient les questions, les provocations, voire le manque de respect pur et simple à l'égard du Parti. *La vie à bord d'un sous-marin n'est pas un service, mais une religion.* Il y a quelques années, on n'aurait jamais laissé passer cela. Britanov se serait retrouvé aux commandes d'une barge pénitentiaire en route vers la Sibérie. Si les officiers étaient capables de commettre de telles infractions, que pouvait-on attendre des hommes d'équipage ?

Non que les officiers politiques fussent à l'abri des erreurs. Voyez ce Lev Romanov, à Gadjievo. Attirer dans son lit des femmes de marins en leur promettant un sauf-conduit, une bouteille de cognac, voire une simple paire de bas Nylon. Il avait commis une bourde en essayant de séduire Irina Kapitulski. Certes, ses yeux légèrement asiates lui donnaient une sorte de beauté exotique. Mais Irina avait le tempérament fougueux d'une femme du Nord — et son mari était un des meilleurs ingénieurs propulsion de toute la flotte du Nord. Ce qui signifiait qu'il avait le bras au moins aussi long que Romanov.

Au bon vieux temps, elle l'aurait gentiment rejoint dans sa chambre, voilà tout. Qui aurait pris le risque de vexer un officier politique ? Désormais, tout pouvait arriver.

C'était la faute de Gorbatchev. Tout allait à vau-l'eau.

— Eh bien ? lui demanda Markov d'un ton insidieux. Vous n'allez pas faire votre petit discours ?

— Le devoir n'attend pas ! dit-il avec un humour forcé.

Il écrasa sa Belomar à demi fumée, s'empara de ses notes et se leva. Il se sentait un peu abruti à cause de la chaleur, et se demandait quel accueil on lui réserverait au réfectoire. Markov prit immédiatement sa place dans le petit fumoir.

Serguienko entendit des voix au-dessus de lui. Levant les yeux, il aperçut Petratchkov et l'officier de contrôle des avaries, penchés l'un vers l'autre. Voroblev avait le cou cramoisi. Il avait l'air sur le point de mordre Petratchkov.

Encore un mois de cette chaleur, et ils seraient tous prêts à mordre.

Serguienko se dirigea vers l'échelle, à l'arrière, et commença à monter vers le pont intermédiaire. A la place de Romanov, se dit-il, j'aurais été plus prudent. Un officier politique, s'il est malin, doit être capable de choisir un peu mieux ses victimes.

— Paré, au central ? demanda Britanov.
Le lieutenant Vladmirov prit le *kashtan* et hocha la tête.
— Non, dit Britanov. Pas d'annonce. Ils s'y attendraient. Nous sommes sur un navire de guerre. Je veux qu'ils soient toujours parés, comme au combat.
Vladmirov se dit que Britanov savait ce qu'il faisait. Après avoir attrapé cet Américain ? Il serait capable de se jeter par la fenêtre pour son capitaine. Mais le sous-marin passait par des positions extrêmes, en jouant à l'Ivan fou. Tout le monde ne disposait pas d'une poignée à laquelle s'accrocher.
— Le *zampolit* parle aux hommes, au réfectoire.
— Et alors ? dit Britanov. Le voir tomber sur le cul sera excellent pour le moral.
Grand-Père Krasilnikov gloussa. Tous partageaient l'opinion de Britanov à propos de Serguienko.
— Très bien, dit Britanov. Paré, sonar ? Vous n'aurez peut-être pas beaucoup de temps pour voir nos amis américains. Peut-être aurons-nous encore un peu de chance.
Le sonar hocha la tête, l'air excité.
— S'ils sont là, je les trouverai.
— Paré, pilote ?
L'officier de plongée coinça ses souliers sous le rail de sécurité placé sous sa console.
— Paré !
— Très bien. (Britanov tendit le bras au-dessus de lui et saisit la poignée d'acier qui se trouvait justement là pour ça.) Réglez la profondeur à cent mètres. Vitesse, vingt-cinq nœuds. La barre à bâbord toute ! Maintenant ! Allez-y !
Le *K-219* s'enfonça dans un mouvement puissant, dirigé par ses barres de plongée, par la pesanteur, et par le furieux bouillonnement de ses hélices. Comme les passagers d'un ascenseur en chute libre, les hommes de quart au central faillirent décoller du sol. le *K-219* s'était violemment incliné vers l'avant, comme un avion effectuant une vrille serrée.
Un navire de guerre soviétique se réfère toujours à

l'heure de Moscou, non à celle du méridien le plus proche. Il était 5h30.

A bord de l'USS *Augusta*

— Ici sonar ! Un Ivan fou ! (Il criait assez fort pour être entendu dans le centre d'opérations. Il était terrifié, parce qu'ils s'étaient glissés derrière ce lourd Yankee. Ils étaient très proches.) Red Two vire à bâbord !
— Toutes machines stoppées ! ordonna le capitaine. Paré pour la position furtive !
Depuis une demi-journée, ils s'approchaient de Red Two en catimini, prudents et circonspects. Von Suskil ne voulait pas être surpris une nouvelle fois. Mais la cible avançait stupidement droit devant elle. Elle n'avait pas du tout l'air de s'inquiéter de la présence d'un ennemi planqué dans son sillage.

— S'il passe en actif, capitaine, il est certain qu'il nous trouvera.

— Je ne pense pas qu'il fera cela, dit Von Suskil. J'ai un droit sur ce plaisantin.

Le risque de collision — toujours possible à distance si rapprochée — n'était plus le seul motif d'inquiétude de l'*Augusta*. Il devait rester assez silencieux pour que les senseurs passifs de l'ennemi soient incapables de déceler sa présence. Pour ce faire, ses mécaniciens réduisaient la puissance de son réacteur nucléaire à une fraction infime de sa puissance normale. La centrale S6G mijotait doucement, sans l'aide (ni le bruit) de ses pompes de refroidissement.

L'équipage prenait la situation très au sérieux. Au point d'étouffer les conversations, sur ce navire pourtant silencieux.

— Vitesse en diminution, dit le second.
— Distance, cent quarante yards.
Le capitaine considérait l'Ivan fou comme un défi per-

sonnel. La deuxième manche, dans une partie où le champion avait déjà perdu la première.

S'il veut jouer à la dure, nous serons deux, se dit-il. Il allait laisser Red Two s'approcher très près de lui, et lui envoyer un *ping,* à pleine puissance, sur sonar actif. Il était connu comme Chasseur de Yankee, et Von Suskil savourait la chance d'être un peu récompensé.

— Sonar ?

— Il vire toujours, monsieur. Distance, cent mètres. Pas de *ping.* (Une pause.) Tourne toujours vers nous. J'ai la cible en vue.

Sur l'écran, le sous-marin apparaissait comme un objet réel, de plus en plus gros à chaque seconde.

— Il vire toujours. La cible va passer au-dessous de nous.

— Je l'espère, dit le second.

— Distance, cinquante mètres.

— Parfait, sonar. Laissons-le se retourner au-dessous de nous, puis nous nous jetterons à sa poursuite. Sonar actif, à pleine puissance. Nous allons lui balancer un *ping.* Puissance maximale. Nous allons lui secouer les tripes et le faire pisser de trouille.

— Capitaine. Red Two passe au-dessous. Il est tout près. Je veux dire, il est beaucoup trop...

— Contentez-vous de rester...

Il s'interrompit. Nom de Dieu, qu'est-ce que c'était que ce bruit ? Il jeta un coup d'œil aux autres hommes présents dans le centre d'opérations.

Ils avaient entendu, eux aussi.

A bord du *K-219*

Dans le compartiment quatre, l'officier missilier Petratchkov sentit le soudain démarrage de l'Ivan fou, et s'agrippa au garde-fou de la passerelle.

— Qu'est-ce que... dit Voroblev.

Un instant plus tard, l'alarme de niveau d'eau se mit à

hurler. Petratchkov s'immobilisa un instant, stupéfait, puis regarda la jauge du silo six.
L'aiguille indiquait quatre litres. Plein.
— Pompez-moi ça ! s'écria Voroblev.
Il hurla en direction des missiliers, en bas.
— Pompez le silo six, immédiatement !
Puis il dévala l'échelle pour les aider à préparer les pompes et les valves. Il se reçut sur les genoux, et tourna frénétiquement les valves de la pompe aspirante, puis enfonça d'un coup de poing le bouton de caoutchouc noir qui activait la machine. Elle se mit à vrombir.

Il bondit pour couper l'alarme. Ce faisant, il vit que l'aiguille du détecteur de fumées chimiques était en position maximale, au-delà de la ligne rouge. Une autre alarme se déclencha.

L'eau de mer et le combustible du missile étaient rentrés en contact. Le résultat, c'était de l'acide nitrique. De l'acide qui, à l'instant même, pouvait être en train de ronger les organes vitaux pressurisés de la fusée RSM-25. Une explosion pouvait se produire d'une seconde à l'autre.

Seule l'évacuation du tube du missile vers la mer pouvait les sauver.

Petratchkov s'empara d'un micro.
— Contrôle ! Petratchkov, compartiment quatre ! Nous avons une fuite majeure, de l'eau de mer dans le tube six ! Il y a du gaz ! Je dois l'évacuer ! Donnez-nous cinquante mètres ! Je débloque l'écoutille !

Il laissa retomber le *kashtan*. Il ouvrit à la volée le panneau sur le tableau de commande du tube du missile, dégagea le couvercle de l'interrupteur rouge marqué SIX, et tira le levier rouge vers l'intérieur.

Dehors, sur la coque pressurisée, l'air sous haute pression commença à débloquer le mécanisme de l'écoutille du missile. L'alarme du détecteur de fumées chimiques beuglait toujours. Petratchkov écouta le gargouillis de l'air s'enfuyant par le panneau ouvert. Ça n'allait pas.

— Vous tous ! s'écria-t-il aux missiliers stupéfaits. Enfilez vos masques, immédiatement ! Dépêchez-vous !

Dans le petit fumoir du niveau inférieur, le second courut à toutes jambes pour rejoindre son poste au central. Markov, l'officier des communications, tarda un tout petit peu trop. Lorsqu'il arriva à l'écoutille, toutes les sorties étanches étaient déjà scellées. Elle se referma bruyamment devant lui. Les deux cuisiniers qui flemmardaient disparurent à l'arrière, vers le compartiment cinq. Voroblev, le spécialiste du contrôle des avaries, restait près du silo six, au niveau supérieur, la main posée sur le métal froid.

L'ouverture de l'écoutille du silo était automatique. Une fois que le processus était lancé, il était impossible de l'arrêter. Mais l'opération prenait cinq minutes. Il était 5 h 32, heure de Moscou.

— Alerte générale ! cria Britanov. (Il se fichait totalement du sous-marin américain, maintenant.) Profondeur, cinquante mètres !

L'officier de plongée tira sur son manche à balai, et le sous-marin se releva aussi brutalement qu'il avait plongé un peu plus tôt. La coque craqua, ses cloisons gémirent quand les pressions écrasantes se modifièrent.

Au moment où le sous-marin entamait sa remontée en flèche, l'officier politique Serguienko s'accrochait au rebord de l'écoutille menant au secteur du réfectoire, pour sauver sa précieuse existence. Il entendit les machines peiner et les hélices prendre de la vitesse. Il entendit l'alarme, quelque part vers l'avant.

Vers l'avant, c'était le compartiment quatre. La salle des missiles.

Le pont s'inclina vers le haut de façon alarmante. Soudain, à l'extrémité la plus éloignée du réfectoire, l'écoutille menant à la salle des missiles s'ouvrit à toute volée.

L'officier missilier Petratchkov fit son apparition avec le lieutenant Markov.
— Alerte au gaz ! Que tout le monde évacue immédiatement cet endroit !
Il replongea dans le compartiment quatre. Markov resta dans le secteur du réfectoire.
Après un instant de stupéfaction, les hommes ensommeillés quittèrent le réfectoire à toute vitesse. Ils coururent vers l'arrière, loin des missiles. Dans leur précipitation, ils manquèrent de piétiner l'officier politique. Serguienko savait qu'il devait faire quelque chose, qu'il devait prendre le commandement, d'une façon ou d'une autre. Il représentait le Parti, après tout. Mais les mots ne venaient pas. Ses pieds ne lui obéissaient pas. Il était paralysé, complètement paniqué.
La voix du capitaine Britanov explosa dans l'interphone. Il parlait d'un ton totalement différent de celui qu'il utilisait pendant les exercices. Cela glaça Serguienko.
— Aux postes de combat ! Aux postes de combat ! Gaz toxique au silo six ! *Ceci n'est pas un exercice !*
Le sous-marin pointait toujours vers le haut quand une détonation retentissante secoua la coque. Les lumières vacillèrent sur-le-champ. Les lampes de secours tremblotèrent et s'éteignirent une fois encore. Le pont bascula sous les pieds de Serguienko. Le navire ne montait plus. Il replongeait.
Accroché au bord de l'écoutille, il entendait l'eau s'engouffrer quelque part non loin de lui, inondant ce tube noir perdu qui s'enfonçait, incontrôlable, vers le fond de l'océan.

L'explosion brisa l'écoutille de missile à demi ouverte et se répercuta, comme un coup de tonnerre, au travers du sous-marin blessé. Les lampes du poste de contrôle central étaient restées allumées.

Britanov dut se tenir à une poignée métallique pour rester sur ses pieds. Le pont s'inclinait à angle aigu.
— Barres vers le haut, position maximale ! ordonna-t-il.
— Profondeur cent mètres.
L'officier de plongée tirait son manche à balai en arrière pour interrompre le mouvement vers le bas.
— Mes barres sont en position maximale. Pas de réaction.
— Salle des machines ! aboya Britanov. Tournez à vingt nœuds ! Non. Demandez-leur le maximum, en avant, les deux machines !
— Machines en avant, toutes !
Le navigateur Aznabaïev entendit les cris et les alarmes. Il sentait l'angle de la plongée, les craquements et les grincements de l'acier écrasé par la pression de l'eau, toujours plus forte.
— Deux cents mètres, capitaine, dit l'officier de plongée. Il descend toujours.
— Préparez-vous à purger tous les ballasts...
— Profondeur, deux cent quarante mètres !
Jusqu'où descendraient-ils avant de se redresser...
— Trois cents mètres, capitaine !
Les mains du navigateur tremblaient. Il calcula leur position avec le système de navigation inertielle. Quatre cent cinquante milles au nord-est des Bermudes.
Il était 5 h 38, heure de Moscou. Les heures du *K-219* — le plus vieux sous-marin lance-missiles de classe Navaga encore en service — étaient comptées.

5

Je me trouvais juste à côté du silo six quand il a explosé. Il m'a pratiquement sauté au visage. Pendant une vingtaine de secondes, j'ai bien cru que nous allions rompre et filer droit au fond.

Lieutenant Sergueï Voroblev

L'explosion chimique à l'intérieur du silo six projeta dans l'océan les morceaux fracassés de la fusée RSP-25 et ses deux ogives. Une partie du puissant explosif entourant le cœur de plutonium des ogives explosa également, ce qui eut pour effet de répandre des déchets radioactifs au fond de l'eau, et d'expulser le silo anéanti. Sous l'effet de la déflagration, l'épais revêtement d'acier du silo éclata comme la peau d'une banane trop mûre. Un déluge d'eau de mer, de fragments de plutonium et de combustible de missile s'engouffra en rugissant dans la fissure. Le bruit étouffa les hurlements des hommes et les grognements de la coque, tandis que le *K-219* continuait de sombrer, toujours incontrôlable. Le fond de l'abysse d'Hatteras se trouvait à près de six mille mètres sous sa quille.

Dans le compartiment quatre, les lampes de secours s'allumèrent automatiquement lorsque le courant principal fit défaut. Mais elles commencèrent presque aussitôt à baisser.

Deux missiliers du pont intermédiaire dévalèrent l'échelle vers le niveau inférieur pour s'éloigner du lieu de l'explosion et du torrent d'eau sous haute pression. En bas, à proximité du fumoir, l'eau leur montait déjà aux genoux. Au-dessus, tourbillonnait une vapeur brune, âcre. Les deux missiliers commencèrent à tousser, puis ils eurent des haut-le-cœur. Ils sortirent les masques des étuis qu'ils portaient à la ceinture. Ils parvinrent à les enfiler, et se branchèrent au distributeur d'oxygène général. Ils avaient de l'eau jusqu'aux jambes. L'oxygène frais commença à circuler, mais c'était trop tard. Ils avaient déjà trop inhalé de cette étrange brume marron. Leurs poumons s'emplirent de mucosités, les tissus brûlés par l'acide nitrique. Une écume verte mêlée de sang leur remonta dans la gorge. Ils tombèrent l'un après l'autre sur le sol, sans connaissance.

A bord de l'USS *Augusta*

Le chef du sonar était en train de vérifier son enregistrement de la rencontre avec le *K-219*, lorsque le bruit de l'explosion satura ses écouteurs. Pour se protéger, le système coupa automatiquement l'ensemble des hydrophones.
Lorsque l'écho de la déflagration se fut évanoui, il entendit le bruit épouvantable de l'eau s'engouffrant dans un tube vide.
— Ici sonar ! Submersion ! Submersion ! Un des silos de Red Two se remplit d'eau !
— Un silo ou un tube de torpille ? répliqua la voix de Von Suskil.
La différence était de taille. Un missile, cela voulait dire qu'il devait balancer *sur-le-champ* un Mark 48 au *boomer*. Autant d'objets volants neutralisés en liquidant Red Two, autant de villes entières sauvées là-bas, en Amérique. Un missile, ça voulait dire la guerre. Un tube de torpille, ça voulait simplement dire que la guerre était possible. Le règlement voulait qu'on laisse à l'ennemi la responsabilité du premier tir.
Le chef sonar observait son écran. Il y avait deux objets dans la mer maintenant. Deux cibles là où il n'y en avait qu'une.

— Capitaine ! Sonar. J'ai une séparation. Red Two plonge, mais... *Bon Dieu !* C'est un missile russe !
— Préparez les tubes trois et quatre ! Parés pour notre ultime solution de feu ! dit Von Suskil.
Red Two se trouvait depuis un bon moment dans leur collimateur. Ils pouvaient l'avoir d'un seul coup.
— Pression équilibrée. Trois et quatre parés !
— Submergez le trois ! Submergez le quatre ! Mise à f...
— Attendez ! s'exclama le chef sonar. Il reste là... Je répète : pas de mise à feu ! Le missile est juste là, à la dérive !

A bord du *K-219*

— Pilote ! cria Britanov. En avant toute, les deux machines !
— Les moteurs sont à leur puissance maximale, capitaine ! Nous ne donnons que quinze nœuds !
— Profondeur, trois cent cinquante mètres, capitaine !
Quinze nœuds ? Pourquoi allaient-ils si lentement ? Il leur fallait de la vitesse pour que les barres de plongée soient efficaces. Quelque chose les ralentissait. Une traînée ? Un problème d'hélice ? Les possibilités étaient multiples, et il n'avait pas le temps d'y réfléchir.
— Purgez les ballasts de proue !
— Purge des ballasts de proue !
Un chuintement leur parvint des caissons de l'avant, lorsque l'air à haute pression expulsa l'eau de mer. Théoriquement, la manœuvre devait relever la proue et permettre aux moteurs de redresser le sous-marin et d'interrompre son mouvement vers le bas. Britanov tanguait, toujours accroché à sa poignée métallique. Le sous-marin fut soumis à de violentes vibrations lorsque le moteur accéléra d'un coup. Les hélices n'étaient entraînées que par la vapeur d'un seul réacteur.
L'officier de plongée avait complètement ramené en

arrière le manche à balai qui agissait sur les barres. L'indicateur de profondeur s'affolait dans l'autre sens.

— Il ne répond plus !

La proue du *K-219* était toujours pointée vers le fond.

— Gennadi ! cria Britanov à l'ingénieur propulsion. Je veux qu'on mette en route le réacteur bâbord !

— Je m'en occupe déjà, rétorqua l'imperturbable Kapitulski.

L'explosion l'avait projeté, dans son fauteuil pivotant, loin du panneau de contrôle principal du réacteur. Il faisait face à un indicateur de profondeur qui n'annonçait rien de bon. Le réacteur de tribord fournissait aux deux turbines toute la vapeur qu'il était capable de produire. Mais on pouvait doubler la puissance totale en mettant en route le réacteur bâbord. Un processus qui demandait cinq heures, si l'on tenait à le faire dans de bonnes conditions de sécurité. Il était en train d'améliorer cela en actionnant une série d'interrupteurs, de boutons et de valves.

Kapitulski savait qu'on aurait besoin de la puissance du réacteur bâbord, et vite.

Il poursuivit le processus, les mains survolant le panneau de contrôle avant même que son cerveau ne comprenne ce qu'il poussait, ce qu'il tirait, ce qu'il actionnait. Il lança les chauffages (primaire et secondaire) de liquide refroidisseur. Puis, sans attendre que la température s'élève au niveau approprié, il enfonça d'un coup sec le bouton qui actionnait les pompes électriques du circulateur du réacteur.

Une alarme se déclencha. Le fluide était encore trop froid. Le choc thermal avait déjà fendu plus d'un réacteur, et tué plus d'un marin soviétique. Mais c'était une question théorique. Le *K-219* avait des problèmes plus préoccupants.

— Qu'est-ce qui cloche, Gennadi ? demanda Britanov.

— Ne vous inquiétez pas de ça !

Ce n'était qu'une alarme de réacteur — un bruit qui aurait dû faire fuir les hommes le plus loin possible. Il sélectionna la première série de caissons d'étouffement des réacteurs, qu'on utilisait pour éteindre les incendies nucléaires, et actionna la commande qui les faisait se rétracter.

Rayonnante à la lueur des lampes de secours, une belle fille dans une publicité pour de la lingerie française lui jetait un regard d'ange. Les anges ressemblaient-ils vraiment à cela ? Au moment où il leva la seconde série de caissons, il se dit qu'il pourrait avoir bientôt l'occasion de le vérifier.

Dans le central, les alarmes se déclenchaient beaucoup trop vite pour qu'on ait le temps de réagir. Le réacteur bâbord était trop froid. Des fumées toxiques se répandaient dans le compartiment quatre. La dernière alarme les mettait en garde contre la présence de radiations dans la salle des missiles. Cela signifiait que l'explosion avait détruit au moins une des fusées RSM-25, et que des fragments de ses ogives au plutonium étaient disséminés à l'intérieur du sous-marin. Le plutonium était le poison le plus mortel que l'homme ait jamais connu. Mais, pour le moment, Britanov doutait qu'ils vivent assez longtemps pour être tués par le plutonium.

— Profondeur trois cent quatre-vingts mètres !

Britanov était vaseux. Les images venaient trop vite, il réagissait trop lentement. Pour la première fois, l'idée de capituler lui vint à l'esprit. Ce sentiment qui traverse parfois ceux qui sont perdus dans la neige, quand l'immensité blanche évoque un lit de plumes bien chaud qui les invite à se reposer, à s'endormir, à laisser tomber. Ça ne marcherait pas. Ils descendaient, toujours plus loin. L'inondation, qu'il entendait parfaitement de là où il se trouvait, allait empirer à mesure qu'augmenterait la pression sur la coque. Le moment venu, la mer allait tout simplement les broyer.

Britanov leva les yeux vers la petite plaque qui avait tellement consterné l'officier politique du navire. *La vie à bord d'un sous-marin n'est pas un service, mais une religion.* Non. Il n'avait pas le droit de renoncer. Pas encore. Ce navire était placé sous son commandement. Il était responsable de ces hommes. Il avait juré de les ramener chez eux sains et saufs.

A cause de la plongée, Britanov se sentait léger — comme dans un ascenseur en chute libre, où l'on a la sensation d'être libéré de la pesanteur. Il avait l'impression de flotter — de flotter vers le haut, alors même que dix mille tonnes d'acier à faible niveau de magnétisme et cent dix-neuf hommes sombraient de plus en plus bas, dans les profondeurs obscures.

— Nous descendons toujours !
— Capitaine ! s'exclama l'officier de plongée d'une voix paniquée.

Britanov leva les yeux. Tous les hommes de quart au central avaient le regard fixé sur lui. Le sonar, l'officier de plongée, l'homme de barre. Tous.

— Très bien, dit-il. Purgez les ballasts !
— Quels caissons...
— *Tous !* ordonna-t-il. *Purgez tous les caissons ! Remontée en surface d'urgence !*

Britanov ignorait combien d'eau le sous-marin avait embarqué dans le compartiment quatre. Il ignorait si le fait de purger les ballasts suffirait pour limiter les dégâts. Il aurait besoin de toute la haute pression disponible, jusqu'au dernier litre. Pour autant qu'il sache, les tuyaux eux-mêmes étaient rompus, et tout ce qu'il pouvait faire, c'était expulser vers la mer l'air si précieux. Mais il devait essayer. Il ne renoncerait pas. Il se battrait.

Tout ce qui leur restait à faire, à lui et à son équipage, c'était d'attendre, pour voir si cela suffirait.

Dans le compartiment quatre, l'officier missilier Petratchkov se fraya un chemin à travers le torrent d'eau. Il se dirigea vers le poste d'interphone du niveau intermédiaire, pour faire son rapport sur les dégâts provoqués par l'explosion. Il était trempé jusqu'à la taille, et respirait difficilement. A un certain point, il remarqua une odeur bizarre. Un parfum prononcé, acide, auquel se mêlait celui, doux et écœurant, de l'amande amère. Sous la pâle lumière dispensée par les rares lampes de secours encore allumées, une brume marron tourbillonnait juste au-dessus des ponts. Elle projetait d'horribles volutes qui se déployaient vers le haut et s'envolaient dans les bouches d'aération principales.

Il se mit à tousser. Petratchkov n'avait pas besoin du diagnostic de l'officier du contrôle des avaries. La brume marron, c'était du combustible de missile renversé qui réagissait au contact de l'eau de mer. Il était en train de barboter dans un épouvantable cocktail de poison inflammable. Et cette odeur d'amande n'était autre que celle de l'acide nitrique. Petratchkov tira un masque de caoutchouc de son étui de ceinture, et le plaça sur son visage. Il essaya de fixer l'extrémité du tuyau au distributeur central, mais, pour une raison ou pour une autre, il avait du mal à le voir.

Sa toux empira. Il arracha le tuyau d'un coup sec et essaya de le visser sur sa cartouche d'oxygène. Il suffoqua, puis eut un haut-le-cœur. Des vomissements secs, puis humides. Ensuite ce furent les brûlures, l'agonie. Il chancela contre la cloison. Une ignoble écume verte remonta de ses poumons et lui emplit la gorge de feu. Il ouvrit la bouche, et les bulles vertes envahirent son masque. Il se noyait... Pas dans l'océan, mais dans cette écume qui lui emplissait les poumons, la gorge, les narines. Il cracha. Mais il y en avait toujours plus. Petratchkov ne pouvait plus respirer. Il tomba à genoux, sous l'interphone, au moment précis où la dernière lampe de secours clignotait, puis s'éteignait.

Dans le compartiment cinq, juste à l'arrière de la salle des missiles inondée, le docteur Igor Kotcherguine se releva péniblement. L'explosion l'avait jeté hors de sa couchette et précipité contre le plafond de l'infirmerie. Il avait achevé sa course contre la cloison avant — celle qui séparait sa cabine de la salle des missiles et des événements qui s'y déroulaient.

Pendant dix secondes, le pont s'affaissa sous ses pieds. Il entendit les forts craquements et les grincements, tandis que la pression croissante de l'eau comprimait la carapace et les cloisons du sous-marin. La lumière s'était éteinte, les lampes de secours étaient mortes.

Ce lieutenant de vingt-huit ans, originaire de Leningrad, s'éloigna de la cloison. Il chercha ses pantoufles à tâtons dans le noir, avec le sentiment bizarre que les plaques qui formaient le pont n'étaient plus planes, mais bombées. Il entendait le rugissement de l'eau s'engouffrant dans le compartiment quatre, ainsi que les ahans et cliquètements des machines, à l'arrière.

Il trouva ses pantoufles et les enfila. Puis il se rassit contre sa couchette, dans l'obscurité, l'esprit somnolent, en état de choc, à l'idée que la mort était proche. Par miracle, la lampe de secours de l'infirmerie se ralluma.

C'était sa première croisière en sous-marin depuis sa sortie de l'Ecole navale de médecine. La sensation de chute libre lui faisait comprendre que le navire était en train de plonger selon un angle plus aigu qu'il ne l'avait jamais fait depuis qu'il était à bord. A l'entraînement, il avait appris que l'eau finirait par les broyer, peut-être à une profondeur suffisante pour comprimer les dernières poches d'air et les faire exploser dans un grand éclair de feu. Etre incinéré au fond de l'eau, voilà une façon de mourir qui ne manquait pas de piquant. Il fixa le vide d'un air stupide, inexpressif. Il lui fallut un certain temps pour que son cerveau enregistre ce qu'il voyait.

Le tiroir de son bureau était ouvert, sous l'effet de la plongée vertigineuse du sous-marin. Mais le petit plat de verre avec un brin de plante grasse posé sur le bureau n'avait pas été déplacé, ni par l'explosion ni par l'angle du pont. C'était son fils, âgé de huit mois, qui lui avait donné cette branche minuscule le jour de leur départ de

Gadjievo, et il l'avait gardée en bon état pendant presque un mois. Il entendait encore le son de sa voix, il voyait sa femme Galina, leur appartement dans un complexe de béton gris qui surplombait le port (et d'où, parfois, on apercevait l'embouchure du fjord). Toutes ces images lui revinrent grâce à ce minuscule fragment de vert. Il ne comprit pas comment, mais cela lui redonna du courage.

Il se releva, glissant sur le sol incliné et gauchi, et commença à remettre de l'ordre dans l'infirmerie. La cabine était de la taille d'un cabinet dentaire. Il ferma son bureau à clé, puis ouvrit son coffre médical. Il y trouva sa réserve de cartouches d'oxygène et de masques en caoutchouc anti-fumée. Il étala sur sa couchette tout le matériel dont il pourrait avoir besoin. Quand son assistant, un jeune appelé qui avait à peine six mois de formation, entra dans l'infirmerie, le visage pâle, le docteur Igor Kotcherguine était prêt à recevoir les patients.

A bord de l'USS *Augusta*

— Nom de Dieu ! dit le sonar en tendant l'oreille, bouche bée, tandis que le sous-marin qu'il appelait Red Two, l'ennemi, continuait à plonger.

Il avait entendu purger le premier caisson dans une explosion de bulles, puis les claquements et les craquements de feu d'artifice quand la mer les avait engloutis sous sa masse. Il savait aussi que cela n'avait pas du tout fait de bien à Red Two.

— Ici sonar, dit-il. Red Two plonge toujours. Je reçois un bruit de coque inondée. Ses machines tournent toujours, mais... (Il s'interrompit, se concentra sur ses gros écouteurs.) Il est possible qu'il soit en train de se briser, capitaine. Ce missile vient de tomber, hors de vue.

Ça leur apprendra, à ces salopards, à venir ici avec un rafiot aussi vieux, se dit Von Suskil.

— Sonar, marquez l'endroit où est tombé ce missile.

Nous aurons peut-être envie d'y jeter un coup d'œil un peu plus tard. Pilote, toutes machines stoppées.
— Toutes machines stoppées, répéta l'homme de barre.
— La vitesse diminue, annonça le second.
Des bruits terribles étaient retransmis par les hydrophones hypersensibles de la proue sphérique de l'*Augusta*. L'opérateur sonar tendit l'oreille, en se demandant s'il avait vraiment envie d'entendre ce qui allait suivre : le gémissement, la tension de l'acier sous les pressions énormes, le craquement soudain révélant une avarie de structure, le rugissement de l'implosion. On entendait des assiettes tomber sur un pont. Quel genre de bruits monteraient de la gorge de cent hommes condamnés ? Les nouvelles oreilles qu'on leur avait installées, à Groton, étaient bonnes. Peut-être trop bonnes.
Le capitaine Von Suskil était dans le centre d'opérations. Il y régnait un calme mortel. Ils avaient tous entendu le grondement étouffé de l'explosion. Elle avait été assez proche pour faire craindre à Von Suskil, un instant, que son propre navire ait subi un dommage mécanique. Ils avaient été glacés par les mots *silo à missile inondé*. Ils avaient entendu le battement des machines de l'ennemi, quand elles avaient brusquement accéléré — comme un poisson pris à l'hameçon qui s'enfuit pour sauver sa vie. Jusqu'où descendraient-ils avant d'être broyés ?
— Sonar ? Branchez-le ici. Je veux entendre cela.
— A vos ordres.
Le chef sonar enclencha aussi un magnétophone. Celui-là était pour les archives.
Von Suskil mit une paire d'écouteurs et écouta ce que recevait son sonar direct. Il y avait les pulsations des machines de Red Two, la plainte stridente des turbopropulseurs... Il y avait autre chose. Quelque chose de très alarmant.
Red Two se remplissait d'eau. Il entendait le gargouillis et le rugissement de la brèche. Il entendait le sifflement

des bulles qui s'échappaient de la fracture dans la coque. Ces bruits signifiaient que des hommes étaient en train de mourir. Des hommes comme lui, comme ceux de son équipage — sauf que c'étaient des ennemis. Des Russes. *Je me demande ce qui a sauté ?* S'il s'agissait d'un problème de réacteur, les plages de la côte Est allaient être contaminées, c'était évident. Les courants étaient très forts, par ici, et soufflaient au nord-nord-ouest. Le panache radioactif dériverait des Caroline au Canada. *Une sacrée panique. Rappelle-toi Three Mile Island.* Von Suskil avait vécu à quelque distance de la centrale. Les gens étaient devenus fous furieux. Pas grand-chose ne s'était échappé, pourtant, durant l'accident. Celui-ci l'éclipserait, tout bonnement. *Je me demande combien il y aura de victimes. Un autre Tchernobyl, en plein milieu du Gulf Stream.*

Mais s'il s'agissait d'un problème mécanique, et non de réacteur, alors tout était possible. Si près des bases américaines, il ne faudrait pas longtemps pour aller au fond examiner les décombres. Vraiment pas longtemps. Ils l'avaient déjà fait au milieu du Pacifique, avec ce vieux Classe Golf. Le *Glomar Explorer* était toujours dans le coin, disponible pour du travail. Nous sommes chez nous, ici. Est-ce que des morceaux de Yankee présenteraient de l'intérêt ? *Peut-être.*

Même si Von Suskil avait pu ressentir de la compassion, il était assez professionnel pour savoir qu'il ne pouvait rien faire pour eux. Rien.

— Ici sonar. Il fait toujours quinze nœuds, et il... (L'homme s'interrompit.) Attendez une minute... (Les hydrophones leur transmettaient un nouveau grondement. Un grondement auquel se mêlait un fort chuintement.) Capitaine, je crois que Red Two vient de purger ses ballasts. On dirait qu'il a vidé tous ses caissons.

Von Suskil avait entendu, lui aussi. *Tout son air sous haute pression*, se dit-il. *On ne fait cela que si l'on n'a pas d'autre solution. On utilise toute la pression disponible, en espérant que cela donnera assez de poussée ascendante pour interrompre la plongée. Vous retournez danser à la surface comme un morceau de caoutchouc mousse... C'est la fin de la patrouille du navire nucléaire et, sans doute, de la carrière de son capitaine.

Faire surface au large des côtes ennemies, après avoir perdu le contrôle de son bâtiment, pour un sous-marinier, c'était comme faire échouer son destroyer sur une plage de sable pour un commandant de surface. Cela vaudrait à l'équipage soviétique un voyage en Sibérie — mais il est vrai qu'il fait meilleur en Sibérie qu'au fond de la plaine abyssale d'Hatteras.

Il se demanda si les Soviétiques procédaient de la même manière que la marine américaine. *Probablement.* Le problème étant que, si le délestage ne produit pas l'effet recherché, s'il n'interrompt pas le mouvement vers le fond, vous n'avez plus rien à faire. Rien du tout. C'était arrivé deux ou trois fois à des bâtiments américains. Le dernier en date, c'était le *Thresher*. Ils avaient perdu leur réacteur dans une plongée, et ils n'avaient plus de puissance ni assez d'air sous haute pression pour remonter à la surface. La marine avait exploré l'épave avec des submersibles de grand fond. Von Suskil avait vu quelques-unes des photos. Pas du tout le genre de choses qu'un homme qui gagne sa vie au fond des mers a envie de contempler.

— Il plonge toujours. Toujours plus vite, dit le sonar.

Il regardait la bande magnétique qui défilait, sans fin, entre ses bobines. Plus vous allez vite, plus vous avez besoin de puissance pour arrêter le plongeon. Mais plus vous allez vite, plus la distance nécessaire pour faire virer la proue est grande. A un certain point, les deux courbes se rencontrent, et vous avez intérêt à vous trouver au-dessus de la profondeur de rupture lorsque cela se produit. Il ajouta, dans un murmure :

— Je ne crois pas qu'il y arrivera.

Von Suskil n'avait pas besoin d'en entendre plus. Il mit les écouteurs de côté.

— Très bien. Pilote, remontez à profondeur d'antenne. Je crois que le moment est venu de le signaler.

— Profondeur d'antenne, à vos ordres.

Un minuscule déplacement de ballast, un léger mouvement du manche à balai, et l'*Augusta* commença à remonter lentement vers les vagues éclairées par la lune.

Le chef sonar écoutait toujours. Les sons lui venaient de très loin, en bas. Ils étaient de plus en plus faibles. Quel cauchemar. Entendre les morts de... Il s'arrêta, secoua la tête, puis ajusta les filtres pour effacer les sons désespérés qui lui parvenaient des hydrophones. Le bruit des machines de Red Two avait changé. C'était très subtil, évidemment. Mais on le payait précisément pour reconnaître des différences imperceptibles entre deux sons. Il écouta encore, puis hocha la tête.

— Ici sonar.

— Quoi, encore ?

Von Suskil avait l'air contrarié par l'interruption.

— C'est Red Two !

— Il est parti ?

— Non ! Il... (L'opérateur s'interrompit, haussa le volume, puis eut un sourire.) Il remonte !

6

> *J'ai soudain réalisé que j'étais en train de hurler de toutes les forces de mes poumons. Je serrais le micro, très fort, comme si j'avais voulu le tuer... Mes genoux étaient faibles, mes tripes se relâchaient. Dieu merci, je n'ai pas souillé mon uniforme devant l'équipe de quart.*
>
> Capitaine Igor Britanov

— Capitaine ! La barre répond !
— Profondeur, trois cent cinquante mètres.
— Sainte mère de Dieu, murmura quelqu'un. *Nous remontons !*
Des acclamations s'élevèrent dans le central. Mais Britanov savait que c'était prématuré. De nouvelles alarmes se déclenchaient toujours. On n'avait pas encore identifié la nature précise de l'explosion. Et ils embarquaient toujours de l'eau. Mais ce n'était pas une mince victoire : la proue continuait à s'élever, sous l'action des hélices et des barres de plongée repliées au maximum.
— Où est Voroblev ? demanda Britanov.
Il voulait avoir à ses côtés son spécialiste du contrôle des avaries.
— Compartiment quatre, camarade capitaine, répondit quelqu'un. Petratchkov l'a appelé.
Compartiment quatre. Voroblev était-il même encore vivant ? Et Petratchkov ? Qu'était-il arrivé à son sous-marin ? L'alarme à la fumée signifiait qu'une explosion chimique avait eu lieu. L'alarme à la radioactivité signifiait que la déflagration avait abîmé au moins un des quinze missiles. La présence de l'eau signifiait une brèche dans la coque. Des fumées. Du plutonium. Une inonda-

tion. Si un seul des trois était avéré, il était beaucoup trop tôt pour se réjouir.

Une main sur la poignée métallique pour garder son équilibre, Britanov prit le *kashtan*. Avant de prendre la parole, il s'efforça de respirer calmement et de contrôler sa voix. Il inspira profondément, et se lança.

— Ici votre capitaine. Tous compartiments au rapport ! Etablissez le rapport d'urgence de contrôle des avaries ! Rapport du compartiment quatre !

Les mots venaient machinalement, sans y penser. Le résultat de multiples années de pratique et d'exercices effectués dans la perspective de moments comme celui-ci. Mais ce n'étaient que des exercices.

— Compartiment un, armé et paré, lui dit-on immédiatement de l'avant. Aucune avarie, aucune perte.

— Le deux est armé et paré, et très affairé pour le moment, dit l'ingénieur propulsion Kapitulski. Vous aurez très bientôt de la puissance supplémentaire, si nous n'avons pas sauté ou sombré d'ici là.

— Pilote ?

— Profondeur deux cents mètres, capitaine. Nous montons toujours. Vitesse dix-huit nœuds.

L'équipe de quart au central se remettait au travail.

— Continuez à nous faire monter. Jusqu'au bout.

Non qu'il puisse les arrêter. Maintenant que les ballasts étaient remplis d'air, rien ne pouvait les empêcher d'aller danser sur l'eau. La patrouille était finie, évidemment. Restait à savoir s'ils pourraient sauver le navire — et à combien s'élevait déjà la « note du boucher ».

— Compartiment quatre, au rapport !

Aucune réaction.

— Compartiment quatre, répondez !

— Ils doivent l'avoir évacué, dit quelqu'un.

Britanov hocha la tête, mais il pensait à l'explosion, à l'inondation. Il pouvait y avoir vingt hommes dans le compartiment quatre. Plus, même, si quelques-uns de l'équipe libre s'y étaient laissé surprendre. Combien d'entre eux étaient...

— Profondeur cent mètres, capitaine.

Les cloisons craquaient et grinçaient, tandis que la mer relâchait progressivement sa poigne. De la poussière se répandit dans l'atmosphère, et tous les objets qui n'avaient pas déjà été projetés au sol par l'explosion et la plongée tombèrent avec fracas. Les lampes de secours vacillèrent.

Le chef mécanicien Krasilnikov jurait. Ses mains semblaient voler au-dessus du panneau de contrôle principal de distribution électrique. Les lampes déclinèrent, puis s'allumèrent, déclinèrent à nouveau, comme si elles hésitaient.

Je vous en prie, se dit Britanov. *Pas maintenant. Ne mourez pas.*

— Voilà ! dit Krasilnikov, en actionnant ses interrupteurs. Il tourna un dernier bouton, et les lampes principales du central s'allumèrent, très puissantes. Les lampes de secours s'éteignirent.

— Bien joué, Grand-Père !

Britanov lui donna une claque dans le dos.

— Profondeur, cinquante mètres.

Presque en immersion périscopique. Pourquoi ne recevait-il pas de rapport d'avarie de l'arrière ? Est-ce qu'il avait perdu le contact avec le reste du sous-marin ? Est-ce qu'ils étaient tous morts ? Pourquoi...

Poussé vers le haut, le sous-marin déchira la surface, comme un missile lancé de sous l'eau. La proue monta, monta, puis, dans une énorme gerbe d'eau et d'écume, le vaisseau de dix mille tonnes s'arrêta, et glissa lentement vers l'arrière.

Dans le poste central, on eût dit que le monde basculait. Si Britanov ne s'était pas tenu à sa poignée, il aurait été précipité contre le plafond, puis contre la cloison arrière. Il accusa le violent roulis. Chaque mouvement était un peu moins fort que le précédent.

— Toutes machines stoppées !
— Toutes stoppées !

Les lampes vacillèrent encore une fois. Puis elles se rallumèrent, avec un éclat plus vif qu'auparavant.

Le *K-219* était en surface, sous les étoiles, roulant sur une mer calme, son pont extérieur presque à fleur d'eau. Une forme noire et fumante, plus sombre que les vagues éclairées par la lune.

— Il me faut les rapports d'avarie, dit Britanov. Qu'on aille à l'arrière pour voir ce qui se passe. Et arrêtez ces foutues sirènes !

Les alarmes se turent, l'une après l'autre. Un calme étrange s'installa, à l'exception du vrombissement normal des machines.

Il était 5 h 40, heure de Moscou. Deux minutes s'étaient écoulées depuis l'explosion. Il avait fallu deux minutes au *K-219* pour mourir et renaître.

A bord de l'USS *Augusta*

Le sous-marin d'attaque furtif américain se trouvait juste sous la surface. Il restait à la vitesse minimale nécessaire pour se maintenir à profondeur constante.

— Ici sonar. Red Two est en surface. Distance six cents mètres, relèvement un-quatre-deux. Beaucoup de bruits de machines. Il fait tourner ses deux réacteurs. Il est incapable de nous entendre.

Que le diable m'emporte, se dit le capitaine Von Suskil. *Ce salopard a réussi.*

— Vitesse ? Cap ?

— Relèvement inchangé, monsieur. Il est immobile.

Que diable faisait Red Two ? Ils avaient entendu une explosion. Ils avaient vu un missile sortir d'un silo, puis sombrer. Ils avaient entendu le *boomer* soviétique tomber à pic vers une mort presque certaine, puis il était remonté aussi vite qu'il avait sombré. Et maintenant, il était là-haut. Est-ce qu'un missile avait sauté, ou était-ce la coque hautement explosive d'une arme nucléaire ? Il n'allait pas permettre à ces damnés Rouges de faire péter accidentellement une ogive. Ils étaient sacrément négligents. Dieu merci, ce n'était qu'une explosion classique, pas nucléaire. Dans le cas contraire, ils auraient vaporisé quelques milles cubes d'océan, et l'*Augusta* aurait été entraîné dans le voyage.

Il pouvait aussi s'agir d'une mutinerie. Quelqu'un avait peut-être essayé de tirer un de ces foutus missiles, et le système de sécurité avait pété le premier. Etait-il possible qu'ils se préparent, en ce moment même, à lancer un autre missile ?

— Pilote, éloignons-nous un peu, dit-il. Je veux prendre un peu de distance, pour le cas où ils voudraient tirer de nouveau. En avant toute, deux tiers.

— Les machines répondent. En avant toute, deux tiers.

Quand l'*Augusta* se trouva à une distance plus sûre, Von Suskil dit :

— Pointez sur le cap trois-trois-cinq. Remontez le périscope d'attaque.

Un second maître se tint derrière l'instrument qu'on mettait en position, et déplia les poignées. Von Suskil s'approcha. Il fit pivoter le périscope jusqu'à ce que la forme basse, étrangère, du kiosque soviétique se dessine dans son viseur. Amplifiée par l'électronique, l'image était suffisamment claire pour que Von Suskil discerne, à la lueur de la lune basse, le panache de fumée. Tout d'abord, son cœur fit un bond. La fumée pouvait venir du lancement d'un missile. Mais elle n'était ni assez dense ni assez blanche pour cela. Sur l'écran qui montrait l'image intensifiée, elle avait l'air brun-pourpre.

— Il brûle, dit-il enfin. J'ai de la fumée à l'arrière de l'aile.

— Le compartiment aux missiles, murmura le second. C'est déjà arrivé.

— Eh bien, on dirait que ça recommence. (Il ramena le viseur de façon à centrer le kiosque ennemi.) Relèvement et... *marquer !*

— Capitaine ? demanda le second désorienté.

Qu'est-ce qu'il fichait, à développer une solution d'attaque sur un sous-marin en f...

— *J'ai dit, relèvement et marquer!*

Le quartier-maître enfonça le bouton sur son « bittoniau », transmettant le relèvement précis à l'ordinateur Mark 117 de contrôle des tirs.

— Angle à la proue, bâbord quinze, dit-il à Von Suskil.

Un technicien du contrôle de tir introduisit les données.

— Solution d'attaque en place.

— Tubes trois et quatre en position. S'il fait seulement mine de faire sauter un autre missile, je veux être prêt à lui tirer le portrait en instantané.

— N'avez-vous pas dit que Red Two était en feu? demanda enfin le second.

Von Suskil regardait le panache de fumée qui s'échappait du sous-marin blessé. Il claqua les poignées en position repliée, et le périscope glissa dans son habitacle.

— Il est peut-être en feu. Mais c'est peut-être une ruse. Et dans mon boulot, on ne prend pas ce genre de risque. S'il fait mine d'ouvrir une seule de ces écoutilles de missile, j'expédie ce plaisantin par le fond.

Il se tourna vers son officier des communications.

— Comm, préparez-vous à expédier un rapport de contact à Comsublant[1]. En voici la teneur.

Il le dicta à l'officier.

— Compris, capitaine. Comment le signez-vous?

— *César Auguste.*

C'était le surnom que Von Suskil s'était attribué. Il l'avait fait graver sur une plaque fixée sur la porte de sa cabine.

A Norfolk, au quartier général de la flotte sous-marine en Atlantique — un sanctuaire surprotégé, où les représentants de la marine de surface eux-mêmes étaient rarement admis —, un télétype se mit à cliqueter bruyamment. Un message sortit de la machine.

---

1. Commandement des sous-marins en Atlantique. (*N.d.T.*)

FLASH / CRITIQUE
SECRET DÉFENSE
RAINFORM RED
BT
AAA. RED TWO
BBB. 30-43 N
CCC. 54-27 W
DDD. 030338Z OCT86
EEE. CONTACT A SUBI EXPLOSION IMPORTANTE INEXPLIQUÉE. CONTACT EN SURFACE LUTTE CONTRE INCENDIE ET INONDATION. JE ME TIENS À L'ÉCART ZONE CRITIQUE EN ATTENDANT INSTRUCTIONS. UNODIR MAINTIENDRA SURVEILLANCE COUVERTURE. CESAR

A bord du *K-219*

Britanov était prêt à retourner au compartiment quatre pour découvrir lui-même ce qui se passait, lorsque l'interphone transmit la voix rauque d'un homme qui portait un masque de caoutchouc.
— Compartiment quatre... Vapeurs épaisses... Beaucoup de vapeurs, ici. Très épaisses !
— Qui êtes-vous ? demanda Britanov. Petratchkov ?
— Petratchkov est... Il y a des émanations. Il est... Il a perdu connaissance.
L'interphone resta un moment silencieux, puis une autre voix se fit entendre. C'était le docteur Kotcherguine.
— Compartiment cinq armé et paré. Si vous le désirez, capitaine, je peux aller à l'avant, au quatre. Mais je ne suis pas parvenu à entrer en communication avec quelqu'un, là-bas.
Retour de la première voix.
— Nous sommes là ! Il fait chaud ! Il fait très chaud, ici ! De l'eau... Il y a de la fumée et des émanations partout ! Demandons la permission d'évacuer le compartiment quatre !

De la fumée, de la chaleur, des émanations... Britanov réfléchit. Sûrement un accident avec le combustible de missile. Peut-être un incendie. Petratchkov était sans connaissance, mais le docteur Kotcherguine était prêt à s'occuper des blessés. Le capitaine approcha ses lèvres du micro.

— Ici Britanov. Tous compartiments, mettez masques à oxygène. Nous allons purger le compartiment quatre à partir d'ici. Est-ce que Voroblev est avec vous, docteur ?

— Non, capitaine.

— Alors vous allez devoir y aller. Quand je vous le dirai, vous entrerez dans le quatre, et vous me ferez immédiatement votre rapport. Assurez-vous que tout le monde est relié au système d'oxygène. Compris ?

— Compris.

Kotcherguine enfila son masque de caoutchouc, et s'assura que la vessie était pleine d'air. Puis il rejoignit l'officier de sécurité Valeri Pchenitchni à l'écoutille fermée qui menait au compartiment aux missiles dévasté. Un compteur fixé sur la cloison montrait que la différence de pression était très élevée entre le quatre et le cinq. Mais elle baissait rapidement. Une pression de plusieurs tonnes garantissait l'étanchéité du panneau. Ils ne pouvaient pas briser le joint tant que les pressions respectives, à l'intérieur des deux compartiments, ne seraient pas sensiblement égales. Et la porte ne s'ouvrirait pas.

Le docteur ressentit le besoin d'agir. Il trouva le *kashtan* qui pendait près de l'écoutille, et fit le numéro de Kapitulski.

— C'est Kotcherguine, au cinq. Avez-vous des pertes, à l'avant ?

— Nous allons parfaitement bien, dit l'ingénieur propulsion, très occupé. Mais je reçois du quatre des informations bizarres.

— Bizarres ?

— Des radiations. Avant d'y aller, assurez-vous que vous êtes bien protégé.

Le docteur raccrocha le micro, et regarda l'officier de

sécurité. Il n'y avait pas de combinaisons antiradiations dans le compartiment cinq.

— Où est Voroblev ? Nous avons besoin de lui. Que faisons-nous ? demanda le docteur à Pchenitchni.

— Prenez votre pouls, docteur, et gardez votre calme. Il y a des procédures à suivre, pour ça. Nous les suivrons.

Pchenitchni était l'officier le plus ancien du compartiment cinq. Peut-être même était-il désormais — cela dépendait de qui vivait encore — l'officier au grade le plus élevé de la moitié arrière du navire. Même s'il travaillait pour le KGB, Pchenitchni avait reçu une formation complète de sous-marinier, et méritait l'honneur d'être un officier de quart qualifié. Il avait servi à bord de plusieurs sous-marins de Gadjievo, et l'équipage lui vouait un respect auquel n'avait pas droit le *zampolit* Serguienko. Le fait qu'il partageât le mépris général pour ce dernier, et qu'il ne l'ait jamais caché, ne le rendait que plus populaire auprès des hommes.

— Il y a des radiations, dit Kotcherguine.

— Nous suivrons les procédures, mais nous les suivrons très vite. D'accord ?

Le docteur déglutit.

— D'accord.

L'aiguille indiquait maintenant le zéro. La voix apaisante de Britanov retentit dans l'interphone.

— La pression est la même dans le quatre et le cinq. Ouvrez l'écoutille et évacuez dans l'infirmerie tous les hommes que vous trouverez dans le quatre. Cherchez Petratchkov.

— Vous êtes prêt ? demanda Pchenitchni. Comment est votre pouls ?

— Trop rapide pour être mesuré, dit Kotcherguine.

Il tendit le bras vers la barre de déverrouillage de l'écoutille. Il aperçut le reflet d'argent, sous le col ouvert de l'officier de sécurité. Une chaîne. Et au bout de la chaîne, une des trois clés qui déclenchaient la mise à feu des missiles du *K-219*. Britanov et Serguienko avaient les deux autres. Les missiles nucléaires servaient à détruire des gens que Kotcherguine ne connaissait pas — des hommes et des femmes qui ne lui avaient rien fait. De foutus missiles, hors d'âge, obsolètes, dangereux. Ils constituaient la raison de leur présence ici. La raison pour laquelle — le docteur en était presque persuadé — des gens mouraient ou étaient morts de l'autre côté du rideau de fer. Il fit basculer la barre et ouvrit l'écoutille.

Sergueï Voroblev, l'officier de contrôle des avaries, faillit tomber dans l'ouverture. Il titubait sous le poids du corps qu'il tenait dans ses bras. Du moins portait-il sa cartouche d'oxygène. Le docteur finit par reconnaître le corps : c'était Markov, l'officier des communications. Il ne portait aucune tenue protectrice. Son visage et son uniforme étaient tachés par l'écume verte. Cinq hommes de l'équipe des missiles les suivaient. Ils portaient tous des masques.

— Conduisez Markov à l'infirmerie ! cria Kotcherguine à travers le sien.

Au-delà du panneau, le compartiment était obscur, plein d'une épaisse brume marron. Le bruit de l'eau qui ruisselait produisait un effet sinistre. Il y avait aussi une sorte de grésillement que Kotcherguine était incapable d'identifier.

— Je prends le niveau intermédiaire. Vous, allez là-haut. Petratchkov est là, quelque part.

Tous deux entrèrent avec précaution dans la pièce dévastée. Kotcherguine était le premier. Il avait fait à peine deux pas qu'il trébucha contre un objet mou abandonné sur le sol. Il baissa les yeux, et se servit de sa lampe à l'épreuve des explosions pour voir de quoi il s'agissait.

Il avait failli marcher sur un matelot. L'homme gisait sur le dos. Il avait les doigts serrés autour de sa gorge, comme s'il essayait de s'arracher la peau. Son masque lui recouvrait partiellement le visage, mais tout autour suintait une écume verte brillante. Elle coulait sur le pont. Kotcherguine avait glissé dessus, et sa chaussure en était couverte.

L'homme étouffait dans cette écume verte.

— C'est Khartchenko ! dit Kotcherguine au sous-officier qui venait d'apparaître dans l'écoutille. (Khartchenko appartenait à l'équipe des missiliers.) Aidez-moi à le sortir d'ici !

La bouche ouverte, le marin roulait des yeux blancs. Il haleta, cherchant de l'air, et l'écume coula de sa bouche et de ses narines. Quand Kotcherguine le souleva, une belle quantité de cette substance remonta en bouillonnant et coula sur son torse. En dépit de son expérience, le médecin détourna les yeux. La bile lui remontait dans l'estomac. Quand il regarda de nouveau le matelot, celui-ci ne respirait plus.

Ils traînèrent Khartchenko hors du compartiment quatre et le déposèrent sur le sol, juste à l'entrée du cinq. Kotcherguine essaya les soins d'urgence. Il tenta même de lui injecter de l'adrénaline directement dans le cœur. Mais sans air il ne peut y avoir de vie. Et il était impossible de faire passer de l'air dans la gorge obstruée du matelot.

Le docteur avait compris : empoisonnement à l'acide nitrique. L'acide était assez puissant pour ronger le métal du réservoir de combustible du missile brisé. Qu'on imagine son effet sur de simples poumons ! L'écume verte était la réaction à l'inhalation de vapeur d'oxyde nitrique. Quand elle entrait en contact avec des tissus organiques humides, la vapeur produisait de l'acide. La brume marron. Kotcherguine regarda derrière lui, par l'écoutille. Il voyait les volutes onduler vers le compartiment cinq. Même avec son masque, il sentait sur sa langue le goût d'amande brûlée révélateur. Il laissa tomber Khartchenko, en vrac, sur le pont d'acier.

— Docteur ! il y a encore des hommes, ici ! cria soudain l'officier de la sécurité depuis le local obscur.

Il abandonna le cadavre du marin et chercha son chemin à tâtons dans le compartiment dévasté, à la recherche d'hommes qu'il pourrait peut-être encore sauver.

Le compartiment quatre était un véritable champ de

bataille. Une fumée âcre s'élevait des cales en tournoyant. Il faisait chaud. Beaucoup trop chaud. Le grésillement venait d'en bas. L'eau ruisselait toujours d'en haut. Il y avait des corps partout. Kotcherguine en compta douze. Impossible de savoir qui était mort et qui vivait encore. Lorsque la minuscule infirmerie fut incapable d'en accueillir plus, il ordonna qu'on étende les autres, comme des bûches, dans l'étroite galerie.

L'officier missilier Petratchkov ne se trouvait pas parmi eux.

Le docteur Kotcherguine lui-même avait de plus en plus de mal à respirer. Il vérifia l'état de sa cartouche d'air. Le sac de caoutchouc était presque vide. Il lui restait peu d'oxygène, et il avait la preuve qu'à l'extérieur de son masque l'atmosphère était mortelle. Mais il ne pouvait pas arrêter. Il savait qu'il pouvait y avoir des hommes encore vivants, quelque part dans la grande salle noire des missiles. Des hommes qui mourraient s'il ne les trouvait pas.

Il retourna dans le quatre et distingua l'échelle qui menait aux cales fumantes. Le rayon de sa lampe perça le nuage d'épaisse vapeur brune. Il trouva encore deux hommes, face contre terre. Il hissa le premier sur son épaule, et cria pour demander de l'aide. Sans trop savoir pourquoi, il regarda sa montre. Il était sept heures quarante-cinq.

Il entendit quelqu'un crier :

— *J'ai trouvé Petratchkov !*

L'officier missilier ! Le docteur se hâta d'escalader l'échelle — pour autant qu'il soit possible de se hâter lorsqu'on porte un homme lourd et inconscient. Kotcherguine n'était pas très costaud. Les hommes prétendaient en riant que ses bras étaient trop fins pour supporter une piqûre — l'aiguille passerait au travers. Il avait pourtant la force d'accomplir des choses que sa raison aurait jugé impossibles à réaliser.

Il glissa le blessé dans l'ouverture de l'écoutille vers le compartiment cinq. Puis il se retourna pour aider l'officier auxiliaire chargé de Petratchkov. Celui-ci, comme les autres, avait le visage couvert d'écume verte.

Pchenitchni les suivait. Il se dirigea en titubant vers le panneau ouvert. Le docteur le vit s'écrouler sur le pont, et chercher à tâtons son masque de caoutchouc. La vessie qui l'alimentait en oxygène était dégonflée, la cartouche vide.

Non, pas Pchenitchni, se dit Kotcherguine. Il fallait qu'il s'en sorte. C'était l'officier le plus ancien de l'arrière. Le médecin arracha son propre masque et le plaqua sur le visage de l'officier de la sécurité.

— Inspirez !

Les yeux de Pchenitchni roulèrent en tous sens.

— Inspirez !

Kotcherguine le saisit sous les bras et le souleva pour le mettre sur pied. Il l'entraîna vers l'écoutille tout en essayant de retenir sa respiration. Il y parvint presque, mais ses poumons eurent raison de sa volonté. En dépit de ce qu'il savait, en dépit de tout ce qu'il avait vu, Kotcherguine ouvrit la bouche, et avala une goulée de poison pur.

— Le réacteur bâbord est en route, capitaine, dit Kapitulski.

Britanov prit le *kashtan*.

— Compartiment quatre, je veux votre rapport !

Un officier auxiliaire qui passait les dégâts en revue fit état d'une amélioration de la visibilité, d'une grosse déchirure au sommet du silo six, et de vapeurs délétères se dégageant des cales.

— Petratchkov ?

— Nous venons de le retrouver. Il n'a pas l'air très bien.

— Et les autres ?

— Il y a beaucoup de blessés. Deux morts, je crois. Je ne sais pas combien... Kotcherguine les a ramenés dans le cinq.

— Où est-il, Kotcherguine ?
Une pause, puis :
— Je ne le vois pas.
— Cherchez-le. Je veux qu'on évacue tout le monde, et que le silo six soit purgé. Est-ce que vous pouvez actionner les commandes de vidange du silo ?
— Je ne sais pas. Je ne l'ai jamais fait. Je ne suis pas affecté aux missiles, camarade capitaine.
— Vous l'êtes, maintenant.
Tous ceux qui savaient vidanger les silos étaient morts, ou hors d'état de travailler. Il fallait expulser ce poison de son navire avant qu'il ne tue quelqu'un d'autre.
— J'irai moi-même, dit le chef mécanicien Krasilnikov.
— Non. J'ai besoin de vous ici. (Britanov lui tendit le *kashtan*.) Le chef mécanicien va s'adresser à vous selon la procédure. Entre-temps, installez des ventilateurs pour éloigner les vapeurs de l'écoutille du cinq. *Panyatno ?*
— *Da*, répondit l'officier auxiliaire. Compris.
Britanov marqua un arrêt, puis se tourna vers Genia Aznabaïev, le navigateur.
— Markov est quelque part là-bas, peut-être mort. J'ai plus besoin d'un officier radio que d'un navigateur.
— Je suis votre homme, capitaine.
— Bien. Nous devons expédier un rapport à l'état-major de la flotte. Demandons aide d'urgence toutes unités. Aucun code n'est prévu pour ce qui s'est passé ici. Il va falloir l'envoyer en clair.
Le jeune second, Vladmirov, intervint.
— Le règlement l'interdit, capitaine. Si nous brisons le silence radio avec un message non codé, les Américains vont tout savoir.
— Le règlement interdit aussi de couler, dit Britanov. (Il se tourna vers Aznabaïev.) Envoyez-le.

7

> *Le docteur Kotcherguine m'a donné son masque quand je me suis trouvé à court d'oxygène.* Nous étions en train de sortir les blessés du compartiment quatre. *Il est malade comme un chien maintenant. Mais je lui dois la vie.*
>
> Valeri Pchenitchni, officier de la sécurité

Alors que Krasilnikov expliquait aux hommes, dans le compartiment quatre, la procédure pour purger le silo six, la situation à bord du sous-marin semblait se stabiliser. Du moins, on n'avait signalé aucune nouvelle catastrophe à Britanov. Après quatre tentatives pour attirer l'attention de Moscou sur leur situation, le navigateur Aznabaïev reçut enfin un accusé de réception laconique et peu compromettant du quartier général de la flotte du Nord à Severmorsk. Cinq minutes plus tard, une seconde réponse arriva du haut commandement naval à Moscou.

Mais quinze minutes après que les officiers auxiliaires eurent tourné la dernière valve, puis activé les pompes capables d'expulser le brouet empoisonné qui bouillonnait à l'intérieur du silo à missile dévasté, il devint évident que la situation était loin d'être stable. Du gaz se formait de nouveau dans les cales sous le pont inférieur du compartiment quatre, inondées à la fois par l'eau de mer et le combustible, et la température s'élevait à près de 50 °C. Les quatorze autres missiles, bien qu'apparemment non endommagés par l'explosion, risquaient de sauter si la température continuait à monter.

— Vous voulez purger de nouveau le silo ? demanda un des officiers auxiliaires.

— Non, dit Britanov. Sortez de là, et assurez-vous

qu'il ne reste personne derrière vous. Nous allons essayer d'aérer ce local dans l'atmosphère.

— Il y a quelque chose qui brûle, là-dedans, grogna le mécanicien Krasilnikov.

Il mourait d'envie de se rendre à l'arrière et de se salir les mains pour essayer de résoudre le problème. Il savait que Britanov comptait sur lui au central, mais il n'aimait pas expliquer à quelqu'un comment faire quelque chose que lui-même ferait beaucoup mieux et beaucoup plus vite. Et puis, retourner là-bas ne serait peut-être pas si facile. Peut-être qu'en passant par le pont, et en redescendant dans le dix par l'écoutille...

— Et les autres fusées ? demanda Britanov.

— Comment savoir ? répondit Krasilnikov d'un ton irrité. Nous ne recevons plus aucune donnée. Mais je le sens. Nous avons un incendie quelque part. Très probablement d'origine électrique.

Britanov faisait confiance aux intuitions du mécanicien. Il allait donner l'ordre de procéder à des fouilles approfondies des cales pour y chercher le moindre signe de feu, lorsque le *kashtan* bourdonna. C'était Pchenitchni, l'officier du KGB.

— Tout le monde a été évacué du quatre, capitaine. Paré à sceller l'écoutille.

— Allez-y !

L'officier de la sécurité refit le compte des hommes une troisième fois. Il était trop facile de rater quelqu'un quand tout le monde portait le même masque de caoutchouc. Puis il claqua le lourd panneau d'acier. Il serra le volant de blocage et recula de quelques pas. Au moins le poison n'avait aucun moyen de franchir cette solide...

— Regardez ! s'exclama un des officiers auxiliaires, le doigt pointé sur l'écoutille.

Tout autour du battant, s'échappait un filet de vapeur brune.

— Elle n'est pas étanche.

Ils la rouvrirent, puis la refermèrent avec soin, en serrant plus fort le volant de blocage. La vapeur brune suintait toujours.

Ils rouvrirent le panneau une troisième fois. Pchenitchni examina soigneusement les joints de caoutchouc. Ils étaient recourbés — comme de vieux morceaux de viande desséchée. L'acide nitrique les avait attaqués. Il referma l'écoutille une dernière fois, puis se retira à l'arrière, au compartiment six, avec ses hommes. Il fit son rapport.

— Présence de vapeurs dans le cinq, capitaine.
— Le cinq ? L'écoutille est fermée ?
— Elle ne se met pas en place correctement. C'est l'acide. Les joints sont attaqués.

Britanov déplia le plan du *K-219*. Il traça deux grands X noirs sur les compartiments quatre et cinq. Son commandement était coupé en deux. Il n'avait aucun moyen d'envoyer de l'aide à l'arrière du navire en passant par la salle des missiles, et aucun moyen d'évacuer les blessés vers l'avant. C'était comme un train dont les wagons seraient isolés par des portes verrouillées, se dit-il.

— Et l'eau ? Est-ce que ça tiendra ?
— J'ignore si l'écoutille l'arrêtera.

Du gaz toxique, du combustible de fusée et de l'eau de mer. Ils attaquaient les organes vitaux de son sous-marin. C'est à ce moment précis que Britanov réalisa que les problèmes du compartiment quatre pourraient ne pas être maîtrisés avant de s'être étendus au navire tout entier. Si l'acide, depuis l'explosion, détruisait les joints d'écoutille, que faisait-il aux câbles et aux commandes qu'il trouvait sur son chemin ? Les câbles qui contrôlaient les moteurs, les missiles, voire les réacteurs...

— Pchenitchni ?
— Capitaine !
— Impossible de déplacer les hommes vers l'avant, avec tout ce gaz. Conduisez tout le monde à l'arrière, dans le compartiment huit. Quand vous serez tous là-bas, venez au rapport. Est-ce que Voroblev est là ?

— Je suis toujours dans le six, capitaine, dit le spécialiste du contrôle des avaries. Je me trouvais dans le quatre quand ça a sauté.
— Qu'est-ce qui s'est passé, selon vous ?
— C'était une fuite dans une écoutille de missile. L'explosion a déchiré le silo. Il y a une inondation, le feu, le gaz. Ça se propage par les écoutilles, en effet. Je suis en train d'inspecter, pour le gaz.
— Vous avez entendu, pour les joints ?
— Oui, j'ai entendu.
— Faites votre inspection et rejoignez Pchenitchni au huit. (Britanov raccrocha le *kashtan*. Les hommes présents dans le central le regardaient.) Pilote. Mettez le cap à zéro-quatre-cinq degrés. (Puis, à l'ingénieur propulsion :) Gennadi ! Quelle vitesse pouvez-vous me donner ?
— Pas plus de quatorze nœuds. Si nous allions plus vite, les vagues inonderaient le pont aux missiles. L'eau recommencerait à entrer à flots, et ces joints pourraient...
— Faites tourner à quatorze nœuds. (Britanov regarda Grand-Père Krasilnikov.) Nous devons isoler le quatre, d'une façon ou d'une autre.
— Je peux repressuriser le navire, et ouvrir le quatre à l'air libre. Cela pourrait ralentir les vapeurs.
— Allez-y ! (Il reprit le *kashtan*.) Ici Britanov. Verrouillez immédiatement toutes les écoutilles de communication entre les compartiments. Nous allons pressuriser le navire pour isoler le quatre.

Krasilnikov prépara les commandes de pressurisation. Il regarda Britanov, attendant le signal pour les actionner.
— Attendez, dit le capitaine. Je veux voir de mes propres yeux ce que nous combattons. (Il prit son ciré au crochet à côté de la petite plaque encadrée qui avait tant contrarié le *zampolit* Serguienko. Il se dirigea vers l'échelle menant à l'écoutille principale.) Je vais jeter un coup d'œil. Ça vous intéresse ?

Krasilnikov fut sur pied en une fraction de seconde. Ils montèrent l'échelle accédant à la passerelle intérieure, puis une autre, et déverrouillèrent l'écoutille du sas de secours principal.

Le bruit de la mer pénétrait par le panneau ouvert. Pour la première fois depuis leur plongée au large de Gadjievo, Britanov respirait l'odeur fraîche et salée de l'air marin. Les premières lueurs grises du petit matin envahissaient le ciel.

L'un derrière l'autre, les deux hommes sortirent sur le pont extérieur, se tournèrent vers l'arrière et allumèrent leurs lampes de poche.

L'eau recouvrait le pont aux missiles. A chaque fois que la vague se retirait, on voyait l'eau s'ouvrir comme un rideau, autour de l'endroit où était censée se trouver l'écoutille du silo six.

— Bon Dieu...

L'écoutille avait disparu. Juste à l'arrière de son emplacement, ils virent une bande luisante de métal déchiré. Quelque chose de lourd et d'acéré avait découpé le revêtement de caoutchouc recouvrant le pont aux missiles, arraché le panneau et mis le métal à nu.

— Capitaine, dit le chef mécanicien. Ça ne ressemble pas du tout à une simple explosion.

— Qu'est-ce que vous dites ?

— On dirait que nous avons heurté quelque chose. Ou que quelque chose nous a heurtés. J'ai déjà vu ce genre de dégâts, mais toujours après une collision.

Britanov balaya l'obscurité de la mer avec le faisceau de sa lampe. Il n'y avait rien qu'on puisse heurter... Rien, se dit-il, sauf un autre sous-marin.

— Capitaine ! appela Aznabaïev. Un autre message de la flotte.

— Redescendons, dit Britanov à Krasilnikov. Nous ferons photographier cela par Pchenitchni dès qu'il fera un peu plus clair.

De retour dans l'atmosphère confinée du poste de contrôle, il lut le message du quartier général de la flotte du Nord, tout juste décodé. Trois navires marchands se déroutaient pour porter secours au *K-219*.

De l'aide d'un cargo. Il allait faire une remarque sur la vitesse à laquelle la situation évoluait lorsque Voroblev appela dans l'interphone.

— Je viens d'achever l'inspection des dégâts, capitaine. Je suis parti du quatre, et je suis descendu vers l'arrière, jusqu'au dix. J'ai trouvé des traces de gaz jusqu'au sept.

— Du gaz dans le *sept* ? Vous êtes sûr ?

— Oui, capitaine. C'est grave surtout dans le quatre et le cinq, mais ça se répand dans le navire. Il y a aussi un problème électrique dans le quatre. Il se pourrait bien que l'explosion ait détruit quelques faisceaux de câbles.

— Lesquels, Voroblev ?

— Il fait beaucoup trop chaud, là-bas, pour y aller voir. Mais les câbles de contrôle des réacteurs passent dans le secteur le plus touché.

— Très bien. Nous allons tout fermer et pomper de l'air dans le quatre.

— Compris, capitaine.

Britanov allait lui dire de vérifier de nouveau, quand l'officier de plongée poussa un cri. Tout le monde, au central, s'interrompit et le regarda. Il montrait du doigt la grille de ventilation, au-dessus d'eux.

Il en sortait une mince volute de vapeur brune à l'odeur douceâtre d'amande, de tétroxyde d'azote et de mort.

Centre d'Information de Surveillance maritime (Fosic), Norfolk (Virginie)

> *Les sous-mariniers mènent la danse. Ils sont au courant de tout, et tout leur est servi sur un plateau. Si vous n'êtes pas membre du club, vous n'obtenez rien d'eux. Rien.*
>
> Gail Robinson, capitaine de corvette,
> US Navy

Le briefing matinal du groupe de renseignement avec l'amiral Ted Sheafer devait se tenir une demi-heure plus tard. Le capitaine de vaisseau Gail Robinson examinait la carte de l'Atlantique qui recouvrait le mur. Elle rassemblait les informations qu'elle transmettrait tout à l'heure au chef d'état-major adjoint pour le renseignement. Elle se concentrait sur les trois secteurs de patrouille des sous-marins stratégiques rouges, au large des côtes américaines. Les zones dites « de tir à trajectoire surbaissée », d'où un missile pouvait en quelques minutes balancer son ogive sur Washington. Une attaque soviétique préventive, conçue pour tuer les dirigeants américains en une frappe rapide, pouvait venir d'un de ces secteurs. Ou des trois à la fois.

Les Russes baladaient leurs navires d'une zone à l'autre. Un jour, il pouvait y avoir un *boomer* par secteur. Le lendemain, deux sous-marins se trouvaient dans la même zone, et la troisième était momentanément abandonnée. Quelle qu'en soit la raison, cela donnait une masse de travail aux gens d'Intel chargés de mettre à jour les informations.

Au Fosic, il y avait deux équipes de surveillance distinctes. « Rouge » pour les soviétiques et les bâtiments du Pacte de Varsovie, « Bleue » pour les navires amis. S'il y avait des tas de sous-marins rouges disséminés dans l'Atlantique, on ne voyait nulle part de bâtiments bleus. Toute l'information relative aux opérations des lance-missiles et aux navires d'attaque américains était strictement cloisonnée et diffusée sur le principe « On ne vous donne que ce dont vous avez besoin. » La communauté des sous-mariniers — ou, comme on l'appelait, la *mafia sous-marine* — veillait à ce que très peu de gens, hors du gang des dauphins, aient accès à ces données.

Toutes sortes de moyens permettaient de relever la position des navires : observation directe par les forces américaines, images de satellites, interception de signaux électroniques. A chaque fois qu'un navire, ami ou ennemi, émettait un signal électromagnétique, un balayage de radar, un message radiotéléphonique ou n'importe quoi d'autre, des stations « fureteuses » spéciales installées aux quatre coins de la planète enregistraient la source et la destination des signaux. Ces stations ressemblaient à des formations circulaires géantes comme celles de Stonehenge, dont les rochers auraient été remplacés par des antennes. Parfois, on appelait cela des « cages à éléphants ». En combinant, par triangulation, les données rassemblées par plusieurs de ces sites, on connaissait la position des navires avec beaucoup de précision.

Ce matin-là, un Yankee-1 croisait dans la zone de patrouille nord, à cinq cents milles au large des côtes américaines. Un Delta plus moderne patrouillait sur le secteur central. Un second Delta se trouvait au sud. N'importe lequel d'entre eux pouvait lancer un missile capable de réduire Washington (ou Norfolk) en cendres avant qu'on ait le temps d'envoyer un message d'alerte. C'est pourquoi les sous-marins d'attaque américains devaient absolument se trouver eux aussi dans ces trois zones.

Gail Robinson vit un des hommes de quart se diriger vers la grande carte. Il déplaça un symbole rouge, qu'il prit juste au large de La Havane. Le sous-officier rectifia la route présumée. Vers le nord-est à l'origine, beaucoup plus au nord maintenant. Elle chercha le navire dans son registre.

Le livre lui apprit qu'il s'agissait d'un cargo, le *Krasnogvardiesk*, en route pour Odessa via Gibraltar. Manifestement, il prenait le chemin des écoliers pour rejoindre la Méditerranée.

Pourquoi ? se demanda-t-elle. Elle s'apprêtait à interroger le sous-officier sur le nouveau cap de ce cargo, qui l'entraînerait loin des routes maritimes normales. Mais il déplaça un second symbole rouge. Il s'agissait cette fois d'un porte-conteneurs, l'*Anatoli Vassiliev*, qui filait droit au sud pour rallier Halifax, en Nouvelle-Ecosse, à La Havane.

Celui-ci venait de virer *à l'est.*
Bizarre. Il n'y avait pas de tempêtes, ni de navires en détresse. Aucune raison pour que deux navires se déroutent brusquement et mettent le cap sur un point éloigné de leur destination. Un point très éloigné, en fait, de tout port.
Puis une troisième route fut rectifiée. Le sous-officier déplaça le ruban rouge marquant l'itinéraire présumé du *Féodor Bredkine,* un cargo qui filait vers la côte américaine. Il vira très serré, faisant presque demi-tour. Il s'éloignait du golfe du Mexique pour se diriger vers les Bermudes.
Trois navires. Trois nouvelles routes. Trois cargos soviétiques.
— Qu'arrive-t-il à ces navires marchands ? demanda-t-elle quand le sous-officier eut fini de corriger ses relevés.
— Je l'ignore, capitaine. Mais ces trois-là ne vont pas dans la direction où ils devraient aller.
Elle le voyait bien. Elle s'éloigna un peu de l'immense carte murale, et prolongea mentalement les trois rubans rouges. Les trajectoires se recoupaient dans le secteur de patrouille nord, où se trouvait le *boomer* Yankee-1.
— Qu'est-ce qui se passe de notre côté, aux Bermudes ? demanda-t-elle enfin.
— Aucun exercice de surface.
— Et les sous-marins ? Quelque chose sur le Yankee ?
— Pas de modifications récentes.
Elle était persuadée que les sous-mariniers savaient parfaitement où se trouvait le Yankee.
— Il se passe quelque chose, dans ce secteur... Je vais demander à Sublant. Peut-être me répondra-t-on franchement.
Ouais, se dit le sous-officier. *Et moi, on va me nommer chef des opérations navales.*
— Bonne chance, capitaine.
— Placez ces trois cargos sous surveillance spéciale. Je

veux que leurs routes soient corrigées à chaque fois que nous recevrons un nouveau relevé.

— A vos ordres.
— Même chose pour le Yankee. Qui est-ce ?
— Le *K-219*.

Gail Robinson pouvait interroger les techniciens du SOSUS sur ce qui se passait là-bas. Mais personne ne le faisait jamais, sauf en situation d'urgence. Posez trop de questions et vous cessez très vite d'être le bienvenu. Restait la mafia sous-marine.

Elle se dirigea vers le téléphone protégé KY-3 le plus proche, et composa le numéro de son homologue, l'officier de quart à Sublant.

— Capitaine Robinson, Fosic. J'ai des mouvements de navires bizarres. Et vous, les gars, vous avez quelque chose d'inhabituel au nord-est des Bermudes ?
— Pourquoi cela ? demanda une voix prudente.
— Parce que j'ai trois cargos cocos qui se déroutent vers la zone de patrouille nord. Il y a un Yankee dans le secteur. Le *K-219*. Je me demandais si par hasard vous saviez quelque chose.

Il y eut un moment d'hésitation, puis :
— Rien.
— Je m'en doutais. Merci quand même.

Elle raccrocha. On pouvait mettre cela sur le compte d'un sixième sens ou sur celui de l'expérience, mais alors qu'auparavant elle soupçonnait qu'il se passait quelque chose de peu catholique au large des Bermudes, maintenant, elle le *savait*. Dans une demi-heure, elle cracherait le morceau à l'amiral Sheafer. C'était le patron du renseignement pour la flotte. Les sous-mariniers étaient censés travailler pour *lui*. Qu'il se débrouille avec la mafia.

Quartier général du haut commandement naval, Moscou

Au moment où le capitaine Robinson examinait sa carte, le chef d'état-major de la marine soviétique, l'amiral Makarov, contemplait presque le même emplacement sur sa propre carte murale. Il avait une idée à peine plus claire de ce qui se passait.
— Ça recommence, dit-il au vice-amiral Novoïstev, son chef des opérations.
Makarov était musclé et se déplaçait avec la grâce d'un ancien boxeur. Novoïstev était trapu, corpulent, et marchait pesamment. Chacun de ces deux officiers d'état-major avait derrière lui une longue carrière couronnée de succès, caractérisée par une aptitude à éviter les erreurs graves et à progresser dans la hiérarchie.
Ils se trouvaient dans le bureau de Makarov, attendant que le commandant en chef de la marine, l'amiral de la flotte Vladimir Tchernavine, soit arrivé à son poste de commandement d'urgence situé au sous-sol. Aux dernières nouvelles, il fonçait dans les rues de la ville dans sa grosse Zil, et ne serait pas là avant dix minutes.
— Nous n'en savons pas assez pour dire si ça recommence ou si c'est la première fois, dit le chef des opérations, sur la défensive.
Toute accusation portée contre un problème de personnel ou de matériel serait dirigée d'abord et surtout contre lui.
— En surface. Une explosion, du gaz, un incendie, dit Makarov... Il me semble au contraire que nous savons tout ce qu'il faut savoir. Reste à voir, mon cher amiral, ce qu'il conviendra de faire. Vous le connaissez, ce capitaine ?
— Britanov.
Le nom s'accompagnait d'un grognement.
— C'est tout ?

— Pour parler franchement, je ne connais pas son dossier par cœur.
— C'est vous qui lui avez confié ce commandement.
— Ne tirons pas de conclusions avant que j'aie parlé à Rocky (C'est ainsi qu'on surnommait Gadjievo.) Il faut que je parle à Romanov. Il doit connaître Britanov. C'est le *zampolit* de la flottille.
— Un *zampolit* de flottille saura si Britanov est politiquement fiable. Mais il n'aura pas la moindre idée de ses compétences à bord d'un sous-marin.
— L'un ne va pas sans l'autre, dit Novoïstev. Evidemment. On ne confie le commandement qu'aux meilleurs.

Makarov renifla. Il résista à la tentation de lui demander pourquoi un héros tel que celui-là, s'il était si fort, commandait un vieux rafiot plein de fuites comme le *K-219*.

— Eh bien, il a intérêt... (Il regarda sa montre.) Il est l'heure, dit-il du ton d'un condamné accueillant l'aube le jour de son exécution.

Ils n'étaient sous-mariniers ni l'un ni l'autre, contrairement à Tchernavine. Ce dernier ne cherchait pas à dissimuler son mépris pour les officiers issus de la marine de surface. Ils allaient devoir lui expliquer qu'un de ses précieux joujoux ne fonctionnait plus tout à fait aussi bien qu'il le souhaitait. En outre, ils allaient devoir le faire en dégageant leur responsabilité personnelle. Ils avaient survécu à maints désastres. Le *K-3*, le *K-8* et le *K-19*. Ils avaient même subi une humiliation majeure : impuissants, ils avaient regardé les Américains passer au crible les fragments brisés du *K-129* au fond du Pacifique, avec leur *Glomar Explorer*. D'une façon ou d'une autre, ils trouveraient bien le moyen de survivre à cette nouvelle catastrophe.

En sortant du bureau de Makarov, les deux amiraux tombèrent sur le capitaine Gennadi Antonov, un spécialiste des missiles envoyé par la division de l'état-major pour l'armement afin qu'il explique la situation aux huiles. Cet ancien commandant d'un sous-marin de la classe Navaga était un des experts les plus en vue de toute la flotte pour ce qui concernait les missiles RSM-25.

Il se mit au garde-à-vous.

— Laissez cela, lui dit Makarov. Alors, capitaine, que savez-vous ?

— Le *K-219* est en surface. Il fait route au nord-est, avec des pertes en vies humaines. Il est fort probable qu'il y ait eu une explosion due à un mélange de combustible et d'eau de mer. C'est déjà arrivé, comme vous le savez. En fait, c'est arrivé à ce sous-marin, précisément, il y a dix ans. Depuis cet accident, un de ses silos est définitivement fermé.

— Ah, oui.

Makarov n'avait jamais entendu parler de cette histoire, mais il ne tenait pas à ce qu'Antonov le sache. Les amiraux étaient censés tout savoir. Mais comment peut-on renvoyer sur la ligne de front des sous-marins esquintés, susceptibles d'exploser à tout moment ? se demanda-t-il. Des sous-marins qui avaient *déjà explosé une fois*. Il avait envie de dire que c'était un crime. Mais, en qualité de chef d'état-major, sa tête se retrouverait elle aussi sur le billot.

— Qui est responsable de l'armement, à bord du *K-219* ?

— Un certain Petratchkov.

— Encore un parfait exemple de l'*homo sovieticus*, je suppose ? Le meilleur parmi les meilleurs ?

Il regarda Novoïstev, qui détourna la tête.

— Eh bien, dit Antonov... En fait, ce Petratchkov a déjà eu quelques problèmes.

— Des problèmes ?

Le capitaine Antonov avait consulté le dossier de l'officier missilier. Il connaissait tous les équipages de tous les sous-marins de la flotte du Nord. Il savait que le service d'entretien, là-haut, faisait un travail déplorable. Mais la règle numéro un, dans la marine soviétique, veut qu'on ne dise jamais aux amiraux la vérité sans fard. Il faut en donner les grandes lignes, puis les laisser deviner par eux-mêmes.

— C'est un bosseur, amiral... Mais il semble qu'il ait eu pas mal de poisse.

— Quel genre de poisse ?

— En janvier dernier, durant un exercice à tir réel, Petratchkov a été à peine capable de lancer une fusée. Et après la mise à feu, l'écoutille a refusé de se fermer correctement. Ils ont dû retourner à la base pour réparer.

— Je me rappelle vaguement cela, dit Makarov. Ils ont navigué en surface jusqu'à Poliarni ? Le capitaine s'est gelé le cul ?

— C'est cela, monsieur. Apparemment, il a insisté pour rester seul de quart sur le pont. Il a fallu le dégeler avec de l'eau bouillante pour le faire descendre par la grande écoutille.

— A vous entendre, on dirait bien que ce Britanov est un franc-tireur, fit Novoïstev. Peut-être que le problème, au départ, se trouvait dans son commandement. Lev Romanov devrait pouvoir nous éclairer là-dessus.

— Veuillez m'excuser, dit Antonov. Mais Romanov n'est rien de plus que l'officier politique de la flottille.

— Et vous pensez que le *zampolit* ne pourra pas nous être utile ? demanda Novoïstev d'un ton offensé.

Antonov déglutit. Il était à deux doigts de violer la règle numéro un.

— Je suis sûr que son avis nous sera utile à maints égards, amiral. Mais les conclusions de l'enquête que vous avez réclamée suggèrent des précautions particulières.

— Ah bon ?

— Oui, monsieur. Il y a eu un problème de matériel. Vous vous rappelez ?

— Bien entendu.

Antonov respira un peu plus librement.

— La division Armement ne l'avait pas corrigé à temps. En fait, nous rencontrons de plus en plus de problèmes de ce genre. Les chantiers de Gadjievo ne font pas toujours un travail excellent, et le programme des patrouilles laisse peu de temps pour mener les choses à bien.

— La responsabilité finale incombe toujours au capitaine, jeune homme, psalmodia gravement Novoïstev. Surtout aux capitaines qui professent des opinions peu orthodoxes.

Antonov réalisa qu'on l'entraînait dans un débat auquel il n'était pas préparé.

— Peut-être. En tout cas, Petratchkov a été blâmé pour préparation insuffisante. Le capitaine Britanov est intervenu en sa faveur. Et le commandant de la flottille a décidé de lui donner une seconde chance.

— Est-il possible que l'écoutille se soit détachée ? demanda Makarov. Chacun sait que les ouvriers des chantiers navals sont saouls la moitié du temps. Et que, pendant l'autre moitié, ils roupillent.

— Le problème, en janvier, c'était le silo huit. La nuit dernière, c'est le six qui a explosé. Le message du *K-219* ne décrivait pas les dégâts en détail. Nous en saurons plus après l'enquête approfondie.

— Ce message a été envoyé en clair, remarqua le chef des opérations avec un haussement de sourcils entendu. On n'a même pas essayé de le coder. N'est-ce pas ?

— C'est exact, admit Antonov.

Novoïstev hocha la tête.

— Vous voyez ? Si ce n'est pas peu orthodoxe, je ne sais plus ce que ça veut dire. Rien que pour ça, Britanov pourrait être pendu.

— Il y avait un incendie à bord, et il était en surface, amiral, dit Antonov. Il est probable que les sous-marins américains se trouvent déjà dans le secteur. Leur aviation sera là d'un moment à l'autre. Dans ces conditions, il ne sert à rien de rester caché. Il est plus important de gérer l'urgence...

— Le règlement est tout à fait précis, *Capitaine*, répliqua Novoïstev d'un ton hautain. Je pense qu'il convient de l'observer. Vous n'êtes pas de cet avis ?

— On aura bien le temps de chercher à comprendre qui est responsable, dit Makarov. Pour le moment, il faut savoir ce qui se passe. La situation s'est peut-être stabilisée. Dans le cas contraire, deux de nos sous-marins, plus le *Kirov*, font route vers les Bermudes.

Les deux sous-marins avaient pour mission de couvrir le *Kirov*. Mais le cuirassé à propulsion nucléaire et son escorte se trouvaient encore en mer de Barents.

— Le *Kirov* a encore une longue route à parcourir, amiral, dit Antonov. Et les sous-marins ont pour instruction de rester cachés.

— Je connais parfaitement la disposition de nos forces. Dites-moi, capitaine Antonov... (Makarov regarda à nouveau sa montre.) Avez-vous déjà assisté à un briefing avec l'amiral de la flotte ?

Antonov écarquilla les yeux.

— L'amiral Tchernavine ? Une seule fois, monsieur.

— Excellent. Alors vous vous connaissez. Allons-y, ordonna-t-il au jeune expert en missiles. Vous allez le rencontrer à nouveau.

Un ascenseur les conduisit au second sous-sol protégé, trois niveaux plus bas. Ils empruntèrent le long couloir au sol couvert de moquette qui menait au centre d'action d'urgence. On appelait aussi cet endroit la Boîte de Sardines.

La pièce était de la taille d'un court de tennis, mais très basse de plafond. Les murs de béton étaient vert pomme. Au milieu, il y avait une table ronde lustrée avec des cartons nominatifs et des téléphones personnels pour chacun des officiers. Tout le monde attendait l'arrivée de Tchernavine. Près de la porte, une lampe rouge était allumée, indiquant que des problèmes de haute sécurité étaient à l'ordre du jour. La fumée des cigarettes alourdissait déjà l'atmosphère.

La grande carte de l'Atlantique ouest se devinait derrière la brume bleutée du tabac. Quand Makarov entra, le silence se fit. Puis le bourdonnement des conversations reprit. La plupart des officiers présents appartenaient à l'état-major de Tchernavine.

— Le patron sera là dans cinq minutes. Quelles sont les dernières nouvelles ? demanda un des officiers en prenant un sandwich au salami sur le plateau que lui présentait un steward.

Makarov commença par décrire les forces de recherche et de secours qu'il avait fait déployer en apprenant l'accident survenu au *K-219*. Puis il décida qu'il n'était jamais trop tôt pour jouer politique.

— Mais le véritable problème, c'est notre rythme opérationnel, dit-il en regardant d'un air plein de sous-entendus le gros chef des opérations.

Mieux vaut toute sa tête qu'un bout de la mienne, se dit-il.

— Nous sommes à peine capables de maintenir nos navires en ligne en annulant les périodes de repos et en faisant fi des programmes de révision. Nos chantiers navals font un travail exécrable. Nous avons déjà eu des accidents semblables. Et nous en aurons d'autres si nous ne ralentissons pas.

— Hé, attendez ! répliqua le chef des opérations. Sommes-nous bien sûrs qu'il s'agisse d'un accident ?

— Qu'est-ce que ça pourrait être...

Mais Makarov s'interrompit. La porte du couloir venait de s'ouvrir à la volée, et l'amiral de la flotte Vladimir Nicolaïevitch Tchernavine faisait une entrée théâtrale.

Le mot n'est pas excessif. Tchernavine marchait avec une prestance exagérée, très raide. C'était un homme de haute taille, beau et très pâle. Ses cheveux gris acier étaient coupés à la brosse sur son crâne osseux. Contrairement à nombre d'officiers supérieurs russes, il n'avait pas un pouce de graisse. Son torse étincelait sous les décorations. Il avait été l'un des premiers spécialistes des sous-marins nucléaires, et servait à bord du *K-3* lors de la croisière polaire qui avait établi un record.

— Cessez de vous chamailler, et asseyez-vous,

ordonna-t-il d'une voix profonde et claire. Tous, sauf Makarov. (Puis, à ce dernier :) Allez-y, continuez.

Makarov se raidit.

— Monsieur. Le capitaine Britanov était en train de replonger après avoir reçu l'émission de...

— Oui, oui, je sais ce qu'est une séance de spiritisme. Contrairement à vous, je viens des sous-marins. Que s'est-il passé ?

— Son silo numéro six a sauté. Il est remonté à la surface... ici. (Makarov montra un point sur la carte.) Ils luttent contre l'incendie dans le compartiment quatre. Il y a des émanations de gaz au moins dans le quatre. Sans doute aussi dans le cinq. J'ai dirigé toutes les forces disponibles vers ce secteur pour mener...

— Est-ce qu'il a émis le signal d'urgence qu'on doit émettre en cas d'explosion ? coupa Tchernavine.

— Non, monsieur, intervint Novoïstev. Il a émis un message en clair, sans le coder.

Il eut un regard en coin vers Makarov.

— Pourquoi ?

Tchernavine semblait sincèrement étonné.

— Peut-être n'a-t-il pas eu le temps, amiral, dit le capitaine Antonov. Ou aucune raison de le faire.

— C'est contre toutes les... bredouilla Novoïstev.

Mais Tchernavine lui fit signe de se taire, puis se tourna vers l'expert en missiles.

— Qui êtes-vous ?

— Capitaine Antonov. Avant mon arrivée ici, il y a un mois, je commandais un Navaga.

— Parfait. Vous devez donc savoir de quoi vous parlez. Expliquez-vous.

— Le capitaine Britanov a peut-être pensé que la perte de son sous-marin était imminente. Peut-être savait-il que les forces américaines connaissaient déjà sa position et la situation dans laquelle il se trouvait. Nous pensons qu'un sous-marin de la classe Los Angeles opère dans ce secteur. Dans ce cas, le salut de son équipage prenait naturellement le pas sur la sécurité, déjà bien compromise, de ses communications.

— *Rien* ne prend le pas sur la nécessité de sauver mon sous-marin. Si Britanov se souvient de cela, nous nous sortirons de cette affaire. Je ne quitterai pas mon bureau tant que tout cela ne sera pas résolu. Je suis censé informer le secrétaire général Gorbatchev à midi. Je compte bien avoir des choses intéressantes à lui communiquer. (Il se tourna vers l'amiral Makarov.) Quelles forces ont été dépêchées pour leur prêter assistance ?

— Le *Kirov*. Deux sous-marins d'attaque en escorte, plus deux Delta déjà sur les lieux.

— Le *Kirov* ne sera jamais là-bas à temps, et mes sous-marins stratégiques doivent rester cachés, dit Tchernavine. Je suis sûr que vous le savez ?

— J'ai aussi dérouté trois navires de surface vers le secteur concerné.

— Est-ce qu'ils sont autorisés à prendre en charge les documents codés ?

Une fois de plus, la salle resta silencieuse. Les documents codés qu'on évacuait des navires de guerre en péril devaient être récupérés par des hommes de la sécurité spécialement formés à cette tâche. La question de Tchernavine montrait qu'il n'excluait pas la perte du *K-219*.

— Je m'en doutais. Vous avez intérêt à faire en sorte que mon sous-marin reçoive tout ce dont il a besoin pour rester à flot.

Sur ces mots, l'amiral de la flotte Vladimir Tchernavine tourna les talons et sortit de la pièce.

8

J'ai ouvert l'écoutille pour Belikov, puis je l'ai scellée derrière lui. Preminine était juste à côté de moi. A son retour, un peu plus tard, Belikov avait l'air à deux doigts de perdre connaissance. Je l'ai aidé à descendre. Quand il est revenu à lui, il est retourné dans le réacteur, cette fois avec Preminine. Ils ont emporté les dernières cartouches d'oxygène pleines en notre possession.
Valeri Pchenitchni, officier de la sécurité

Britanov fit monter la pression dans le poste central. L'arrivée de poison par la grille du ventilateur se réduisit à un mince filet, une volute, puis disparut complètement. Mais le fait de purger le silo six ne fit qu'aggraver la situation dans la salle des missiles. Britanov n'avait pas le choix : il fallait donner l'ordre d'abandonner ce local. Lorsque Pchenitchni lui signala que des vapeurs franchissaient l'écoutille (pourtant fermée) du compartiment cinq, il fit également évacuer ce dernier.

Quatre heures après l'explosion initiale, tandis que le soleil déchirait l'horizon plat et gris, l'épaisse vapeur brune retournait donc vers l'écoutille menant au compartiment six — un espace bourré de commandes de réacteurs, de canalisations et de coffres de rangement. Le panneau d'acier arrêta momentanément la fumée, mais l'acide nitrique n'avait rien perdu de sa puissance. Le gaz et la fumée commencèrent à se faufiler à travers les joints endommagés de l'écoutille. Un matelot muni d'une cartouche d'oxygène était chargé de la surveillance. Il essaya de fermer l'écoutille plus hermétiquement mais, quand il serra les barres, les joints tombèrent en poussière. La vapeur commença à s'insinuer, et envahit la galerie. Mais il y avait autre chose. L'eau de mer passait par-dessus le bord inférieur de l'écoutille. Elle coulait sans retenue à travers les mêmes joints défectueux.

— Capitaine ! s'exclama-t-il dans le *kashtan* placé près de l'écoutille. De la fumée... Il y a de la fumée et de l'eau, maintenant, dans le six !

Il avait vu les corps qu'on évacuait, couverts d'écume verte et de la substance gluante produite par le combustible. Sans attendre la réponse, il lâcha le micro et se précipita vers l'arrière en pataugeant. Alors qu'il s'enfuyait, une pensée lui traversa l'esprit : c'était la première fois de sa jeune existence qu'il courait *vers* une paire de réacteurs nucléaires pour sauver sa vie.

De la fumée et de l'eau dans le six. Britanov se passa la main sur la joue. Il sentit le piquant d'une barbe de plusieurs jours. Depuis combien de temps se battait-il contre ce fléau ? Il avait l'impression que cela durait depuis des jours et des jours.

Krasilnikov, le mécanicien, l'observait.

— Capitaine ? Vous vous sentez bien ?

Il se frotta les yeux pour dissiper la fatigue. Pour réfléchir. Britanov essayait de sauver son navire, sans savoir précisément ce qui se passait. Il prit le plan du *K-219*, et traça un autre grand X noir. Trois segments étaient inhabitables, désormais. Dans le compartiment quatre, il y avait les dégâts dus à l'explosion, l'eau, le gaz mortel, les radiations et l'incendie. Dans le cinq, il y avait la vapeur et l'incendie. Et maintenant, l'eau et la fumée empoisonnée se déversaient dans le six.

Trois compartiments. Trois morts. Pour le moment. Une douzaine au moins de ses hommes étaient sans connaissance. Certains d'entre eux étaient condamnés faute de soins médicaux appropriés. Kotcherguine, le seul médecin qualifié du bord, était au nombre des pertes.

Ainsi que son spécialiste des communications, Markov. Où irait-il chercher les soins dont il avait besoin ?

— Je vais là-haut, dit-il au chef mécanicien.

Il attrapa son ciré et escalada l'échelle qui menait à la passerelle couverte. Là, il monta une seconde échelle, ouvrit la grande écoutille et se hissa péniblement à l'air libre.

La lumière du matin était claire et pénétrante. De la vapeur brun-pourpre s'élevait en bouffées bien nettes du silo à missile saccagé, comme l'échappement d'une vieille locomotive. *Pourquoi ces bouffées ?* se demanda-t-il. Puis il comprit.

Les longues vagues inondaient l'écoutille manquante, sur le pont aux missiles. A chaque fois que l'eau s'engouffrait dans le compartiment, la colonne de vapeur s'interrompait. Quand le silo se vidait, elle s'échappait de nouveau.

Chaque vague supplémentaire signifiait plus d'eau. Plus d'eau signifiait plus de combustible en réaction, plus de poids, moins d'espace habitable et moins de chances de sauver son navire.

L'air pur évacuait la brume qui lui obscurcissait le cerveau et lui clarifiait les idées. Une métamorphose s'opéra dans son esprit. Il ne s'agissait plus de sauver son commandement à tout prix, mais de sauver ses hommes. Tant pis pour le sous-marin. Le changement était subtil — quelque chose comme l'évolution des vagues dans le fjord, à Gadjievo, qui prennent de la force quand on file au large, dans la mer de Barents.

Britanov s'était toujours préoccupé du sort de son équipage. D'aucuns pensaient même qu'il s'en préoccupait trop pour être un commandant efficace. Peut-être avaient-ils raison, finalement. Son état d'esprit avait changé, depuis qu'ils avaient plongé au large de Gadjievo. Comme les vagues, il était plus sérieux.

Il inspira l'air pur une dernière fois, jeta un dernier regard vers le matin, et redescendit dans le navire.

— Evgueni ! cria-t-il au navigateur, qui faisait désormais

office d'opérateur radio. Trouvez-moi lequel de ces cargos est le plus proche de nous. Pour chacun d'eux, je veux une estimation d'heure d'arrivée. Et informez Moscou que nous sommes toujours en feu, avec, maintenant, de la vapeur et une inondation dans le compartiment six.

— Il faut l'envoyer en clair, capitaine ?

— Vous pouvez même utiliser un sémaphore !

Son navire était coupé en deux et l'équipage était immobilisé, coincé à l'arrière pour échapper au danger qui se propageait depuis la salle des missiles. A un moment ou un autre, ils devraient arrêter de courir. A un moment ou un autre, il n'y aurait nulle part où aller.

Le compartiment sept abritait les réacteurs du *K-219*. Le compartiment huit, les machines. Le neuf et le dix abritaient des locaux techniques, ainsi que le sonar et le servomoteur. Tout au bout du sous-marin, dans le dix, il y avait un autre sas de secours prévu pour l'évacuation de l'équipage.

Le poison les poussait dans cette direction.

— Equipes de contrôle des avaries à l'avant, au six, faites-moi votre rapport.

Un matelot portant une combinaison de protection totale et muni d'une cartouche d'oxygène autonome se fraya un chemin le long des galeries sombres et enfumées. Dans le cinq, les circuits électriques brûlaient. La cloison donnant sur le quatre était noire à cause de la peinture carbonisée. Elle s'embrasait presque sous l'effet de la chaleur. Le pont était inondé par le combustible brun et l'eau de mer. L'homme avait deux cartouches d'oxygène, chacune lui permettant de respirer normalement pendant dix minutes. A cause de la chaleur et de la pression, la vessie de caoutchouc commença à se dégonfler au bout de huit minutes seulement. Britanov l'envoya à l'arrière rejoindre le reste de l'équipage.

Britanov fit le point. Un incendie faisant rage, sans rencontrer de résistance, au niveau inférieur de la salle des missiles. Une inondation progressive par des joints rongés par l'acide. Une cloison noircie parce que sa peinture se consumait. Aucune information disponible sur les quatorze fusées RSM-25 qui restaient, alors que les températures approchaient certainement du point critique. A force de mijoter dans la fournaise, les fusées allaient finir par exploser. Et il n'y avait aucun moyen de prédire quelle serait l'importance de l'explosion. Chacune des fusées portait deux ogives thermonucléaires de six cents kilotonnes.

Le mécanicien Sergueï Preminine était assis devant la console de contrôle des réacteurs, à l'arrière du compartiment six. La console reproduisait les cadrans et les commandes dont disposait Kapitulski dans le compartiment deux. Les différents indicateurs surveillaient l'état et la position des deux réacteurs VM-4 du *K-219*.

Juste derrière la cloison grise, les deux centrales de quatre-vingt-dix mégawatts produisaient une partie non négligeable de leur potentiel d'énergie. Une sphère d'uranium provoquait une réaction en chaîne, la fission produisait de la chaleur, et la chaleur transformait l'eau en vapeur. Cette dernière faisait tourner les moteurs, ainsi que les générateurs qui maintenaient le sous-marin à flot et lui fournissaient la lumière et l'air dont il avait besoin.

Preminine se trouvait à côté de son supérieur — Nikolaï Belikov, l'officier responsable des réacteurs. Leurs masques étaient branchés sur la réserve centrale d'oxygène du navire. Ils étaient les deux seuls spécialistes du nucléaire présents dans la partie arrière du sous-marin.

Ils entendirent un bruit de pas lourd, derrière le local de commande. Le masque de Preminine ne lui autorisait qu'une vision frontale limitée, et aucune vision latérale. Il dut tourner la tête pour voir arriver en trombe une silhouette vêtue d'une combinaison argentée, qui se dirigeait vers l'arrière. L'homme s'arrêta, se retourna et passa la tête dans le cagibi.

— La fumée se propage, elle vient du cinq ! L'incendie

fait rage à l'avant ! Vous feriez mieux de dégager ! hurla-t-il avant de disparaître.

Preminine garda le silence. Il se demandait pourquoi il restait assis là, *lui*, alors que ce *pompier* s'enfuyait en courant. Il avait envie de courir, lui aussi. Mais il devait attendre que Belikov lui en donne l'ordre.

Ce n'était que sa seconde croisière opérationnelle depuis qu'il avait reçu son diplôme de l'école technique. Sergueï Preminine avait vingt et un ans. Il venait d'un minuscule village sans accès à la mer, qui ne connaissait que depuis peu les bienfaits de l'électricité. Son frère et lui avaient fui la vie moyenâgeuse de l'endroit et s'étaient engagés dans la marine. Preminine travaillait dur pour appartenir à l'élite que constituait le service sous-marin. Sachant quel genre d'existence l'attendait s'il devait retourner chez lui, il prenait son devoir très au sérieux.

Il regarda le tableau de situation, en attendant que Belikov lui donne l'ordre d'évacuer. Tout semblait aller à vau-l'eau dans ce sous-marin, et il était de plus en plus difficile de comprendre ce qui se passait. Pourquoi le gaz s'infiltrait-il par les écoutilles étanches ? Est-ce que des matelots paniqués étaient passés par là et avaient oublié de les fermer ? Preminine était sûr d'une chose. Le compartiment cinq était vide, et Belikov et lui étaient désormais seuls dans le six. Après tant de journées passées dans des locaux surpeuplés, cette solitude soudaine était fort angoissante.

Belikov prit un *kashtan*.

— Capitaine ! Lieutenant Belikov, poste soixante-cinq. On nous signale la présence de fumée dans le compartiment six. Et du feu, aussi.

— J'ai entendu, dit Britanov d'un ton las. Vous êtes branchés sur la réserve d'oxygène du navire ?

— Oui, monsieur. Voulez-vous que nous restions ici ?

— Si c'est dangereux, vous devrez évacuer au compartiment huit. L'air est encore bon, là-bas. Kapitulski peut contrôler les réacteurs d'ici. C'est à vous de voir, lieutenant. Ne prenez pas de risques.

Belikov réfléchit une seconde, puis reprit :
— Nous partons. (Il raccrocha le micro et fit un signe de tête au matelot Preminine.) Fichons le camp d'ici.
Ils fermèrent la console et la laissèrent en position automatique. Belikov jeta un dernier coup d'œil aux cadrans. Le flux du liquide refroidisseur était plus instable qu'il n'aurait dû, mais le contrôle des avaries consommait une partie de la puissance des réacteurs. Ce n'était pas une question d'intensité régulière.
Ils branchèrent leurs masques sur les cartouches d'oxygène et s'engouffrèrent dans la galerie. Un ruisseau d'eau de mer coulait déjà sur le pont, vers l'arrière. Ils le passèrent en pataugeant et retournèrent à l'écoutille menant au compartiment sept. Le cœur du sous-marin. La salle des réacteurs.
Le compartiment n'était éclairé que par la faible lueur des lampes de secours. Une petite canalisation s'était rompue lors de l'explosion initiale, et de la vapeur s'en échappait toujours. Fort heureusement, elle n'était pas reliée aux circuits de pression (primaire ou secondaire) des réacteurs — sans quoi ils seraient tous devenus phosphorescents. Mais la fuite était suffisante pour emplir l'air d'une brume que la faible lueur orange dispensée par les lampes agonisantes rendait encore plus étrange.
— Il fait chaud, ici, dit Preminine quand ils passèrent devant les écoutilles fermées menant aux réacteurs eux-mêmes.
Il fut en nage presque immédiatement. Il avait l'impression de pénétrer dans un bain de vapeur.
Belikov approcha son visage masqué d'un des indicateurs de température. Les verres se couvrirent de buée. A cause du gaz empoisonné à l'acide nitrique et de la fumée des incendies, il n'osait pas l'ôter.
— Preminine ? Venez ici. Qu'est-ce que vous lisez ici ?
Preminine s'approcha. Pourquoi faisait-il si chaud ? Cela avait peut-être à voir avec le fait que le capitaine avait pressurisé le navire. Ça ne pouvait pas être le feu, n'est-ce pas ?

Il regarda attentivement le cadran circulaire. Comme ceux qui se trouvaient sur la console de Kapitulski, comme ceux de son propre poste dans le compartiment six, celui-ci semblait avoir été conçu pour une locomotive. Il regarda l'aiguille, puis cligna des yeux.
— Eh bien ?
— Il indique...

Avant qu'il puisse achever sa phrase, l'alarme de surchauffe du premier réacteur se déclencha. Son épouvantable beuglement se répercuta à travers le navire, à travers les compartiments en feu, dévastés, à travers les galeries où s'agglutinaient des hommes de plus en plus nombreux. Mais là où il se trouvait — juste à côté des réacteurs —, c'était assourdissant.

Commandement de la flotte atlantique, Norfolk (Virginie)

L'amiral Ted Sheafer était arrivé en avance à son briefing quotidien de six heures du matin. Il n'y avait pas de circulation le samedi et il n'avait pas tardé à rejoindre l'entrée principale de l'énorme building de la marine. Il avait déjà bu une tasse de café noir lorsque l'officier de quart du Fosic, un jeune capitaine de corvette nommé Gail Robinson, se présenta à son bureau. Elle frappa deux fois. Il la fit entrer.
— Bonjour, amiral.

Sa beauté n'empêchait pas Gail Robinson de connaître son travail. Bien au contraire. Sheafer aimait sa manière d'annoncer les choses comme si elle les tirait d'un chapeau, et de déceler des motifs que personne d'autre ne voyait. Même s'il ne le criait pas sur les toits, il mettait cela sur le compte de l'intuition féminine. Il n'avait pas encore décidé comment il fallait se comporter avec les femmes officiers. Elles n'étaient pas encore assez nombreuses pour qu'on puisse établir une règle. En qualité d'officier de renseignement, il savait que les malentendus

provoquent souvent des guerres. Ils avaient aussi mis pas mal d'officiers masculins dans de sales draps.
— Qu'avez-vous pour moi, ce matin ? lui demanda-t-il.

Elle lui décrivit le déroutage soudain des trois cargos vers le secteur de patrouille du Yankee. Puis elle mentionna habilement sa discussion — ou l'absence de discussion — avec les gens des sous-marins.
— Et le SOSUS ?
— Je ne les ai pas interrogés, amiral. Mais ce pourrait être une bonne idée.

Plus que vous ne croyez, se dit Sheafer. Il se rappelait un autre incident — un sous-marin soviétique qui avait brûlé au nord de l'Angleterre, en 1972. Le *K-19,* surnommé « Hiroshima Sub ». Vingt-huit hommes d'équipage, coincés dans un compartiment à l'arrière, étaient morts dans les flammes. Cela avait commencé exactement de la même manière. Plusieurs cargos, tous du bloc soviétique, mettant soudain le cap sur un bout d'océan qui s'avéra beaucoup moins désert qu'il n'y paraissait.
— Autre chose ?
— Des indications préliminaires suggèrent que le groupe de combat du *Kirov* est en route. Nous ne nous attendions pas non plus à cela. Il y a peut-être un rapport avec cette activité du côté des Bermudes.

Ça se pourrait bien.
Excellent travail, lui dit-il en décrochant son téléphone. Je prends le relais.

Tandis qu'elle sortait du bureau, il la suivit des yeux, en se promettant d'émettre un avis favorable dans son rapport d'aptitude.
— Contrôle SOSUS ! lui répondit-on.
— Amiral Sheafer. Je veux une recherche acoustique pour les secteurs suivants.

Il donna les coordonnées à l'officier de quart du SOSUS. Cinq minutes plus tard, les superordinateurs Cray avaient passé au crible des millions de signaux, et trouvé celui que Sheafer cherchait.

— Nous avons enregistré une sacrée source sonore dans ce secteur, lui dit l'homme du SOSUS. Elle est positivement identifiée : c'est le *K-219*. Nous avons son empreinte en archive. Il y a eu une alarme, tout d'abord, puis un gros boum. Il semble qu'il y ait eu une explosion. Sérieuse.

— Très bien, dit Sheafer. Pistez-le. Je veux des informations actualisées toutes les heures.

Puis il appela le centre opérationnel de Sublant, le cœur de la mafia sous-marine de l'Atlantique.

— Amiral Sheafer. Qui, de chez nous, tient compagnie au *K-219* ?

Il y eut un silence. Assez long pour le mettre en colère. Un coup de gueule deux-étoiles, ce n'est pas négligeable.

— *Le chef adjoint d'état-major pour le renseignement auprès du commandant en chef de la flotte atlantique vous a posé une question !*

— L'*Augusta*, amiral. Le navire du commandant Von Suskil.

Un des sous-marins d'attaque les plus récents de toute la flotte. Et un des officiers les plus gonflés. Logique.

— Très bien. Est-ce qu'il nous a dit quelque chose, ces dernières vingt-quatre heures ?

— Il est sous...

— Je connais ses proscriptions en matière de communication. Je vous ai posé une question.

— Je peux vérifier, amiral.

— Ce serait une idée splendide.

Il raccrocha, et appela les Opérations à CinClantFlt[1]. Il leur suggéra d'envoyer un Orion P-3 de la base aéronavale des Bermudes pour jeter un coup d'œil sur les lieux. C'était un moyen détourné pour contrecarrer la répugnance des sous-mariniers. Il se pourrait même que ça marche.

Le président Reagan se trouvait à Camp David. Le secrétaire à la Défense devait faire un voyage à l'étranger

---

1. Commandement en chef de la flotte atlantique. (*N.d.T.*)

pour préparer le sommet imminent avec Gorbatchev en Islande. Si le *K-219* était dans une situation comparable à celle de l'Hiroshima Sub en 1972, le week-end n'allait pas être de tout repos à Washington.

A bord du *K-219*

Le hurlement de l'alarme du réacteur paralysa l'équipe de quart au central. Pendant une fraction de seconde, Britanov se dit que c'était impossible. Cela ne pouvait pas arriver. C'était un de ces exercices menés par un entraîneur sadique de l'école des sous-mariniers — un de ceux qui prennent plaisir à vous amener au bord du gouffre, et à vous donner un grand coup dans le dos.

Il saisit le micro et composa le numéro du poste de Kapitulski, dans le compartiment deux.

— Gennadi ! Au rapport !

— Je ne reçois plus aucune information des réacteurs. Les câbles ont dû fondre à hauteur du compartiment quatre. J'ignore ce qui se passe. Mais s'il y a vraiment surchauffe, nous devons les arrêter. Je ne peux pas... Mes contrôles ne réagissent plus. Ils s'emballent !

Britanov décela un soupçon de panique chez Kapitulski, généralement imperturbable. En principe, il pouvait arrêter les réacteurs depuis son poste. Mais il n'était plus relié à ses centrales. C'est pourquoi il semblait si tendu, si près de craquer. Si Kapitulski perdait les pédales, tout le monde le pouvait. Y compris Britanov.

— Gennadi. Ecoutez-moi. Belikov est toujours là-bas. Qu'il ramène les réacteurs en commande manuelle, et qu'il les coupe si nécessaire.

— C'est moi qui devrais le faire...

— Non. Parlez-lui sur cette ligne. J'attends.

Une pause, puis la voix de Kapitulski retentit.

— Belikov ?

Le beuglement retentit dans l'interphone : le bruit de l'alarme se fit deux fois plus fort.

— Nous sommes toujours tous les deux dans le compartiment sept, dit Belikov. Toutes les données sont erratiques, et il fait chaud.

— Donnez-moi les températures. Commencez par le liquide de refroidissement primaire.

Belikov essuya la buée sur son masque et lut les informations, exactement comme on lui avait appris à le faire lors des exercices avec un réacteur endommagé.

— Température primaire sur le numéro un... (Il s'interrompit.) Elle est trop élevée. Elle est beaucoup trop élevée. Idem pour le deux !

— Flux du refroidisseur ?

— Très bas. Continue à baisser.

Kapitulski se dit que ces données étaient probablement incorrectes. Quelques minutes plus tôt, après tout, tout semblait aller bien du côté des VM-4. Pourquoi se seraient-ils emballés si brusquement ? D'un autre côté, si les chiffres étaient exacts, on n'était plus très loin d'un véritable processus de fusion. Il allait ronger le corps du réacteur, consumer et traverser le fond du sous-marin. Lorsque la masse de scories en combustion toucherait l'eau froide, tout exploserait dans une boule de vapeur radioactive.

— Capitaine, dit-il, si nous coupons un des réacteurs, nous ne pourrons plus fournir quatorze nœuds. Nous risquerions alors de perdre toute notre puissance, sauf celle des diesels.

— Allez-y, dit Britanov à l'ingénieur propulsion. Démarrez les diesels. Arrêtez les deux réacteurs. Commencez par celui qui est le plus chaud, et coupez-le.

En écoutant Kapitulski donner ses instructions à Belikov, Britanov réalisa que l'équipage n'était pas le seul à se trouver coincé.

— Débloquez les caissons d'étouffement un à quatre, dit Kapitulski. Vous avez entendu, Belikov ?

— Oui.

— Ça devrait faire l'affaire.

Les caissons permettaient d'interrompre le processus

de fission qui s'emballait, en inondant les feux nucléaires. Il y eut une pause. L'alarme du réacteur braillait toujours.

— Eh bien ?
— Monsieur ! Ça ne fonctionne pas ! s'exclama Belikov.
— Comment cela, ça ne fonctionne pas ?
— Quelque chose... Quelque chose ne va pas, du côté du système de déverrouillage. Les caissons ne s'abaissent pas. Les ressorts... Ils ne les entraînent pas. Ce doit être la chaleur. Le métal grippe.

Kapitulski blêmit. Les caissons d'étouffement étaient censés s'abaisser automatiquement lorsque la température du réacteur devenait trop élevée. Si ça ne fonctionnait pas, on pouvait les faire tomber avec les manœuvres que Belikov venait précisément d'effectuer. S'ils ne tombaient toujours pas, on pouvait les forcer — mais manuellement, *de l'intérieur* du réacteur ! — à l'aide d'une énorme clef à pipe prévue pour cela.

— Capitaine ? appela Kapitulski. Nous ne sommes pas parvenus à les couper. Nous devons entrer et les débloquer de l'intérieur.

Grand-Père Krasilnikov rejoignit Britanov.

— Je peux passer à l'arrière et m'en occuper. Je sors, je passe par le pont extérieur, et je rentre par le sas de secours du dix. Je suis vieux, et je n'ai pas l'intention d'avoir d'autres enfants. Laissez-moi m'en charger, capitaine.

Et perdre son chef mécanicien au moment où on pouvait avoir besoin de lui ? Britanov secoua la tête.

— J'ai encore besoin de vous ici, Igor. Et la protection ?

— Il y a deux combinaisons antiradiations dans le huit, dit Krasilnikov. Mais elles sont prévues pour les fuites de vapeur dans le circuit de refroidissement. Pas pour entrer dans les réacteurs. On ne l'a jamais fait.

Britanov savait pourquoi.

— Gennadi ? Dites à Belikov ce qu'il en est. Dites-lui que ces combinaisons ne suffiront pas à le protéger.
— Il le sait, capitaine.
— Belikov. Vous m'entendez ? Ici le capitaine Britanov.
— Je vous entends, capitaine.
— Il faut couper les réacteurs. Vous allez devoir y entrer. Il y a des combinaisons dans le compartiment huit, mais elles...
— Je sais, capitaine, répondit le jeune officier des réacteurs. Je vais les arrêter moi-même. Mais ma cartouche d'oxygène est presque vide.
Belikov, en fait, commençait à être pris de vertige, sa réserve personnelle touchant à sa fin.
— Retournez au compartiment huit. Pchenitchni vous aidera à vous équiper.
— Nous quittons le sept, pour passer dans le huit.

L'officier de la sécurité Pchenitchni écoutait le haut-parleur de l'interphone. Il se trouvait avec les soixante hommes entassés dans la grande salle des machines. Quatorze d'entre eux gisaient sans connaissance sur le sol métallique. Deux techniciens des missiles étaient morts, ainsi que Petratchkov. Il faisait une chaleur terrible, si près des gros turbopropulseurs à vapeur. Dans le compartiment huit, l'air sentait l'huile et le liquide hydraulique. Mais ce n'était pas encore mortel. Pchenitchni regarda les réfugiés des compartiments désertés.
— Combien de cartouches d'oxygène avons-nous ?
Un rapide décompte montra qu'il y avait moins de cartouches que d'hommes : trente cartouches en tout, pour la plupart déjà entamées. Il n'en restait que six pleines. Pchenitchni les prit toutes les six et les aligna sur le pont.
Belikov et le matelot Preminine apparurent. Leurs combinaisons bleues étaient noircies par la sueur. Belikov portait toujours son masque, dont les verres étaient toujours embués. Sa cartouche d'oxygène était presque vide.

Les bords de la vessie de caoutchouc adhéraient l'un à l'autre.

Pchenitchni tendit le bras et ôta le masque de Belikov. L'officier des réacteurs eut l'air terrifié. Puis il se rendit compte que personne, dans le compartiment huit, n'en portait. Il inspira profondément. Les deux combinaisons protectrices étaient pendues à un tube. Belikov aperçut le petit amas de cartouches.

— Où sont les autres ?
— C'est tout ce que nous avons, dit Pchenitchni.

Krasilnikov se trouvait toujours aux côtés du capitaine.
— Belikov va le faire, dit-il. Mais quand il en sortira, il sera aussi stérile qu'un mulet.
— Et s'il ne le fait pas, dit Britanov, cela n'aura aucune importance.

9

Preminine n'hésita pas une seconde. Dès qu'il vit dans quel état se trouvait le lieutenant Belikov, il se prépara à retourner seul dans le compartiment des réacteurs.

Valeri Pchenitchni, officier de la sécurité

— Je vous accompagne, lieutenant, dit Preminine.
Il tendit le bras vers la seconde combinaison antiradiations. Elle était faite d'un épais caoutchouc argenté.
— Non, dit Belikov. Un seul d'entre nous là-dedans, c'est assez. Si je ne parviens pas à abaisser les caissons, vous finirez le travail.
Il ajusta son masque, fit un essai pour s'assurer qu'il respirait correctement, puis passa dans le compartiment sept. Le panneau se referma derrière lui avec fracas. L'officier de la sécurité Pchenitchni saisit la barre de blocage et serra les verrous contre les joints de caoutchouc.
Le compartiment sept était presque totalement dépourvu d'éclairage. Mais Belikov pouvait reconnaître au toucher le moindre centimètre carré de la chambre aux réacteurs. Il n'avait pas besoin de lumière pour retrouver son chemin et descendre l'échelle menant au local technique inférieur. En touchant le sol, il découvrit que de l'eau de mer stagnait sur le pont. Elle était grasse, mêlée au liquide brun. La lumière jaunâtre dispensée par l'unique lampe de secours était suffisante : il vit les volutes de vapeur se dégager de l'eau qu'il remuait avec la pointe de sa botte. Quelque part vers l'avant, il entendait le bruit régulier d'une irruption d'eau.
Croire qu'un tube d'acier peut flotter lui avait toujours paru un peu irréaliste. Bien entendu, il en était de même

de demander à un homme de ramper dans un réacteur nucléaire actif.

Les deux VM-4 se trouvaient en bas, au niveau inférieur. Ils étaient séparés des locaux techniques par de lourdes cloisons blindées, et l'on y accédait par une écoutille basse et étroite, ornée de mises en garde solennelles.

Belikov se rappela l'histoire d'un cuisinier du *Lénine*, le brise-glace nucléaire. Le type en question, un vrai paysan de la *goubinka*, la campagne profonde, n'avait rien trouvé de mieux que d'utiliser une des soupapes de vapeur sous pression du circuit de refroidissement du réacteur pour décrasser une casserole. Le corps brûlé par les radiations, il était mort peu après. Mais il laissait des casseroles impeccables.

Aujourd'hui, Belikov jouait au cuistot... Sauf qu'il s'apprêtait à entrer lui-même dans la gueule du lion.

L'alarme de surchauffe hurlait toujours. Il ne l'entendait plus. Il est vrai qu'une heure plus tôt, il ne pensait pas se retrouver dans un réacteur nucléaire chaud. L'être humain possède une capacité d'adaptation stupéfiante.

Pour se déplacer, en bas, il devait se baisser (il mesurait presque un mètre quatre-vingt-cinq). Il ne cessait de se cogner la tête. Des obstacles qu'il ne distinguait pas s'accrochaient à son masque et menaçaient de l'arracher. Comment était l'air, ici, au fait ? Dans la faible lumière orange, il apercevait les tourbillons de vapeur.

Il avait l'impression de descendre dans une cave sombre et humide, pleine d'un dédale de canalisations et de câbles électriques esquintés produisant des étincelles. Un tuyau plein d'air sous pression laissait échapper un sifflement, là où une soudure avait lâché. Près des deux chaudrons nucléaires, la chaleur était intense. Même à l'extérieur de la cloison blindée, il faisait plus de 50 °C. Beaucoup plus chaud que dans tous les *banyas* où Belikov était jamais allé, même si la lourde combinaison de caoutchouc le soulageait un peu.

L'outil dont il avait besoin pour débloquer les caissons d'étouffement était rangé dans une armoire. Le temps

que Belikov la trouve, l'eau en avait atteint le bord inférieur. Bien entendu, l'armoire était fermée. Bien entendu, il n'avait pas de clef. *Qu'est-ce qu'ils s'imaginent, que nous allons voler les outils pour les vendre aux poissons ?*
Il chercha à tâtons la hache de pompier qui, il le savait, était accrochée à la cloison. Sa main gantée trouva le manche de bois. Il s'empara de la hache, et se servit de la lourde lame pour forcer l'armoire.

La clef à pipe spéciale ressemblait à un énorme hachoir de boucher. Elle était très lourde, en acier massif. Belikov laissa tomber la hache et retourna à la petite écoutille du local blindé où se trouvaient les réacteurs. En son centre, il y avait un minuscule hublot au verre épais. A travers la vitre, il distinguait deux formes ramassées : les dômes des réacteurs.

Il ne se préoccupa pas des mises en garde. Aucun individu sain d'esprit ne viendrait jamais ici alors que les réacteurs fonctionnent. Il se pencha et déverrouilla l'écoutille.

Une bouffée de chaleur de haut fourneau s'en échappa, si violente qu'il la sentit à travers sa combinaison isolante. *Mieux vaut ne pas perdre de temps.* Il s'inclina pour franchir la petite ouverture, puis se redressa à l'intérieur.

Les vaisseaux des deux réacteurs se trouvaient devant lui. Deux cylindres au sommet arrondi, bouillonnant de feu nucléaire. La chaleur était intense. L'air était plein d'une odeur bizarre rappelant celle de l'ozone.

Un sous-marin naufragé, bourré de poisons nucléaires. Ils devraient tous être en train de s'éloigner du *K-219* de toutes les forces de leurs rames. Qui se souciait de voir un réacteur exploser à quelques encablures de l'Amérique ? Ce n'était pas comme s'ils étaient au large d'Odessa. Quel Russe paierait un kopeck pour empêcher cet uranium enrichi de saupoudrer les plages américaines ?

Belikov payait beaucoup plus qu'un kopeck. Il savait parfaitement qu'il absorbait des radiations à haute dose, rien qu'en se trouvant là. Assez pour le rendre définitivement stérile. Pour la sécurité de l'Amérique. Voilà à quoi il sacrifiait sa propre virilité.

C'était vraiment un monde de dingues.

Il s'approcha du premier réacteur, le VM-4 de tribord. Son sommet arrondi était percé de quatre alvéoles hexagonales. Chacune d'elles abritait le mécanisme de vis sans fin capable d'actionner un caisson.

A côté du réacteur grésillant, la température atteignait 80 °C. C'était assez pour faire cuire de la viande. Assez pour tuer. Que diable se passait-il ?

Belikov introduisit la clef dans la première alvéole, et commença à desserrer. Il comprit tout de suite pourquoi le système était tombé en panne. Il n'avait pas trop de toutes ses forces pour la faire bouger. La chaleur avait sérieusement voilé les guides. Et tant qu'on n'aurait pas abaissé ces caissons, la chaleur allait continuer à s'élever, et le feu nucléaire devenir de plus en plus vif, de plus en plus chaud. C'était une réaction en circuit fermé. Sans un flot de liquide refroidisseur efficace, la sphère d'uranium finirait par fondre à travers le fond du vaisseau du réacteur, puis traverser la coque du sous-marin et exploser en touchant l'eau de mer froide. Ce serait une explosion d'hydrogène, pas une explosion nucléaire. Mais, pour ceux qui se trouvaient dans les parages, la différence importait peu. A Tchernobyl, quelques mois plus tôt, une bulle d'hydrogène avait sauté. On connaissait le résultat.

Il appuya de tout son poids contre la barre d'acier, et les rouages coincés se mirent à grincer. Il accompagna le manche de l'outil dans son mouvement circulaire. A chaque fois que sa combinaison touchait le réacteur, il y avait un grésillement, et il sentait l'odeur de caoutchouc brûlé.

Combien de temps va-t-il me falloir ? A l'école, il avait exécuté un déblocage manuel, sur un réacteur froid. Dans des conditions normales, il fallait moins de cinq minutes pour abaisser les quatre caissons. La sueur lui coulait sur le visage, et il poussait de toutes ses forces sur la clef. Cette chaleur était insoutenable... Et les radiations... Eh bien, il y a des choses auxquelles il vaut mieux ne pas penser. Il continuait à tourner. Sa vue se brouilla. Il était à bout de souffle. Il baissa les yeux, jeta un coup d'œil à sa cartouche d'oxygène.

La poche de caoutchouc était complètement dégonflée. Comment était-ce possible ? Il avait tout juste baissé le premier caisson. Il n'était là que depuis... depuis combien de temps ?

Des taches dansaient devant ses yeux. Il recula d'un pas, luttant contre la tentation d'arracher son masque et de respirer. Il tenait cette lourde clef à pipe. Si lourde qu'elle lui arrachait le bras. Belikov était exténué, et il avait tout juste abaissé un... De l'air. Il avait besoin d'air. Il fallait qu'il retourne dans le compartiment huit.

Titubant, traînant les pieds comme un ivrogne, il retourna vers l'écoutille basse qui se découpait dans la cloison blindée. Il la franchit, oublia de fermer derrière lui, s'en souvint, se redressa, et retourna en trébuchant vers l'arrière, vers l'échelle menant au compartiment huit. Il tenait toujours sa lourde clef. D'une façon ou d'une autre, il parvint à monter. Il trouva l'écoutille. Il se servit de la clef pour frapper au battant. Quand il s'ouvrit, il tomba en avant et s'écroula sur le pont, aux pieds de Preminine.

Pchenitchni le redressa contre la cloison, arracha son masque et lui jeta de l'eau au visage. Elle était chaude, mais cela eut l'air de lui faire du bien.

— Ils sont coupés ? demanda Pchenitchni.

Le lieutenant avait le visage très pâle, mais son cou était couvert de marques rouges. Il leva les yeux vers Pchenitchni. Ses lèvres formèrent un « non ».

— Sergueï, dit l'officier de la sécurité à Preminine. Il va falloir...

— Je sais.

Le matelot était déjà en train d'enfiler la lourde combinaison antiradiations. Il fixa deux cartouches d'oxygène à sa ceinture.

Dans la partie arrière du *K-219*, il restait en tout et pour tout deux cartouches pleines.

La Maison-Blanche, Situation Room, samedi matin

Le *whop-whop-whop* de l'hélicoptère présidentiel s'éleva au-dessus de la pelouse de la Maison-Blanche.

— Le voilà parti, dit le capitaine de frégate Michael Bohn à sa secrétaire. Peut-être allons-nous pouvoir avancer dans notre travail, maintenant que les huiles ne sont plus là.

— Je ne suis jamais allée à Camp David, dit-elle. (Ils écoutèrent le bruit de l'hélicoptère de la marine disparaître au loin.) Et vous ?

— Seulement quand j'y suis obligé.

Le commandant Bohn n'aimait pas s'éloigner de l'action. Il n'aimait pas s'éloigner de la complexe toile d'araignée de ses contacts et de ses sources d'information. Il dirigeait la Situation Room, l'antre de la cellule de crise de la Maison-Blanche, où l'on filtrait et analysait les nouvelles du monde entier avant de les présenter au président Ronald Reagan. Depuis l'administration Carter, ce poste était occupé par un officier de marine d'active. C'était excellent pour la marine. A certains égards, c'était encore mieux que d'avoir une taupe à l'intérieur du Kremlin. Le Kremlin ne prenait aucune décision concernant le budget de l'US Navy. La Maison-Blanche, si.

Ce qui ne veut pas dire que Bohn ne prenait pas son boulot au sérieux, bien au contraire. Lorsque les Libyens avaient envahi le Tchad, c'est lui qui avait déniché les photos aériennes que Reagan avait tant appréciées. Quand Tchernobyl avait sauté, en avril, les hommes de la Situation Room avaient été les premiers à le mettre en garde contre les conséquences, et à l'informer que Gorbatchev n'avait pas tout dit au monde sur l'accident nucléaire le plus grave de l'histoire de l'humanité.

Naturellement, Bohn avait aussi pour mission de maintenir le contact avec la mafia du renseignement naval. La marine gardait Bohn dans le circuit à condition que Bohn l'avertisse à temps de tout ce qui pouvait porter préjudice à la marine. A l'époque, il s'agissait en l'occurrence de l'accord sur le contrôle des armements qui risquait de faire pencher la balance en faveur de l'ennemi numéro un de la marine : l'US Air Force.

Le commandant Bohn était venu au travail très tôt, ce matin-là, comme la plupart de ses collaborateurs de la Situation Room. Ils avaient un travail énorme à abattre pour préparer le sommet des superpuissances auquel le président devait assister à Reykjavik, la semaine suivante. Les « points à aborder » étaient classés sur des petites fiches. Celles-ci étaient étonnamment détaillées, au point de prévoir jusqu'au contenu des conversations privées de Reagan avec Raïssa, la femme du leader soviétique.

Le secrétaire général Mikhaïl Gorbatchev et le président américain Ronald Reagan s'efforçaient de déterminer quelle partie de leurs appareils militaires respectifs pouvait être sacrifiée avec le plus de profit sur l'autel de la paix. Inévitablement, la politique était de la partie. Dans chaque camp, les « durs » craignaient que leur patron ne soit prêt à abandonner la boutique pour un plat de lentilles. Plusieurs d'entre eux faisaient davantage que s'inquiéter. Certains menaient même une campagne active contre le sommet et ses objectifs. Aux Etats-Unis, un représentant éminent de ce groupe n'était autre que Caspar Weinberger, le secrétaire à la Défense.

— Téléphone, commandant, dit la secrétaire. Le capitaine Herrington, groupe de renseignement au Pentagone.

Herrington était un officier de renseignement détaché auprès du chef des Opérations navales. Théoriquement, il était d'un grade plus élevé que Bohn. Dans les faits, celui-ci avait l'oreille du président, ce qui n'était pas le cas de Herrington. Au sein du système bizarre d'évalua-

Le sous-marin stratégique à propulsion nucléaire (SSBN) *K-219* au mouillage à Gadjievo, son port d'attache. (I. KOURDINE)

Le *K-219* à Gadjievo. (I. KOURDINE)

Le capitaine de second rang Igor A. Britanov, commandant du *K-219*, au périscope de son navire. (I. BRITANOV)

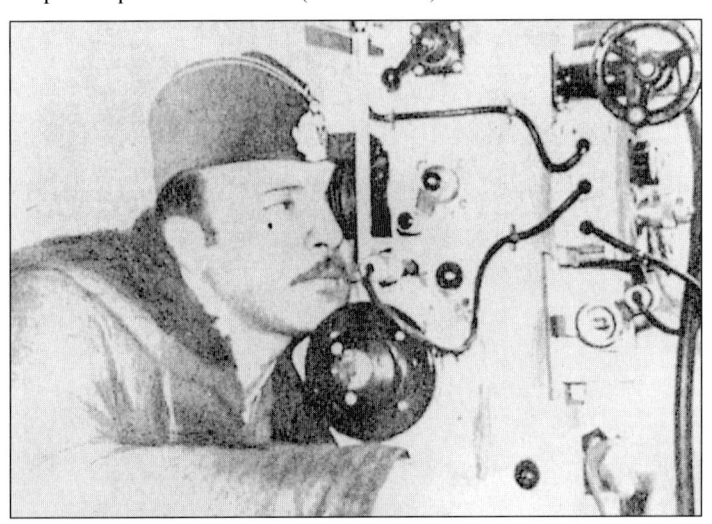

Les familles de l'équipage en visite sur le *K-219* à Gadjievo, août 1986.
(I. KOURDINE)

Officiers et hommes d'équipage du *K-219* dans le poste central de commande : Britanov *(en bas à gauche)*, le navigateur Aznabaïev *(derrière Britanov)*, Kourdine *(en bas à droite)*. (I. KOURDINE)

Le premier lieutenant Sergueï Scriabine,
commandant du compartiment six. (I. Kourdine)

Un *zampolit* harangue l'équipage dans le mess du *K-219*.
(I. Kourdine)

Le *K-219* au départ de Gadjievo. Photo prise du pont d'un remorqueur.
(I. KOURDINE)

Le capitaine de troisième rang Gennadi Kapitulski *(à gauche)*, chef ingénieur en propulsion, et le capitaine de second rang Igor Kourdine, à l'époque *starpom,* dans le compartiment trois du *K-219,* août 1986. (I. KOURDINE)

Le *K-219* en surface dans la mer de Barents. Photo prise d'un hélicoptère soviétique KA-27, printemps 1986. (ARCHIVES DU CLUB DES MARINS ET SOUS-MARINIERS, SAINT-PETERSBOURG)

Le capitaine Britanov *(en bas, au centre)* avec des officiers et des hommes d'équipage au mess du *K-219* avant l'ultime départ en patrouille, août 1986. (I. KOURDINE)

Le capitaine de premier rang Igor Kourdine. (I. Kourdine)

Le poste central de commande d'un sous-marin russe, vu par un officier sous-marinier russe en retraite.

Le *K-219* photographié en surface par un P-3C Orion de l'US Navy, 4/10/1986. (Photo US Navy)

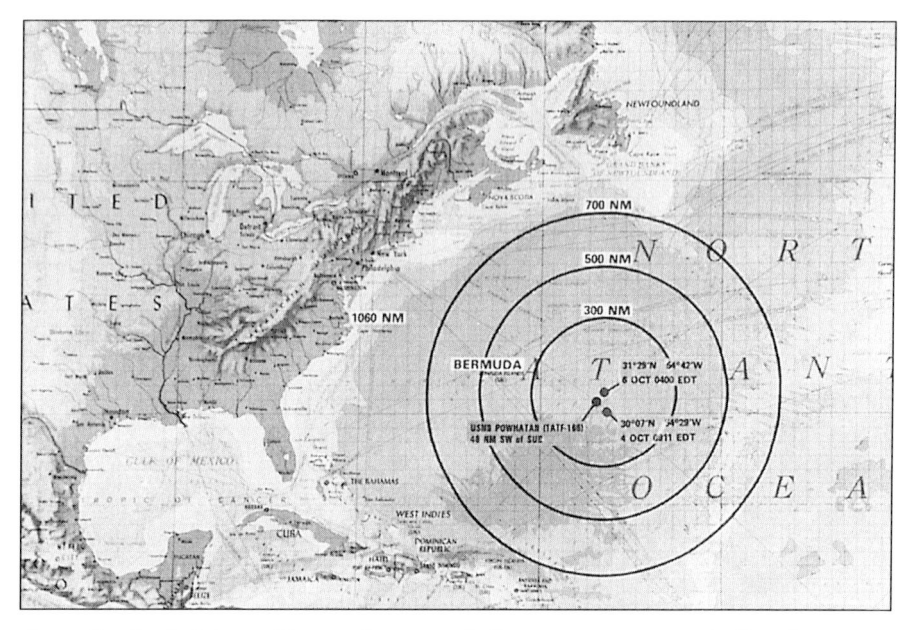

Carte distribuée à la conférence de presse du Pentagone, montrant le lieu du naufrage du *K-219*, le 6/10/1986. La position du remorqueur américain *Powhatan* est signalée au sud-ouest de la dernière position connue du *K-219*. (Photo US Navy)

Conférence de presse au Pentagone, 7/10/1986. Le général Richard Burpee, officier d'opérations auprès des chefs d'état-major *(à gauche)*, et l'amiral Powell Carter, directeur à l'état-major, répondent aux questions des journalistes sur le naufrage du *K-219*. (PHOTO US NAVY)

Le *K-219* en surface dans l'Atlantique Ouest, luttant contre l'incendie et l'inondation. Photo prise par le P-3C Orion détaché de la base aérienne navale des Bermudes, 5/10/1986. (Photo US Navy)

Le sous-marin d'attaque à propulsion nucléaire de classe Los Angeles, USS *Augusta,* peu après son lancement, en 1985.
(Photo General Dynamics Electric Boat Division)

Sous-marin soviétique de classe Delta, de retour dans son port d'attache après une collision avec un sous-marin d'attaque américain. (A. BOULGAKOV)

Officiers survivants du *K-219 (au fond, de gauche à droite)* : Kourdine, l'officier de la sécurité Valeri Pchenitchni, le docteur Igor Kotcherguine, l'ingénieur en propulsion Gennadi Kapitulski. Et l'auteur, Peter Huchthausen *(devant, au centre)*. Photo prise au Club des Marins et Sous-mariniers, Saint-Pétersbourg, novembre 1994. (P. Huchthausen)

Le matelot Nikolaï Smagliuk, un des trois hommes d'équipage décédés dans le compartiment quatre du *K-219*. (I. Kourdine)

Quelques marins sur le pont du *K-219,* au mouillage à Gadjievo. (I. Kourdine)

De gauche à droite : Kourdine, le contre-amiral chef de division Chabaline, Britanov. (I. Kourdine)

L'équipage du *K-219* après le retour en Russie. Photo prise sur la place Rouge, près du mausolée de Lénine. (I. KOURDINE)

Le matelot mécanicien Sergueï A. Preminine, mort dans le compartiment sept après avoir coupé manuellement les réacteurs du *K-219*.
(ARCHIVES DU CLUB DES MARINS ET SOUS-MARINIERS, SAINT-PETERSBOURG)

tion politique en vigueur à Washington, ils étaient des pairs inégaux.

D'après les archives, cet appel eut lieu quelques minutes après sept heures du matin.

— Capitaine Bohn, j'écoute.

— Bonjour, Mike. Dave Herrington, groupe de renseignement auprès du CNO [1]. Nous avons une situation, ici, qui vous intéressera peut-être.

— C'est la Situation Room, ici. Vous avez frappé à la bonne porte, plaisanta Bohn.

Mais Herrington n'avait pas envie de rire.

— Nous avons un *boomer* rouge en détresse au large des Bermudes. Ça a l'air coton.

— Quel genre de détresse ?

— Il y a eu une explosion à bord. Probablement un missile

— Un missile ? Vous voulez dire qu'un missile a sauté ?

— Je n'ai pas dit cela. Il ne s'agit que d'une analyse préliminaire. Mais certains de nos experts prétendent que ça ressemble à un largage manqué.

Un largage ? « Nom de Dieu », murmura Bohn.

— Où est-il retombé ?

— Nulle part. Il n'y a pas eu d'ignition. L'oiseau n'est même pas sorti de l'eau. Si c'était le cas, bien entendu, nous aurions affaire à une tout autre sorte de scénario.

Pas un scénario. Une guerre nucléaire, pensa Bohn.

— Comment l'avons-nous découvert ?

— Je viens de recevoir les nouvelles par Ted Sheafer, de Norfolk. J'ai fait faire quelques recoupements par des gens à nous, et j'ai eu la confirmation.

Des gens à nous, ça voulait dire : la famille des sous-marins.

— Comment diable Sheafer l'a-t-il su avant vous ?

— Vous n'allez pas me croire. Un officier de quart, au

---

[1]. Chief of Naval Operations : chef des opérations navales. (*N.d.T.*)

Fosic — *une gonzesse !* — a compris ce qui se passait à partir d'une série de données positionnelles brutes. Il semble que deux ou trois cargos russes aient brusquement mis le cap sur les Bermudes. Cette fille s'est demandé à voix haute ce qui se passait. Sheafer en a déduit le reste.

— Et vous dites que cela a été confirmé ?

— Une unité américaine en traque a confirmé l'explosion. Ils restent en *stand-by* sur place.

— J'imagine qu'ils ne sont pas là pour leur prêter assistance.

— Très drôle. Aux dernières nouvelles, le *boomer* prenait l'eau, et il brûlait. Au fait, tout ça ne doit pas se répandre. La dernière chose dont nous ayons besoin, c'est qu'un poids lourd de la Maison-Blanche se mette à jacasser devant la presse sur des opérations de sous-marins.

— Le seul poids lourd présent ce matin, c'est l'amiral Poindexter.

— Parfait. Il est de notre bord. Vous allez recevoir d'une minute à l'autre un coup de fil des chefs d'état-major, à propos de cette histoire. Naturellement, ils ne peuvent pas en savoir autant que nous.

— Naturellement. Qui est de service ce week-end ?

— Le général Burpee. Air Force. Quand vous le verrez, ne parlez pas de cette conversation. Poindexter est de la boîte. Pas Burpee.

Bohn savait ce que ça voulait dire.

— J'appelle l'amiral Poindexter pour lui donner les nouvelles. Il se trouve à l'aile Ouest. Je vous pose la question, car lui-même me la posera : quand en saurons-nous un peu plus ?

— Sheafer a fait envoyer un P-3. Il devrait survoler les lieux dans deux ou trois heures. A ce moment-là, nous aurons une idée plus précise de ce qui se passe. J'imagine que vous n'avez rien reçu directement des Russes ?

— Aucun message Flash ce matin. Rien du tout.

— Comme à Tchernobyl.

— Comparé à cela, Tchernobyl c'était au bout du monde, dit Bohn. Deux ou trois heures. L'attente va être plutôt longue, vous savez. Pendant qu'un capitaine russe fou furieux essaie de nous balancer ses missiles depuis les Bermudes. Et s'il essaie à nouveau ?

— Nous surveillons cela de près, commandant.

— Peut-être devriez-vous faire en sorte que notre unité sur place nous donne un peu plus de détails.

— C'est ce qu'on est en train de faire en ce moment même, répondit prudemment Herrington. Je vous rappellerai quand j'en saurai plus. N'oubliez pas : Burpee n'est pas dans le circuit. Nous devrons être très prudents lorsque la conversation viendra sur nos sous-marins.

— Je comprends. Mais le président pense qu'il s'agit aussi de *ses* sous-marins. Il va vouloir qu'on lui décrive tout le tableau.

— Quand je saurai quelque chose, vous le saurez. Voilà le marché.

Bohn comprit, à la voix de Herrington, ce qu'il y avait là de définitif. Il en savait déjà plus que ce que quiconque, même un ami officier de marine, pourrait soutirer à la mafia sous-marine.

— Bon Dieu. Il fallait que ça arrive maintenant, à quelques jours du sommet.

— Ce n'est peut-être pas un accident, dit Herrington. Vous savez, il n'est pas impossible qu'il s'agisse d'une tentative de leur part de saborder le sommet. Un *faucon* soviétique. Vous comprenez ce que ça signifierait ?

— Il y a des tas de faucons, de ce côté-ci, qui seraient ravis que ce capitaine russe réussisse.

— Le SecDef ?

— Cap Weinberger serait le premier sur ma liste de suspects, dit Bohn. Sauf qu'il se trouve à bord d'un jet qui file vers la Chine.

— Ça veut simplement dire qu'il a un bon alibi.

Herrington porte peut-être l'uniforme bleu, se dit Bohn, mais il pense comme une barbouze.

— Quand m'appellerez-vous pour m'en dire plus ?

— D'ici peu, nous devrions recevoir quelque chose de notre sous-marin. Rappelez-vous que Poindexter excepté, personne ne doit le savoir. Pas un mot. Nous ne voulons pas que les Soviétiques nous fassent des reproches s'ils perdent leur navire.

— Est-ce que cela peut se produire ?

— Par l'enfer, j'espère bien qu'ils le perdront ! J'ai passé assez de temps à me geler les fesses dans le port de Leningrad à compter les portes de silos. (Il avait été attaché naval, jadis, à Moscou.) Nous avons aussi un destroyer prêt à sortir de Norfolk. Il y a à bord quelques spécialistes des radiations, vous voyez...

Des spécialistes des radiations ? S'inquiétaient-ils de la contamination de l'océan, ou envisageaient-ils d'*aborder* le sous-marin ?

— Je vous remercie de m'avoir averti, capitaine. Et dès que vous avez des nouvelles de notre unité de surveillance, tenez-moi au courant.

Il raccrocha, puis composa le numéro de Poindexter. Un largage non autorisé ? Et si c'était le cas ? Et si leur fusée *n'avait pas* pété ? Depuis la zone de patrouille de ce Yankee au large des Bermudes, ce missile serait arrivé au-dessus de la tête de Michael Bohn en moins de douze minutes. Une explosion d'une mégatonne centrée sur la Maison-Blanche dévasterait une zone qui s'étendrait jusqu'à Arlington. Il n'y aurait même pas assez de décombres pour faire rebondir le missile nucléaire suivant. A l'autre bout de la ligne, le téléphone sonnait. Quelqu'un décrocha.

— Poindexter.

— Amiral ? Capitaine Bohn, Situation Room. Nous avons quelque chose pour vous... et pour le président.

— Il est déjà parti à Camp David. Si j'en crois son planning, il s'apprête à prendre son petit déjeuner.

— Vous aurez peut-être envie de l'interrompre, monsieur.

— J'espère que ça en vaut la peine.

— Oui, amiral, dit Bohn. J'en ai peur.

Centre d'action d'urgence, Moscou

Le capitaine Gennadi Antonov, grand expert de la flotte du Nord en matière de fusées RSM-25, lut le dernier rapport du *K-219*. Il avait été transmis en clair, comme les précédents. On n'avait pas essayé d'en camoufler le contenu en utilisant les codes d'urgence fixés à l'avance. *Même s'il sauve le sous-marin,* se dit Antonov, *Britanov est foutu.*
Il envoya le message par courrier à l'amiral Makarov. Celui-ci devait faire son rapport au grand patron, l'amiral de la flotte Tchernavine, six minutes plus tard. Puis Tchernavine serait reçu par le secrétaire général Gorbatchev. Tout le monde se demandait ce que ferait ce dernier. Ils le sauraient dans un peu plus d'une heure.

— Eh bien ? Que savons-nous, capitaine ?

Antonov se retourna. C'était l'amiral Novoïstev, le chef des opérations. L'officier court sur pattes transpirait abondamment dans son uniforme de laine.

— Le *K-219* est toujours en surface, monsieur. Le dernier rapport de Britanov signale que le gaz se trouve maintenant dans les compartiments quatre, cinq, six et sept. Il y a un incendie dans le quatre et le cinq, et ils ne reçoivent plus aucune donnée des missiles et des réacteurs. Ils demandent qu'on leur largue de toute urgence des cartouches d'oxygène. J'essaie de...

— Je m'en charge, capitaine.

— Ils en ont besoin sur-le-champ, amiral.

Antonov espérait que son chef comprenait bien ce qui se passait là-bas. Ces cartouches d'oxygène pouvaient faire toute la différence entre le sauvetage et la perte du navire — et de son équipage.

— Je pense qu'une demande urgente de cette nature relève de mon autorité.

— Bien sûr, amiral.

— Ce que je veux savoir... Le message... Comment l'ont-ils transmis ?

Antonov ne put dissimuler sa surprise. Novoïstev se préoccupait moins de la sécurité du sous-marin et de l'équipage que de trouver quelque chose pour épingler Britanov.

— Comme les autres. En clair.

Novoïstev sourit.

— De mieux en mieux... Je m'occupe de cette histoire d'oxygène, bien que je ne comprenne pas très bien pourquoi les cartouches qui leur ont été fournies ne leur suffisent pas. Tenez-moi au courant.

Novoïstev allait s'en aller. Le capitaine Antonov le rappela.

— Amiral ? Et les familles ? Doit-on les mettre au courant ?

— Les familles ?

— Les familles des hommes d'équipage, amiral.

Novoïstev émit un *oh!* silencieux, puis haussa les épaules.

— Faites ce que bon vous semble.

Puis il se dirigea nonchalamment vers un steward. Les sandwiches au salami avaient disparu. On les avait remplacés par un plateau de biscuits.

Le capitaine Antonov décrocha un téléphone avec une ligne extérieure. Il appela Gadjievo. Etonnamment, la communication s'établit tout de suite.

— La flottille. *Sloutchaïou.* Andreïev.

Un peu plus tôt, le capitaine Andreïev commandait encore un navire identique au *K-219*. Il servait maintenant à l'état-major de la flottille de Gadjievo. On lui avait donné le poste qu'Antonov occupait avant de venir à Moscou. C'était un ami du capitaine Britanov.

— Capitaine Antonov, la Boîte de Sardines, à Moscou. Je travaille avec la cellule de crise.

— Antonov ! Vous savez quelque chose ? Tout va bien ?

— Non. Mais ils sont en surface. Est-ce qu'on a prévenu leurs femmes ?
— Ce salaud de *zampolit* de Romanov n'autorise personne à communiquer avec elles autrement que par son intermédiaire.
— Il a peur de ce qu'elles diraient.
— Absolument.
— Ecoutez, dit Antonov. Appelez la femme de Britanov, et faites en sorte que je lui parle directement. Je prends cela sous mon chapeau.
— Romanov ne va pas être content.
— Raison de plus pour le faire.
— Et Britanov ? La situation va s'améliorer ?
— Strictement entre nous : ils ont de sérieux problèmes. Incendie, gaz, et les commandes des réacteurs sont grillées. A sa place, je serais en train de chercher une solution pour évacuer une partie de l'équipage. Ça pourrait aller très mal, dans très peu de temps.
— Il y a des pertes ?
— Pas officiellement. Mais je ne serais pas surpris s'il y en avait...
Antonov n'avait pas trouvé de meilleure réponse.
— Quand le saurons-nous ?
— Makarov met l'amiral Tchernavine au courant, en ce moment même. Tchernavine va déposer toute l'affaire sur les genoux du secrétaire général. Qui sait ce que Gorbatchev décidera ? Faites en sorte que Natalia Britanova m'appelle, répéta-t-il avant de raccrocher.

A bord du *K-219*

Le chef mécanicien Krasilnikov actionna le coupe-circuit de l'alarme de surchauffe du réacteur. Le beuglement à glacer le sang se tut enfin. Les hommes du poste de commandement retrouvèrent l'usage de la parole, voire de la pensée.
— Capitaine, dit Aznabaïev, j'ai un contact direct avec

le *Féodor Bredkine*. (Le navigateur tenait le micro de son poste de radio inter-navires.) Il se trouve à cinq kilomètres d'ici. Vous voulez lui parler ?

Britanov était à la fois soulagé et honteux. Honteux d'avoir besoin d'un cargo rouillé pour sauver son navire. Soulagé d'apprendre qu'il était là pour le sauver. Les panneaux scellés n'arrêtaient plus les vapeurs toxiques. De même pour l'incendie. De même pour l'eau. Il fallait absolument couper les réacteurs, sans quoi ils allaient purement et simplement percer le ventre du *K-219*. Puis ils seraient tous pulvérisés, dans un nuage de vapeur radioactive. Même s'il parvenait à les couper, cela lui laisserait juste assez d'énergie et de puissance diesel pour le contrôle des avaries.

Ce ne serait pas suffisant. Il savait qu'il allait devoir évacuer quelques-uns de ses hommes pour les sauver. Il secoua la tête :

— Je ne veux pas parler. Je veux les voir. Quelle vitesse peut-il faire ?

Le navigateur parla dans le micro, attendit quelques secondes, puis se tourna vers Britanov.

— Heure d'arrivée estimée : deux heures quarante minutes. Il veut connaître notre situation.

— Dites-lui que moi aussi, j'aimerais la connaître.

— Capitaine ! (C'était le jeune homme assis devant l'écran radar.) Un contact aérien vient d'apparaître. Il nous inonde de son signal radar. On dirait un avion de patrouille américain.

— Genia, dit Britanov au navigateur, dites au commandant du *Féodor Bredkine* que s'il veut savoir comment nous allons, il peut poser la question aux Américains. (Il décrocha le *kashtan*.) Pchenitchni ! Que se passe-t-il avec ces réacteurs ?

L'officier de la sécurité aida Preminine à fermer la dernière agrafe de sa combinaison antiradiations. Il décrocha le *kashtan*.

— Ils y retournent, capitaine, dit-il. (Il déverrouilla l'écoutille menant à l'avant, vers le compartiment sept.) L'alarme s'est tue.

— Nous avons coupé le courant, dit Britanov. Nous ne recevons plus aucune donnée. Kapitulski est prêt à démarrer les diesels, mais vous devez vous assurer de ces réacteurs.

— Nous ferons notre devoir, capitaine.

Il regarda Preminine. Le jeune matelot tenait la lourde clef à pipe. Belikov semblait trop faible pour la soulever. Etait-ce la chaleur, l'air, ou les radiations ?

— Comment va Belikov ? demanda Britanov.

Belikov se leva. Il tremblait de tous ses membres. Preminine prit le *kashtan* et répondit pour tous les deux.

— Nous allons bien, capitaine. Faites-nous confiance, nous allons faire le boulot.

Il enfila son masque, vérifia l'arrivée d'oxygène et passa de l'autre côté avec Belikov.

Toutes les illusions sur le fait que le silence de l'alarme pouvait être de bon augure furent balayées par la chaleur d'étuve qui régnait dans le compartiment sept. Les pompes s'étant arrêtées, chaque sphère d'uranium incandescente baignait dans une quantité insuffisante de liquide refroidissant. La chaleur rayonnait à travers les conduites d'acier des réacteurs, puis dans l'ensemble du sous-marin.

Belikov comprit que la situation avait empiré. Il suivit Preminine, et descendit l'échelle qui menait au fond.

— Camarade lieutenant, laissez-moi entrer là-dedans, lui dit Preminine. Vous pouvez rester près des instruments, et transmettre les chiffres au poste central.

Belikov savait que c'était une manière de lui faire comprendre poliment qu'il avait l'air incapable de l'aider. Il hocha la tête. Preminine franchit l'écoutille basse et pénétra dans le local blindé où se trouvaient les réacteurs.

Belikov décrocha le *kashtan* placé près des jauges.

— Camarade capitaine ? C'est Belikov, monsieur. Je

suis au tableau de commande de la salle des réacteurs, dans le compartiment sept.

— Belikov, donnez-moi les températures indiquées sur le tableau, dit Kapitulski. Commencez par la plus élevée.

— Elles sont toutes dans le rouge. Le réacteur tribord et le réacteur bâbord sont privés d'eau. L'arrivée en réfrigérant est presque nulle dans le réacteur bâbord. Il en circule encore un peu dans celui de tribord.

— Est-ce que les chiffres sont exacts ? demanda Kapitulski. Quelle est la température de l'air, là-bas, Belikov ?

— Très élevée, dit-il d'un ton faible.

Vu la température qui régnait là où il se trouvait, il savait que c'était bien pire à l'intérieur du local, juste à côté de ces deux damnés réacteurs.

Preminine introduisit la clef et parvint à abaisser complètement le premier caisson d'étouffement, celui que Belikov avait commencé à déplacer. Même sous sa combinaison de caoutchouc, il avait l'impression d'être exposé à une puissante lampe à infrarouges. Il n'avait jamais rencontré une telle chaleur.

— Numéro un, abaissé ! cria-t-il.

Belikov avait fait la moitié du travail sur celui-ci. Mais il y avait du progrès.

— Caisson numéro un réacteur bâbord, abaissé ! rapporta-t-il.

Il fallait en faire autant avec quatre caissons, pour encercler la sphère d'uranium.

Preminine introduisit la clef dans la seconde alvéole, puis il poussa. Elle refusait tout à fait de bouger. Preminine poussa de toutes ses forces.

La clef plia, menaça de se briser. Puis, avec un craquement que Belikov entendit de l'extérieur du local, elle bougea enfin. Preminine desserra le second caisson en s'y appuyant de tout son poids et en pivotant autour de la conduite d'acier embrasée.

— Second... Je veux dire, caisson numéro deux... abaissé, dit-il entre ses lèvres sèches, brûlées.
Il reprit la clef. Il était particulièrement difficile de l'introduire dans la troisième alvéole. La sueur coulait sur son front et lui pénétrait dans les yeux. Elle s'évaporait instantanément sous l'effet de la chaleur, ne laissant qu'un masque de sel sur le visage.
— Preminine ! cria Belikov. Vérifiez votre cartouche !
— Je... je ne me sens pas très bien, camarade lieutenant.
Il grogna ces derniers mots au moment où la clef d'acier prenait place dans la troisième alvéole. Il poussa. Comme les fois précédentes, il dut mettre toute sa force, tout son poids, pour la faire bouger. Il était comme anesthésié. La clef bougea, résista, bougea encore, puis encore, s'immobilisa de nouveau. Preminine s'appuya dessus. L'acier plia. Il comprit soudain que le caisson était complètement baissé.
— Numéro... Le numéro trois est...
Il s'interrompit, titubant, à côté du vaisseau d'acier du réacteur.
— Preminine !
Belikov lâcha le *kashtan* et se précipita dans le local aux réacteurs. Preminine était à terre. Belikov prit la clef et l'introduisit dans la quatrième alvéole. Preminine avait commencé à desserrer le guide gauchi, et il bougea plus facilement. Belikov débloqua le dernier caisson puis tira Preminine par l'écoutille pour le sortir du local.
— Capitaine ! C'est... Belikov... Le réacteur bâbord est...
Il se tut. Il sentait que la température de son corps s'élevait. Devant ses yeux, les taches étaient revenues. Il regarda son oxygène. Une fois de plus, les bords du sac de caoutchouc étaient collés. Il n'avait plus d'air !
— Le réacteur bâbord est sûr ! Je sors... Preminine !
Il lâcha le micro, et traîna Preminine vers le haut de l'échelle. Ils ouvrirent l'écoutille du compartiment huit et se laissèrent tomber.

— De l'eau ! cria Pchenitchni, en arrachant le masque du visage du lieutenant.

Belikov était d'une pâleur mortelle. Il avait les yeux gonflés, injectés de sang. Il essaya de lever la tête pour avaler une gorgée d'eau, mais il s'effondra sur le pont, comme s'il était mort. Preminine revenait lentement à lui. Quelqu'un apporta une tasse d'eau tiède. Pchenitchni aspergea les deux hommes, puis il fit boire le reste à Preminine.

— Et le réacteur tribord ? gronda la voix de Britanov dans le haut-parleur.

— Nous n'avons plus que deux cartouches d'oxygène, capitaine, dit Pchenitchni. Il nous en faut d'autres, s'ils doivent retourner là-bas.

Mais en regardant Belikov, il se dit que le lieutenant serait incapable de marcher avant un bon moment. Sans parler de retourner dans les réacteurs.

— Personne ne peut vous rejoindre en passant par le compartiment quatre, dit Britanov. Il faut absolument couper ce second réacteur, Valeri.

Pchenitchni s'apprêta à lui dire qu'ils devraient attendre que les deux hommes soient de nouveau sur pied, lorsqu'il entendit une voix faible.

— J'y vais.

C'était Preminine. Il ramena ses jambes sous lui, et se leva.

— Donnez-lui les cartouches d'oxygène, ordonna Pchenitchni à un des sous-officiers.

— Mais... Ce sont les dernières, dit le *michman* d'une voix hésitante.

Il n'y avait plus la moindre cartouche dans toute la partie arrière du sous-marin. Si le gaz empoisonné venait jusqu'ici, ils suffoqueraient tous avant que...

— Donnez-les à Preminine. (Pchenitchni regarda le jeune matelot.) Vous allez devoir faire cela tout seul.

— J'aurais dû le faire plus tôt, mais il fait si chaud, là-dedans... (Preminine ajusta son masque.) Comptez sur moi.

Il s'empara de la clef et repartit vers l'écoutille. Cette fois, quand elle s'ouvrit, une bouffée âcre d'amande amère flotta dans l'air. Il s'immobilisa un instant. Il se retourna, comme s'il voulait dire quelque chose. Mais il changea d'avis.

Une odeur plus forte de poison leur parvint du compartiment obscur et brûlant, qui se trouvait de l'autre côté de la cloison.

Preminine disparut dans l'obscurité, en traînant les pieds. Il était seul. Le dernier homme dans le compartiment sept. Lui seul était capable d'arrêter le réacteur fou.

— Fermez cette écoutille ! gueula Pchenitchni dès qu'il fut hors de vue.

Un sous-officier s'adossa au panneau d'acier, que deux matelots verrouillèrent solidement. Le gaz était juste derrière la cloison, et ils n'avaient plus aucune cartouche d'oxygène. Seuls les joints de caoutchouc pouvaient leur sauver la vie.

— Et scellez-la !

Le fracas du dernier verrou retentit, violent, définitif. Longtemps, il reviendrait hanter Pchenitchni. Il reviendrait hanter tous ces hommes.

10

Sergueï Preminine haletait, plus qu'il ne respirait, en descendant la longue échelle noire qui menait vers les entrailles du compartiment sept. Il devait lutter pour amener l'air à ses poumons, à travers le masque à oxygène. Il s'inquiétait toujours de voir la cartouche se vider. Mais la vraie raison était la rapide montée de la pression dans le compartiment. Entre la canalisation brisée et la chaleur intense diffusée par les réacteurs, le sept était aussi pressurisé qu'un dirigeable dont les brûleurs seraient poussés au maximum. Au-dessus du gargouillis de l'eau qui suintait, on entendait le sifflement continu de la vapeur. Preminine n'avait jamais eu aussi chaud de sa vie.

Le bruit de l'eau le rafraîchit. Cela lui rappelait le torrent près de Skorniakovo, son village natal. Il était glacé, clair comme le cristal, et les poissons qu'il attrapait avec son frère étaient une véritable aubaine pour sa famille. C'était bien meilleur que l'insipide viande en conserve, le vieux fromage moisi et le pain dur que leur donnait le magasin d'Etat. C'étaient ces expéditions de pêche avec son frère qui lui avaient donné envie de s'intéresser à la marine. Puisqu'il existait, au milieu d'une telle misère, quelque chose d'aussi propre et aussi vif qu'un beau poisson, se disait-il, alors la vie sur l'eau (ou sous l'eau) promettait d'être meilleure. Sergueï pourrait y trouver quelque chose, une fierté qu'il n'aurait jamais dans un boulot à la filature de lin, au village.

Sa combinaison de caoutchouc était très lourde. Elle était doublée d'une feuille de plomb en guise de protection contre les radiations. Preminine avait l'impression de nager dans un fluide épais. Il avait l'impression d'être sous l'eau, mais dans une mer chaude où l'on cuirait comme un crabe dans sa casserole.

Au pied de l'échelle il alluma sa lampe et descendit un couloir sur une demi-douzaine de mètres. Il ne craignait pas l'obscurité. Mais être enfermé tout seul dans cet endroit désert, plein de gaz mortel, où l'eau de mer s'engouffrait comme un torrent, c'était une autre paire de manches.

Preminine prit à droite, puis monta les trois marches vers le poste de contrôle du réacteur, à l'extérieur de la pièce isolée par le blindage. Le faisceau pâle de sa lampe balayait le tableau de contrôle.

Dans les deux réacteurs, la pression du liquide refroidisseur était nulle. Le flux de liquide réfrigérant, presque nul. La température du premier réacteur commençait tout juste à baisser. Celle du second VM-4 était hors mesure. L'aiguille était bloquée dans le coin supérieur droit, tout au fond de la zone rouge. A quel point? Combien pouvait-il bien faire, là-dedans? Sans doute pas loin de la température de fusion. Preminine pensa aux hommes qui attendaient dans le compartiment huit. Soixante de ses camarades, dont quatorze hommes sans connaissance. Trois morts, déjà. Ils mourraient tous si cette saloperie incandescente radioactive rongeait le pont et entrait en contact avec l'eau de mer froide. Tout le monde comptait sur lui, maintenant. Belikov, Pchenitchni, et surtout le capitaine Britanov. S'il ne le faisait pas, personne ne le ferait.

Tout reposait désormais sur les épaules du mécanicien de deuxième classe Serguei Preminine.

Il vit le *kashtan* qui se balançait au bout de son cordon.

— Capitaine? Matelot Preminine. Je me trouve au poste de contrôle du réacteur, compartiment sept. (Il communiqua à Britanov les chiffres qu'indiquaient les cadrans.) J'y retourne, maintenant.

— Vous pouvez y arriver, Serguei, lui dit Britanov.

Son ton inquiet suggérait qu'il n'en était pas sûr.

— Oui, monsieur. Je vais le faire.

Preminine se dirigea à tâtons vers la petite écoutille, qu'il déverrouilla. La porte d'acier s'ouvrit à la volée et claqua contre la cloison, comme si quelqu'un avait été enfermé à l'intérieur et poussait de toutes ses forces pour sortir. L'air sous pression siffla dans l'ouverture, puis ce fut le silence.

Derrière l'écoutille, c'était l'enfer. L'air lui brûlait les genoux à travers le caoutchouc, à travers le plomb, à travers tout. Il se glissa dans la petite ouverture, et se retrouva dans le local des réacteurs.

Il se redressa. Il était à trois pas du réacteur tribord. Il introduisit la clef à pipe dans le dôme et se mit à pousser.

Tout en travaillant, Preminine devait chercher sa respiration. La pression de l'air s'exerçait sur ses oreilles. Il entendait comme un crépitement. Il déglutissait sans cesse. Sa bouche et sa gorge étaient sèches comme le sable du désert.

Le premier caisson couina en s'abaissant. Il répéta l'opération pour le second, puis pour le troisième. Il avait la tête qui tournait, au point d'avoir l'impression de flotter. Il réalisa qu'il haletait de plus en plus, comme un poisson qu'on aurait sorti de l'eau. Il baissa les yeux : la première cartouche d'oxygène était vide. Il inspira profondément.

Il dévissa et jeta la cartouche. Il retint son souffle, le temps de fixer la seconde et dernière cartouche. Les filetages ne correspondaient pas. Ils se bloquaient, s'emmêlaient. Ses oreilles commençaient à le picoter, sa gorge le brûlait, une impulsion perfide, au fond de ses poumons, lui criait : *Respire !*

Il fallait raccorder la seconde cartouche. A l'extérieur du masque, le poison tournoyait dans l'air. Il arracha la cartouche métallique de son enveloppe et lentement, posément, avec tout le calme dont peut faire preuve un homme en train de suffoquer, il la vissa sur l'extrémité de son tube d'arrivée d'air.

Les filetages correspondaient, cette fois. Il serra très fort, puis inspira une petite gorgée d'air.

Quelque chose lui déchira la gorge. Comme s'il respirait du verre pilé. Cette sensation bizarre descendit jusqu'à ses poumons, puis s'évanouit.

Il revint au réacteur. Il introduisit la clef à pipe dans le quatrième et dernier caisson. Il dut pousser de toutes ses forces. Dans son village natal, il y avait un puits collectif à l'ancienne, qui fonctionnait grâce au cheminement régulier d'un vieux cheval attaché à l'axe de la pompe. Le cheval marchait, un tour après l'autre, indéfiniment. Mais il n'allait jamais nulle part.

Sergueï Préminine se trouvait dans la même situation — sauf qu'il était attaché à un réacteur nucléaire de quatre-vingt-dix mégawatts. Il tournait en rond, autour de ce dôme d'acier brûlant. Sa combinaison était marquée de taches noires, et non plus d'argent. A travers son masque, il sentait le caoutchouc brûlé. Le tuyau d'arrivée d'air était percé. Les trous laissaient passer l'odeur d'amande amère. S'il respirait trop profondément, la brûlure aiguë, au goût de verre, pénétrait ses poumons. Le moindre souffle était douloureux. Mais un peu de poison valait mieux que la suffocation. Il y avait une chose qu'il n'avait avouée à personne. Ni au bureau de recrutement de la marine ni, surtout, à ses camarades à bord du *K-219*. Il souffrait de claustrophobie. La peur d'être pris au piège. Il détestait les ascenseurs. Dès que les portes se fermaient, son corps se couvrait de sueurs froides.

Eh bien, là où il se trouvait maintenant, il faisait trop chaud pour transpirer. Même si les cloisons d'acier se refermaient sur lui, dans cette atmosphère épaisse, brûlante, et mortelle.

Il tournait sans relâche. Encore combien de tours ? Plus beaucoup, sans doute. Puis il pourrait quitter cet endroit, ce four. Les portes s'ouvriraient. Il échapperait à ce piège.

Britanov attendait dans le poste central avec Kapitulski. Ils étaient depuis trop longtemps sans nouvelles de Preminine.
— Sergueï ? appela-t-il dans le *kashtan*. Est-ce qu'ils sont éteints, Sergueï ?
— Sans doute, dit Kapitulski. Ce n'est jamais aussi long. C'est impossible.
L'interphone ne leur apporta aucune réponse.
— Démarrez le générateur diesel avant, dit Britanov. Nous allons avoir besoin de toute la puissance qu'on pourra en tirer.
— Compris.
L'ingénieur propulsion partit vers l'avant pour lancer le générateur d'urgence.
— Capitaine ? (C'était l'opérateur radar.) L'avion nous survole, maintenant. Il tourne au-dessus de nous.
— Sergueï ! cria Britanov dans le micro. Votre rapport !
Toujours rien.
— Capitaine ? C'est Pchenitchni, dans le huit. Avez-vous des nouvelles de Preminine ? Nous ne savons rien depuis qu'il est entré là-dedans, et notre interphone n'est pas relié au sept. (Pchenitchni pouvait communiquer avec le poste central, mais pas avec Preminine.) Il n'a que deux cartouches. Est-ce qu'il a coupé le réacteur ?
— Nous n'en savons rien, dit Britanov.
On entendit les raclements et les cliquetis du générateur diesel avant.
— Allumé le coucou principal en position de soutien, annonça Krasilnikov.
Dans le poste central, les lampes clignotèrent, puis redevinrent plus vives.
L'interphone craqua, puis grinça. Une voix faible retentit dans le haut-parleur.
— Capitaine ?
— Pchenitchni ?
— Matelot Preminine.
— Sergueï ! Où êtes-vous ?

— Camarade capitaine, le...
La voix s'évanouit.
— Sergueï ! Que se passe-t-il ?
— Capitaine, les réacteurs sont éteints.
Britanov réalisa qu'il avait retenu son souffle. Il relâcha sa respiration dans un long sifflement, tandis que les acclamations s'élevaient dans le poste central.
— Je m'apprête... à sortir.
— Bravo, Sergueï ! dit Britanov. Vous êtes un héros. Comment vous sentez-vous ?
— Il fait très chaud. Je suis sur ma dernière cartouche d'oxygène.
— Alors dépêchez-vous de sortir de là !
Le silence se fit dans l'interphone.
Britanov appela son navigateur :
— Genia ! Veuillez informer Moscou que nos réacteurs sont éteints. Il n'y a pas de danger.
— A vos ordres !

Centre d'action d'urgence, Moscou

Le capitaine Antonov se livra à une enquête discrète. Il découvrit que l'amiral Novoïstev avait bel et bien donné l'ordre de parachuter du matériel respiratoire. Deux long-courriers Iliouchine étaient en route. *Au moins aura-t-il fait cela,* se dit-il.
Un agent des communications lui apporta une feuille de papier.
— Un message du *K-219*, monsieur.
Antonov lut ce dernier message. Il eut un sourire. Puis il vit l'heure. Il se leva si brusquement qu'il renversa sur la table bien cirée un verre de thé brûlant. Il n'y fit pas attention. L'amiral de la flotte Tchernavine allait faire son rapport à Gorbatchev.
Et Gorbatchev devait savoir que les réacteurs du *K-219* — ainsi que l'Amérique — étaient saufs.

La Maison-Blanche

— Nous avons sorti une unité du VQ-2, dit le capitaine Herrington. (VQ-2 était l'escadron spécial attaché aux services de renseignement de la marine, basé à Oceana, juste devant Norfolk.) Il tourne au-dessus d'eux, pour le moment.

Herrington était en ligne avec le commandant Bohn, de la Situation Room. Il visionnait les images vidéo, expédiées par satellite, d'un EP-3 Orion de l'US Navy. L'avion de patrouille tournait au-dessus d'un sous-marin. Le gros cigare noir et fumant dansait sur l'eau, en présentant son flanc à la houle montante.

Il a perdu toute sa force de propulsion, et, d'après l'aspect de ses barres de plongée, il n'a plus d'hydraulique non plus. (Les deux barres fixées de part et d'autre du kiosque pointaient droit vers le haut et le bas.) Quoi de neuf de votre côté ?

— L'amiral Poindexter se prépare à informer le président de la situation. Il revient exprès de Camp David. Weinberger doit être au courant maintenant. Il est à bord d'*Air Force Two*.

— Qui l'accompagne ?

— La ménagerie habituelle.

— Bon Dieu, j'espère qu'il sait ce qu'il ne doit pas donner en pâture aux fauves.

Bohn savait que le danger était réel. Caspar Weinberger était enfermé avec une horde de reporters en route pour la Chine. Il aurait du mal à résister à la tentation de leur parler du sous-marin américain qui observait les événements au large des Bermudes. Il aurait du mal à y résister, parce que ça ferait les gros titres des journaux, et que ça ne manquerait pas de flanquer la pagaille au sommet de Reykjavik.

— Dites-moi ce que vous voyez d'autre.

— En tout cas, Ivan a un problème de taille, dit Her-

rington. Cette fumée prouve qu'il y a un incendie à bord. Un des silos à missile est foutu. C'est de là que vient la fumée.
— Et les missiles ?
— Il lui en reste quinze. Vous savez, je parie que beaucoup de gens sont loin de s'imaginer que les Russes sont capables de traîner si près de nos côtes.
— Il aura fallu que l'un d'eux jaillisse à la surface comme un bouchon de liège. Aucune autre écoutille n'est ouverte ?
— Non. Mais... (Herrington s'interrompit, car un de ses assistants lui tendait une feuille de papier.) On m'apporte un message radio du *K-219*, qu'on vient tout juste d'intercepter.
— Le *K-219* ? C'est le nom de ce *boomer* ?
— Je ne vous l'avais pas dit ? Excusez-moi. En tout cas, il émet en clair. Il demande qu'on lui largue certains produits d'urgence... La bonne nouvelle, c'est qu'ils ont pu couper leurs réacteurs.

Bohn connaissait les Russes depuis assez longtemps pour ne pas prendre tout ce qu'ils disaient pour argent comptant.
— Vous pensez que c'est vrai ?
— Peut-être. Nous leur envoyons le Renifleur de Patrick qui effectuera quelques prélèvements d'air, juste pour le cas où...

Le Renifleur, de la base aérienne de Patrick, était un avion-cargo NC-135 spécialement équipé pour détecter les retombées radioactives des essais atomiques.
— Nous mettons aussi une unité de surface sur pied d'intervention. Le *Powhatan*.
— Le *Powhatan* ? Connais pas.
— C'est un remorqueur de haute mer. Il appartient au Military Sealift Command, mais nous avons le droit de l'utiliser.
— *Qu'est-ce que*.... Vous n'êtes pas en train de me dire que nous pourrions remorquer le *boomer* jusqu'à un port ?
— Pour le garder ? Certainement pas. Mais je ne ver-

rais aucun inconvénient à le leur emprunter pour quelque temps. Et *ça, commandant, ça reste entre nous.*
— Je comprends.
— Bien. Je vous tiens au courant.
La communication s'interrompit. Bohn raccrocha. Il connaissait certains détails de la façon dont on avait récupéré un sous-marin soviétique perdu. Comment la CIA avait construit le *Glomar Explorer* avec des fonds occultes, comment elle avait renfloué l'épave et en avait extrait un tas de choses intéressantes. Pas seulement techniques, d'ailleurs. Il y avait aussi des cadavres. Comparé à cela, remorquer ce sous-marin endommagé, le *K-219*, dans un port américain, serait un jeu d'enfant. Ce serait aussi beaucoup plus dangereux. Non seulement pour les marins américains qui l'aborderaient, mais aussi pour la zone environnant les docks. Et que feraient les Russes ? Un de leurs sous-marins stratégiques amarré à Norfolk ? Les types du renseignement américain crapahutant à bord pour y trouver Dieu sait quoi ? Et ces quinze fusées, avec leurs trente ogives... Est-ce qu'on se contenterait de les leur rendre, en sachant qu'ils s'empresseraient de les braquer de nouveau sur nous ? *Les Russes vont être fous furieux!*
— Bon Dieu, dit-il à voix haute. *Et si c'était le but recherché ?*
Le sommet de Reykjavik avait lieu la semaine suivante. Une foule de cols bleus s'opposaient à toute forme de traité de contrôle de l'armement. Des hommes qui s'inquiétaient, à juste titre, que les forces navales onéreuses puissent être obligées de supporter d'importantes coupes budgétaires.
Un destroyer avec un équipage entraîné aux opérations spéciales. Un remorqueur prêt à intervenir. Le commandant Bohn se dit qu'il n'y avait pas de moyen plus radical de saborder le sommet que de s'engager dans une opération que les Russes assimileraient à de la piraterie de haute mer.

A bord de l'USS *Augusta*

— Sonar ? A quelle distance sommes-nous du *boomer* ? Quelle position ?
— Quatre milles, relèvement un-quatre-deux inchangé. Il est en surface, par le travers de la houle. J'entends le clapotement de l'eau sur sa coque.
— Vitesse ?
— Toujours immobile sur l'eau.
— Très bien, dit Von Suskil. Remontez à l'immersion périscopique. Machines avant lentes.
Puisque l'ennemi était immobile sur l'eau, il était inutile de continuer à se cacher. Si quelqu'un approchait, ce serait une autre histoire. Mais, pour le moment, ils étaient seuls au milieu de l'océan, sous le soleil du matin. Un sous-marin d'attaque américain et un *boomer* rouge au beau milieu de son collimateur. Ce n'était même pas un bon exercice de ciblage.
— Immersion périscopique, dit le second.
— Faisons un balayage ESM.
Le périscope de recherche glissa hors de son habitacle. A son sommet, se dressait l'antenne ESM du navire. Elle détecta immédiatement les émissions radar caractéristiques d'un avion de patrouille P-3 Orion de l'US Navy.
— Radar actif, capitaine. Avion au-dessus de nous. Estimation : Papa Trois. Si nous sortons le périscope, il va certainement nous voir.
Pour un commandant de sous-marin d'attaque — a fortiori un commandant *agressif* — , tous les navires de surface étaient des cibles, et tous les avions, quelles que soient leurs couleurs, étaient des ennemis. Mais même si cela allait contre les goûts et la formation de Von Suskil, le message qu'il avait reçu de Sublant ne lui laissait pas beaucoup de marge de manœuvre.
— L'avion nous appelle, capitaine.
— Passez-le sur le haut-parleur.

— ... finger Deux Trois, pour identification, au-dessus de vous. Me recevez-vous, César ?

Quelqu'un tendit un micro à Von Suskil.

— César vous reçoit cinq sur cinq. Lima Delta Sierra. Authentifiez.

— Ici Goldfinger Deux Trois. Golf Yankee Victor. Nous sommes un Echo Papa Trois, basé à Oceana, les pieds au sec quand démarre la *happy hour* de Breezy Point. A vous.

— Bien reçu, Goldfinger. Allez-y, délivrez votre message.

— Goldfinger Deux Trois, intention faire quelques passages à basse altitude sur l'objectif. Nous ferons cinq tours sous le vent et prendrons des échantillons, pour le cas où la cible serait chaude. Garderons cette position pendant les quatre heures qui viennent. Ma relève me sera signifiée par le VP-5, indicatif Top Hand Quatre Zéro. A vous.

— Bien reçu, dit Von Suskil. César se tiendra à distance dans le quadrant nord-est. Limiter les échantillons Julie et Jezebel aux quadrants ouest seulement. Je répète : limiter les échantillons aux quadrants ouest seulement. A vous.

— Compris, quadrants ouest pour les largages, César. Je vous informe que l'USNS *Powhatan* se trouve à sept zéro milles au nord-ouest, et qu'il se dirige vers nous. Il y a aussi un troupeau de cargos qui galope en ce moment dans votre direction.

— Nous le savons, dit Von Suskil.

— Je n'en doute pas. Ici Goldfinger Deux Trois, sur cette position. Appelez sur la fréquence balise si vous avez besoin de quoi que ce soit. Terminé.

— Eh bien, dit Von Suskil à son second. Ça devient intéressant, non ?

— Oui, monsieur.

Le second savait qu'ils avaient reçu des ordres sensibles, directement de CinClantFlt. Ils étaient adressés au

seul capitaine Von Suskil, qui n'avait pas jugé utile pour le moment d'en faire part à quiconque.
— Sortez le périscope de recherche.
Le périscope sortit à pleine hauteur. Von Suskil prit les poignées et fit pivoter l'oculaire de façon à regarder droit sur le sous-marin. Il enclencha la puissance douze, le maximum.
— Là, dit-il au second. Jetez un coup d'œil.
Le second saisit les poignées à son tour, et regarda dans l'oculaire.
Le sous-marin stratégique soviétique était très bas sur l'eau. La houle faisait rouler violemment son kiosque. Le soleil, bas sur l'horizon, rendait sa coque noire encore plus sombre.
— Il est pilonné par la mer, dit l'officier.
— Vous voyez le pont aux missiles ?
Il fit pivoter légèrement les poignées, et laissa échapper un sifflement.
— De la fumée. Il brûle toujours. Elle est d'une drôle de couleur, d'ailleurs.
— Pourpre. Il est très bas sur l'eau, aussi. Vous avez remarqué ses lumières ?
Ces orifices percés dans les flancs du sous-marin recrachaient l'eau de mer qu'ils avaient engloutie. De temps en temps, une vague recouvrait même le renflement incliné du pont aux missiles.
— Oui, monsieur. Il est vraiment très bas, si l'on considère qu'il a purgé tous ses ballasts pour remonter.
— Il prend l'eau par cette écoutille, je parie. Un plaisantin. Ça lui fera les pieds.
Le second se dit que Von Suskil avait l'air un peu trop satisfait. Il y avait des hommes dans ce navire. Des sous-mariniers. Et il y avait des morts, cela ne faisait aucun doute. Pour le capitaine de corvette David Samples, le *K-219* avait cessé d'être un ennemi. C'étaient des marins qui avaient des ennuis.
— Ici sonar. J'ai une cible en surface, relèvement zéro-un-zéro, à trente milles. Il se dirige vers nous à douze

nœuds. Fait autant de bruit qu'un cargo. J'ai peut-être un autre contact en surface, à quarante-six milles, relèvement zéro-trois-neuf. Vient vers nous, lui aussi, mais plus rapide. Vitesse estimée dix-huit nœuds.
— Sonar, qu'avons-nous sur le Delta au sud ? Red One ?
— Il s'approche, lui aussi, monsieur. Mais il va sacrement plus vite. Et il fait un boucan de tous les diables. Comme s'il se fichait qu'on sache qu'il est là.
— Il n'arrivera pas à temps.
Von Suskil eut un sourire. Ce sabot, ce minable Yankee était en feu, au ras de l'eau, ses machines mortes. Vous parlez d'une prise. Comme jadis, quand on remorquait les navires ennemis au port pour les dépiauter. Il se demanda comment ils s'y prendraient pour le garder à l'insu du monde. Mais s'en soucieraient-ils vraiment ? Von Suskil préférerait un Alfa pour s'amuser un peu. Ces gros cigares à coque en titane étaient capables de filer presque aussi vite qu'une torpille Mark 48. Cela dit, remorquer un Yankee, ce n'était pas rien. Les gens du renseignement auront gagné leur journée, surtout s'il le récupérait avec ses documents codés intacts.

Les ordres de CinClantFlt étaient clairs :
IMMÉDIAT
DE : CINCLANT
041630Z OCT 86
A : USS AUGUSTA
BT
CONFIDENTIEL
POUR VON SUSKIL SEULEMENT
1. PRENEZ COMMANDEMENT GROUPE D'INTERVENTION 29.1
USS *AUGUSTA* TU 29.1.0
USNS *POWHATAN* TU 29.1.1
CO VQ-2 NAS *NORFOLK* TU 29.1.3
CO VP-5 NAS *BRUNSWICK* TU 29.1.4

Jim Von Suskil recevait le commandement d'une force d'intervention assez hétéroclite. Ce n'était pas rare, dans un monde où il y avait si peu de navires et tant de missions à accomplir. Mais ce qu'il devait faire était nouveau, et ça l'excitait.

2. EFFORCEZ-VOUS DANS LES LIMITES DU RAISONNABLE D'EMPÊCHER LE REMORQUAGE OU LE SAUVETAGE DE RED TWO
Quelqu'un, au quartier général, voulait ce Yankee. Pour le tripatouiller, pour lui arracher ses secrets. On voulait le navire, et on lui confiait une liberté élargie quant au choix des méthodes :

3. TOUS LES MOYENS DISCRETS, À L'EXCLUSION D'UNE ACTION HOSTILE, SONT PAR CONSÉQUENT AUTORISÉS
Tous les moyens discrets, sauf une action hostile, se dit Von Suskil. Il était capable de lire entre les lignes. Avec de tels ordres, le capitaine de l'*Augusta* savait que s'il échouait, s'il était exposé, ses faits et gestes seraient reniés et sans doute condamnés par la marine et le gouvernement. Mais il en fallait plus pour le faire ralentir.

Il n'avait pas oublié cet instant où ils l'avaient dupé, sous la strate. Ce simple petit *ping!* qui le faisait encore rougir quand il y pensait.

Eh bien, la chance avait tourné. D'une façon ou d'une autre — que ce soit au bout d'un câble de remorque tiré par le *Powhatan* ou autrement (suivant le bon vouloir de Von Suskil) —, Red Two ne rentrerait jamais chez lui.

A bord du *K-219*

Preminine remonta lentement l'échelle menant au niveau supérieur du compartiment sept. Il savait qu'il avait fait quelque chose de très important. Peut-être la chose la plus importante de sa courte existence. Il avait sauvé ses camarades de bord, son capitaine... Il leur avait sauvé la vie. S'ils avaient de la chance, il avait peut-être sauvé le *K-219*. Un échelon après l'autre, il montait. La chaleur ne le gênait plus autant, mais sa gorge le brûlait terriblement. Il se demanda quel genre de médaille ils allaient lui offrir. Il savait qu'elle aurait fière allure sur son uniforme de cérémonie. Il se vit entrer au bar, à Gadjievo, l'ordre de l'Etoile rouge autour du cou !

Arrivé au sommet, il jeta un dernier regard vers le bas, vers l'obscur fond de cale du compartiment des réacteurs. Puis il se tourna vers l'écoutille qui menait au compartiment huit, à l'air frais, aux visages rayonnants des hommes dont il avait sauvé la vie. Quelqu'un aurait sûrement une bouteille, ils l'ouvriraient et la passeraient à la ronde. Il n'était plus le « bleu ». Il était devenu un des leurs.

Il empoigna le volant pour débloquer le panneau d'acier. Quand on le tournait, les doigts métalliques placés autour de l'écoutille se rétractaient, permettant ainsi au battant de pivoter vers l'intérieur. Le volant tourna, les verrous se rétractèrent. Il tira.

L'écoutille refusait de bouger. Preminine se pencha sur le volant, s'assura que tous les verrous étaient bien tirés. Puis il essaya de nouveau. Toujours rien. Est-ce qu'ils l'avaient enfermé ? Est-ce qu'ils avaient bloqué la porte de l'extérieur pour être sûrs qu'il exécuterait sa mission, qu'il couperait ce damné réacteur ? Il avait toujours la grosse clef de fer. Il en donna de grands coups sur le battant, puis tira violemment sur la poignée. L'écoutille semblait soudée en position fermée.

Sur la cloison, il aperçut un *kashtan*. Il s'en empara.

— Central ? Ici Preminine. Impossible d'ouvrir l'écoutille pour retourner dans le huit.

Sa voix était étonnée, pas du tout paniquée.

— Sergueï, lui dit Britanov, vous êtes certain que tous les verrous sont libérés ?

— Elle est bloquée.

L'officier de la sécurité Pchenitchni entendit les coups de la clef sur l'écoutille. Il n'entendait pas Preminine, mais les réponses de Britanov étaient retransmises dans tout le navire par le réseau de haut-parleurs.

— Capitaine ? dit-il. Dites à Preminine d'ouvrir le volant à fond. De notre côté, nous essaierons d'ouvrir

l'écoutille en poussant. Elle doit être déformée par la chaleur.
Britanov relaya le message. Pchenitchni ordonna aux cinq hommes les plus vigoureux d'enfoncer l'écoutille à coups d'épaule.
— Allez-y !
Ils poussèrent en ahanant. Rien. On entendait toujours, de l'autre côté, un violent martèlement. Preminine frappait le métal avec sa grosse clef à pipe.
— Allez-y !
Cette fois, les cinq hommes se jetèrent littéralement sur le panneau. Il ne bougea pas d'un millimètre.
— Sergueï ! Regardez très attentivement, dit Britanov. Etes-vous sûr que tous les verrous sont débloqués ?
Sa poitrine se soulevait par saccades. Ce qui tout à l'heure demandait un souffle en exigeait deux, maintenant. Comme s'il respirait dans une paille qui devenait de plus en plus fine.
— Oui... Ils... Ils sont... ouverts.
— Ne vous en faites pas. Nous allons vous sortir de là. Tenez le coup. Sergueï ?
— Je... me... sens... faible...
— Sergueï !
— ... presque... évanoui...
— Pchenitchni ! dit Britanov. Vous devez ouvrir cette écoutille *sur-le-champ !*
Pchenitchni envoya un homme chercher un étançon dans un dépôt de matériel. L'appareil était constitué d'un tube d'acier de près de deux mètres de long avec, à chaque bout, des extensions que l'on étirait à l'aide d'une manivelle. Conçu pour les étayages d'urgence en cas d'avarie, il devait pouvoir exercer une pression énorme sur une écoutille récalcitrante.
Les coups sur le panneau étaient de plus en plus faibles. Pchenitchni aida à installer l'étançon, puis il le tint en position tandis qu'un costaud actionnait la manivelle.

Sous la pression croissante, la porte fit entendre quelques craquements.

— Allez-y, continuez ! hurla-t-il.

Les craquements se transformaient peu à peu en grincements. De l'autre côté de l'écoutille, on n'entendait plus rien.

Plus la pression de l'étançon montait, plus il était difficile de tourner la manivelle. La cloison où il s'appuyait ployait à vue d'œil. Mais l'écoutille refusait d'obéir.

— Vous l'avez ouverte ? demanda Britanov.

— Non, capitaine, répondit Pchenitchni. Quelque chose la bloque pour de bon.

— Ce doit être un problème de pression, capitaine, intervint Krasilnikov, le chef mécanicien. Le sept est pressurisé, contrairement au huit. Ils poussent donc contre des tonnes de pression différentielle. A moins d'équilibrer la pression des deux compartiments, ils n'y arriveront jamais. Il faut pressuriser le huit ou purger le sept.

— Le sept est plein de gaz mortel.

— Compris. Je vais pressuriser le huit.

— Pchenitchni, nous allons égaliser la pression dans le sept et le huit, dit Britanov. Krasilnikov pense que le problème vient de là. Préparez-vous à entrer.

— Vous avez des nouvelles de Preminine, capitaine ?

— Non. Soyez parés !

Krasilnikov actionna quelques commandes sur le tableau principal du système de circulation d'air. Il hocha la tête. Les lampes faiblirent : les pompes à air tiraient sur les générateurs électriques de secours.

— Arrêtez !

— Sergueï ?

— Arrêtez les pompes ! (C'était Pchenitchni.) Le gaz ! Le gaz entre ici !

Dès l'instant où les conduits avaient commencé à introduire de l'air dans le huit, l'âcre fumée brune avait envahi la galerie où attendaient les soixante hommes.

Krasilnikov stoppa les pompes. Il regarda Britanov.

— Capitaine...
Preminine !
— Sergueï ! Comment vous en tirez-vous ?
Pour toute réponse, il n'y eut que le déclic du micro.
— Ecoutez. Pouvez-vous actionner le système de ventilation de votre côté ?
Un déclic.
— Bien ! Ouvrez la première et la deuxième valve, côté tribord de l'écoutille. Cela purgera, vers l'extérieur du sous-marin, l'endroit où vous êtes. Dès que ce sera fait, ils pourront entrer pour vous récupérer. Vous en êtes capable ?
Un autre déclic.
Britanov attendit aussi longtemps qu'il put. Puis il reprit :
— Sergueï ? Vous y êtes arrivé ?
La voix du jeune matelot retentit dans les haut-parleurs du navire. Tout le monde, à bord du *K-219*, l'entendit distinctement.
— Ils sont bloqués.
Un long soupir. Puis quelque chose qui ressemblait à un reniflement. Comme si Preminine pleurait.
— Sergueï ? Répondez-moi.
Rien. Pas même un déclic.

Preminine s'effondra contre la cloison. Il n'avait plus d'oxygène. La vessie de caoutchouc était vide. Ses narines expulsaient l'écume qui remontait de ses poumons brûlés par l'acide. Le masque lui irritait le visage. Sa peau le cuisait, à cause du feu électrique des cellules à l'agonie. Il lâcha la lourde clef à pipe. Le bruit qu'elle fit en heurtant le pont résonna dans le compartiment désert. Il les avait sauvés. Sergueï Preminine, le fils d'un simple fileur de lin, avait sauvé un sous-marin nucléaire et son équipage.
Il avait tellement de mal à lever le bras. Il crut un instant qu'il tenait encore l'énorme clef à pipe. Mais sa main

était vide. Elle flottait dans son champ de vision de plus en plus étroit, juste au-delà des verres troubles, salis par la sueur, de son masque. Piégé. Dans le masque. Piégé.

Mais il y avait une issue. Il le savait. La sortie du piège. Il saisit le masque de caoutchouc, et tira de toutes ses forces. Il l'arracha. Il inspira légèrement, pour faire un essai. La brûlure empira. Ses narines expulsèrent une écume verte bouillonnante. C'était presque fini. Il n'y avait aucune raison de prolonger cela. L'air sentait une odeur bizarre — un mélange de gaz ionisé, d'amande amère, d'huile de machine chaude. Un rugissement lui envahit les oreilles. Il essuya l'écume sur son visage. Il regarda le panneau d'acier, puis ouvrit la bouche toute grande. Il inspira une profonde goulée de poison et attendit que son âme se libère.

— Sergueï, répondez-moi.

Pas de déclic.

— Sergueï ? Répondez-moi.

Kapitulski revint du poste de commande principal des machines. Il se tint à côté de Britanov et Krasilnikov. Il essaya d'imaginer quelque chose, n'importe quoi, qu'ils pourraient tenter pour sauver Preminine.

— Capitaine ? Nous avons des problèmes, ici.

C'était Pchenitchni.

— De quoi s'agit-il, cette fois ?

— Les conduits. Le gaz continue de passer.

Krasilnikov secoua la tête.

— Tout est coupé, capitaine. Il est impossible qu'il y ait des fuites, sauf si les canalisations sont esquintées.

— Nous allons essayer d'inverser la pression, dit Britanov. Assurez-vous que tout le monde a sa cartouche d'oxygène.

— Capitaine, nous n'avons plus aucune cartouche d'oxygène.

Britanov se tourna vers ses deux amis, Kapitulski et Krasilnikov. Ils connaissaient jusqu'au moindre recoin du

K-219. Il lut leurs pensées. Il savait quel ordre il devait donner maintenant.
— Capitaine ? dit Aznabaïev. Un message du cargo *Féodor Bredkine*. Il sera là dans un peu plus d'une heure.
Britanov décrocha le *kashtan*.
— Pchenitchni ? Conduisez les hommes à l'arrière, au compartiment dix. Préparez-vous à évacuer le sous-marin par le sas de secours arrière. Emmenez tous les hommes, y compris les morts, et scellez les écoutilles derrière vous. Vous allez devoir faire sortir les hommes et les rassembler sur le pont extérieur. Ne laissez personne derrière vous. C'est compris ?
— Et Preminine ?
Britanov connaissait la seule réponse possible. Mais il était incapable de la donner.

11

> *Mon Dieu... Y a-t-il quelque chose que nous puissions faire pour ces types ?*
>
> Le président Ronald Reagan

On confectionna des brancards de fortune avec des étais et des draps. Quatorze hommes inconscients étaient allongés sur le pont. Belikov, l'officier des réacteurs, se trouvait parmi eux. Ainsi que Markov, le spécialiste des communications du sous-marin. Et le docteur Kotcherguine. Serguienko, l'officier politique, était trop terrifié pour parler. Il restait dans l'ombre, fixant la scène avec des grands yeux ronds, son uniforme blanc maculé d'huile, de traînées de crasse et de taches d'écume verte expectorée par les blessés.

Ceux-ci furent installés sur les litières improvisées par leurs camarades les plus solides, et enveloppés dans un drap supplémentaire. Il ne faisait pourtant pas froid. A cause des incendies électriques tout proches et de la chaleur humaine, la température dépassait 40 °C, dans le compartiment huit, et elle continuait à monter. Tout le monde se demandait à combien elle pouvait s'élever dans la salle des missiles. On ne disposait plus d'aucune donnée. La seule mesure fiable aurait été fournie par les quatorze missiles restants, s'ils avaient atteint leur point de rupture. Dans ce cas, ils auraient explosé...

Il était impossible de maintenir propre le visage des hommes empoisonnés. L'écume verte leur sortait des narines et de la bouche en bouillonnant, plus vite qu'on ne les essuyait avec un chiffon sale.

Les muqueuses de leurs poumons étaient brûlées par l'acide nitrique. L'écume était une réaction de l'organisme pour se protéger contre ces brûlures. Mais cette protection étouffait les hommes qui étaient touchés. Trois d'entre eux étaient déjà morts. Avec Preminine, cela faisait quatre. Tout le monde était parfaitement conscient — Pchenitchni en particulier — que s'ils ne recevaient pas sur-le-champ les soins adéquats, il y aurait beaucoup d'autres morts.

Alors que les hommes se préparaient à passer à l'arrière, quelques-uns se faufilèrent jusqu'à leurs couchettes pour récupérer un objet auquel ils tenaient particulièrement — un magnétophone, une photographie, une bouteille. A leur retour, Pchenitchni les recompta trois fois pour vérifier que personne ne manquait. Quand il en fut bien sûr, c'est une véritable procession de soixante hommes hagards et terrifiés qui entama son ultime retraite dans le passage étroit menant au compartiment neuf, puis au dix. Ceux qui portaient leurs camarades blessés passèrent en tête, suivis de ceux qui étaient capables de marcher, puis des sous-officiers et, enfin, des officiers.

Le compartiment dix était le dernier. Il n'y avait rien au-delà, sauf l'espace étanche séparant les coques pressurisées interne et externe, les grosses hélices de bronze, et la mer.

L'officier de la sécurité Pchenitchni prit le docteur Kotcherguine dans ses bras et le porta jusqu'au compartiment dix. Il aurait pu l'installer sur un brancard, mais il avait le sentiment de lui devoir plus que cela. Après tout, le docteur lui avait donné son propre masque, lorsque Pchenitchni suffoquait au milieu des vapeurs toxiques. Kotcherguine agonisait pour lui avoir donné une chance de s'en sortir.

Le docteur Kotcherguine n'avait pas repris connaissance, et sa peau rougeaude avait tourné au gris pâle. *Du moins respire-t-il encore,* se dit Pchenitchni. Il abandonnait trois cadavres dans le compartiment huit. Deux missiliers du quatre, et Petratchkov, l'officier missilier. Leurs corps avaient gonflé sous l'effet de la chaleur, au point qu'il était impossible de leur faire passer une écoutille. Preminine compris, ils laissaient donc quatre de leurs camarades derrière eux. Ce n'était pas bien, mais ils n'avaient pas le choix.

Même à l'échelle d'un sous-marin, le compartiment dix était minuscule. Très vite, la présence de soixante hommes dans ce cagibi rendit l'atmosphère insupportable. Dans le cadre d'une patrouille de routine, l'équipage y venait rarement. L'endroit était rempli de servomoteurs, d'activateurs hydrauliques et des arbres graisseux des hélices. Mais ils parvinrent on ne sait trop comment à s'y entasser. Ils donnaient l'impression de respirer à tour de rôle. Pchenitchni fit l'appel une dernière fois, et ordonna qu'on scelle l'écoutille du compartiment neuf.

Les hommes se regroupèrent au pied d'une échelle haute et étroite. Au-dessus de leur tête, un volant permettait de déverrouiller l'écoutille inférieure du sas de secours. Puis il y en avait une autre et, au-delà, rien... Sinon le ciel ouvert et l'air pur.

L'arrière était barré par l'épaisse cloison que traversaient les arbres de transmission des hélices. A l'avant, les locaux s'emplissaient rapidement de gaz. Les hommes étaient beaucoup trop nombreux. Si le gaz ne les tuait pas d'abord, ils allaient étouffer. Il n'y avait aucun endroit où aller, sinon à l'extérieur.

Pchenitchni mit la main devant une grille de ventilation. Le courant d'air était faible, à peine sensible. Il eut un moment de panique en se demandant si l'écoutille de secours s'ouvrirait. Si ce n'était pas le cas, ils mourraient tous.

C'était déjà arrivé. A d'autres hommes, sur d'autres navires soviétiques. Un équipage qui avait essuyé une terrible tempête s'était retrouvé piégé dans le compartiment arrière d'un sous-marin dévasté par le feu, et qui — pour une raison inconnue — refusait de sombrer. Ils s'étaient enfermés et avaient tenu bon pendant trois semaines, jusqu'à ce qu'on remorque le sous-marin dans un port. Sans lumière, sans nourriture (à l'exception de celle dont ils avaient bourré leurs poches), sans eau (à l'exception de ce qu'ils parvenaient à extraire des tuyaux qui traversaient leur prison). C'était inimaginable. Il leva les yeux vers l'écoutille.

Il redoutait de donner l'ordre. Il craignait de découvrir que leur dernière chance d'évasion s'était transformée en un piège mortel.

Un sous-officier sortit une bouteille de vodka, et la fit circuler. Quand elle passa devant lui, Pchenitchni en avala une rasade, comme tout le monde.

Ceux qui avaient peur, ceux qui étaient blessés, ceux qui étaient ivres se serraient sous l'échelle qui menait à l'extérieur. Ils attendaient que quelqu'un leur dise quoi faire.

— Regardez !

Un matelot montrait la grille de ventilation. Il s'en échappait un filet régulier de vapeur blanchâtre. Peut-être n'était-ce que de la condensation. Mais les hommes jouèrent des coudes et des épaules pour s'en éloigner le plus possible. Ils se serraient les uns contre les autres, maintenant, dans le coin le plus éloigné. Serrés comme des atomes dans un réacteur proche de son point critique. Un cri, une poussée, et quelqu'un lança un coup de poing.

— Ça suffit comme ça ! rugit Pchenitchni. Sergueï Preminine n'est pas mort pour que vous vous comportiez comme des gamins !

On sépara les combattants. Ils se lancèrent des regards furieux, mais ils renoncèrent à s'empoigner.

— L'officier de la sécurité prit le *kashtan*.

— Capitaine ? Pchenitchni. Nous sommes au pied du sas de secours.

— Tous ?

— Tous ceux qui vivent encore.

Il jeta un coup d'œil en direction du docteur Kotcherguine. Pouvait-il le considérer comme vivant ?

— Capitaine ? appela Aznabaïev. Le commandant du

Féodor Bredkine nous voit. Il veut savoir de quoi nous avons besoin.

Britanov prit une longue inspiration, puis expira lentement. Il savait qu'il n'oublierait jamais les mots qu'il s'apprêtait à prononcer. Avait-il fait tout ce qui était en son pouvoir pour sauver ses hommes ? *Comment as-tu perdu ton commandement ?* se demanda-t-il. *Avec élégance ? Avec courage ? Ou simplement « comme il fallait » ?* Il y avait au moins quatre morts. Preminine, d'une certaine manière, c'était le pire. Combien mourraient encore, parmi les blessés ? Il n'avait pas le choix. Moscou voyait peut-être les choses d'un autre œil, mais Britanov plaçait toujours ses hommes au premier rang. Avant le sous-marin. Avant la gloire de la marine. Avant sa propre carrière... quelle qu'elle fût, maintenant. Il approcha le *kashtan* de ses lèvres.

— Ouvrez le sas de secours. Rassemblez les hommes sur le pont extérieur.

Puis il s'adressa à Aznabaïev :

— Demandez à ce cargo de nous envoyer une chaloupe. Et quelques cartouches d'oxygène, s'ils en ont. Dites-lui de se préparer à accueillir des blessés.

Aznabaïev croisa le regard vide de Britanov. Il n'y avait pas que la fatigue. Il hocha la tête, et disparut en direction de la cabine radio.

— Très bien ! Vous avez entendu le capitaine !

Pchenitchni fit un signe de tête au jeune marin qui avait attiré leur attention sur le filet de vapeur.

— Déverrouillez le sas de secours.

Le matelot grimpa l'échelle à toute vitesse et agrippa le volant qui débloquait la porte intérieure.

Tous les regards étaient fixés sur lui. Pchenitchni n'était pas le seul à avoir peur de rester enfermé.

Le volant tourna.

Ouvre-toi, salopard, se dit Pchenitchni.

Le matelot poussa de l'épaule contre l'acier et lâcha un grognement. La lourde écoutille se souleva sur ses gonds. Pchenitchni inspira profondément. Le torse du matelot disparut dans le sas. C'était aussi étroit qu'une conduite d'égout. Ses cuisses disparurent à leur tour, puis ses genoux.
Vas-y!
Il y eut un bruit sourd, un claquement, puis les bottes du garçon furent hors de vue.
Des acclamations s'élevèrent dans le compartiment dix. Pchenitchni réalisa, gêné, qu'il avait lui aussi la bouche grande ouverte. Il hurlait de toutes ses forces.

A l'extérieur de la prison du compartiment dix — là-haut, sur la poupe découverte du sous-marin ballotté par la houle —, l'air était terriblement vif, si différent de celui qu'ils respiraient depuis si longtemps... Le premier matelot s'immobilisa au sommet de l'échelle et renifla prudemment. Il s'avança, le corps à demi sorti de l'écoutille.
C'était une image de rêve, une véritable carte postale. Le ciel était plein d'une vive lumière matinale, l'air était parfumé, la mer d'un bleu exceptionnel. De longues lames frappaient le sous-marin sur bâbord et le faisaient tanguer. De temps en temps, une vague plus forte inondait complètement l'arête centrale du navire, et venait frapper les bords surélevés du pont aux missiles qu'elle noyait d'écume blanche.
Un avion bourdonnait autour du sous-marin abandonné au roulis. Une forme noire se dessinait sur l'horizon : la proue d'un cargo.
A l'avant, le long du pont aux missiles, des volutes d'une vapeur jaune et d'une âcre fumée pourpre s'élevaient d'une brèche, là où il y avait eu l'écoutille d'un silo. Le vent les repoussait vers l'avant du sous-marin, presque directement sur le pont découvert. Il y avait quelqu'un, là-haut, quelqu'un qui portait un masque à oxygène. On eût dit Vladmirov, le second.

Une violente poussée venue de dessous éjecta le matelot nonchalant et le projeta sur le pont noir et humide. Les plaques de métal étaient tapissées de plaques de caoutchouc, censées rendre le sous-marin plus difficile à détecter par l'ennemi. Mais il se fichait pas mal de l'ennemi. Tout ce qu'il savait, c'est que grâce au caoutchouc, il était plus facile de marcher sur le pont.

Les hommes commencèrent à émerger du sas de secours en un flot régulier. Toujours dans le même ordre : les blessés, les matelots saufs, les sous-officiers et les officiers. Pchenitchni était le dernier. Il avait passé le corps toujours inconscient du docteur Kotcherguine à ceux qui le précédaient. Soulever ce corps vers le haut du puits, c'était comme charger un canon. Il aurait été impossible de faire passer ici le cadavre boursouflé de Petratchkov.

L'officier de la sécurité jeta un dernier coup d'œil vers l'intérieur désormais calme et désert du compartiment dix. Le pont était jonché de cartouches d'oxygène et de bouteilles de vodka vides, et de chiffons infects maculés d'un vert ignoble. Pchenitchni sentait l'odeur de la mer, qui lui venait de ce petit cercle de ciel bleu, au-dessus de lui. Il sentait aussi l'odeur, plus forte, d'amande amère, portée par bouffées par les conduits de ventilation qui couraient le long de la cloison. Mais il y avait autre chose. Quelque chose de nouveau. Pchenitchni se retourna pour regarder en bas, dans la longue galerie obscure menant vers l'avant. Qu'est-ce que c'était ?

Il fit quatre pas vers la cloison la plus proche, et avança la tête dans une galerie latérale d'où une échelle descendait vers les cales.

La fumée montait le long de l'échelle, une marche après l'autre. La fumée brune, nauséabonde, produite par l'huile hydraulique brûlante et les câbles fondus.

Inutile de se demander pourquoi il faisait si chaud. Sous ses bottes, le pont était une véritable plaque chauffante. Le feu s'était propagé dans les cales.

Une vague plus forte que les autres passa par-dessus

l'aile du sous-marin, et Pchenitchni dut s'accrocher à la cloison pour ne pas tomber. Il était temps. Il n'y avait plus rien, là-dessous. Rien sauf le feu, le poison, et les morts. Il pensa à Preminine, à ce garçon qui les avait tous sauvés, et qui était resté bloqué derrière une écoutille d'acier.

— Un navire en vue ! cria quelqu'un dans le sas de secours.

Pchenitchni courut à l'arrière, mit un pied sur le premier barreau de l'échelle, et monta vers la lumière.

Ministère des Affaires étrangères, Moscou

Il n'y avait eu aucune explication, aucun avertissement. Une simple convocation ordonnant que quelqu'un de l'ambassade des Etats-Unis vienne retirer un message destiné au président Reagan de la part du secrétaire général de l'Union soviétique, Mikhaïl Gorbatchev. Voilà pourquoi le chargé d'affaires Richard Combs et le conseiller politique Mark Remee étaient si pressés. Ils roulaient si vite dans Moscou qu'ils avaient attiré l'attention de la GAI : un véhicule de la police de la circulation moscovite s'était lancé à leur poursuite, à grand renfort de phare stroboscopique bleu. Les policiers restaient néanmoins à quelque distance de leur Chevrolet noire, mi-escorte, mi-poursuivants.

Combs ne leur accorda aucune attention. Il était persuadé que cette histoire avait un rapport avec le scandale qui agitait l'ambassade : le détachement de police militaire de la marine était sérieusement compromis avec des femmes russes dont un grand nombre (sinon toutes) travaillaient pour le KGB. Pour ajouter aux problèmes de Combs, les Etats-Unis venaient d'expulser cinquante-cinq Russes de leur ambassade à Washington. On s'attendait que les Russes, en guise de représailles, expulsent quelques Américains de Moscou. Est-ce que c'était ça, le message urgent ?

Quoi qu'il en soit, une convocation aussi soudaine n'annonçait jamais rien de bon.

Les deux Américains arrivèrent au ministère des Affaires étrangères — une masse de béton stalinienne de trente étages. Ils trouvèrent le parking diplomatique réservé. Ils se garèrent le long du trottoir, et laissèrent leurs clignotants allumés pour avertir les flics. La voiture de patrouille s'était rabattue près du trottoir, un peu plus bas. Les deux policiers les observaient de loin.

Combs et Remee montèrent quatre à quatre les marches de pierre, et présentèrent aux sentinelles leurs sauf-conduits diplomatiques. Ils furent introduits dans un couloir sombre qui puait le tabac froid, le chou bouilli et les urinoirs mal entretenus. Puis une grande Russe séduisante les emmena au quatorzième étage, au bureau du vice-ministre des Affaires étrangères, Iouri Vorontsov.

— Bonjour, leur dit-il en russe.

Une simple feuille de papier était posée sur son bureau. Le vice-ministre chaussa une paire de lunettes aux verres cerclés d'or, et prit la feuille.

Nous y voilà, se dit Combs.

« Du président de l'URSS et secrétaire général du Parti communiste, au président des Etats-Unis.

« Cher monsieur le Président,

« Le secrétaire général Gorbatchev tient à ce que vous soyez informé qu'un de nos sous-marins stratégiques lance-missiles dans l'Atlantique a souffert d'un incendie et subi plusieurs pertes humaines. Ce sous-marin est toujours en détresse, à cinq cents milles environ au nord des Bermudes. Mais la situation ne présente aucun risque de contamination radioactive, d'explosion nucléaire ni de largage accidentel de missiles. Des bâtiments soviétiques se trouvent sur place, et d'autres sont en route. »

Vorontsov leva les yeux au-dessus de ses verres. Combs prenait furieusement des notes.

— Voici, Richard, lui dit le vice-ministre en lui tendant la feuille de papier. Je vous donne l'original.
C'étaient ses premiers mots en anglais.
— Merci, dit Combs. Je l'expédie sur-le-champ.
— Voilà, dit Vorontsov.
C'était sa manière de leur signifier que l'audience était terminée. Combs et Remee quittèrent le bureau. Ils rejoignirent la voiture de l'ambassade.
La police de la circulation s'était rapprochée. Leur auto était garée devant la Chevrolet noire. Un des flics se pencha hors de l'habitacle, et pointa du doigt le panneau de stationnement interdit.
— Je vous prie de déplacer votre voiture, messieurs, leur dit Combs poliment, en russe. Vous faites obstacle à la bonne conduite des relations diplomatiques.
Il ajouta en anglais, un peu moins civilement :
— Foutez le camp de notre chemin, espèces de crétins !
Après un long moment de silence, l'auto de la GAI avança un tout petit peu, puis s'immobilisa. Il y avait juste assez de place pour laisser passer la Chevrolet. Combs envisagea un instant de la percuter. Mais il se dit qu'avec le message qui se trouvait dans sa poche, le monde avait assez de problèmes pour un samedi.

La Maison-Blanche, Situation Room

Le président Reagan écourta son séjour du week-end à Camp David. Il revint à Washington à temps pour déjeuner. L'hélicoptère des Marines se posa sur la pelouse où l'attendait son conseiller pour les affaires de sécurité nationale, John Poindexter.
Le commandant Bohn écarta le rideau de la Situation Room. Il les vit se diriger d'un pas vif en direction du bureau de Poindexter, dans l'aile est. Bohn avait un paquet de nouvelles photographies prises par un EP-3 en orbite autour du sous-marin soviétique endommagé. La

situation avait l'air vraiment moche. Un voile de fumée jaune s'échappait d'une brèche ouverte dans son pont aux missiles. Une brèche assez large pour y faire passer une Volkswagen. Les barres de plongée pointaient vers le haut et le bas, ce qui signifiait que le navire n'avait plus aucune puissance. Sur un autre cliché, on voyait un cargo qui se précipitait à la rescousse.

Il se demanda si Poindexter parlerait au président de ce projet aberrant de remorquer le navire soviétique vers un port américain.

Un assistant fit irruption dans son bureau en brandissant une feuille de papier. C'était une copie de copie : la version originale russe et la traduction en anglais du message transmis au chargé d'affaires Combs, à Moscou. Il avait été relayé par l'officier de quart au Département d'Etat, qui en avait également remis des copies au Pentagone. Il commençait à lire lorsque le téléphone sonna.

— Commandant Bohn, j'écoute.
— Poindexter. Le président veut un point sur l'affaire du sous-marin. Vous êtes prêt ?

Bohn parcourut le message.
— Oh !
— Je vous demande pardon, commandant ?
— Excusez-moi, monsieur. Oui. Nous sommes prêts. On vient de m'apporter un message. Il vient de Mikhaïl Gorbatchev.
— Un Flash ?
— Non, monsieur. Il vient du Département d'Etat.
— Nous descendons.

Bohn relut le message. *Pourquoi Gorbatchev n'a-t-il pas utilisé sa ligne directe ?* Pour nous calmer ? Pour nous endormir ? Que fallait-il lire entre les lignes ? Il fallait que *cela* arrive à quelques jours du grand sommet. Hasard, ou stratégie délibérée ? Le téléphone sonna de nouveau. C'était le capitaine Herrington, au Pentagone.

Bohn lui lut le message. Il pouvait presque sentir la chaleur se dégager de la feuille de papier.

— Ça vient vraiment de Gorbatchev ?

— Oui, capitaine, pour autant que je sache.
— Pourquoi n'ont-ils pas utilisé la ligne directe ?
— Tout le monde se le demande. Que pensez-vous de ce texte ?
— Rien d'autre qu'une opération de relations publiques. Gorbatchev ne sait pas que ces missiles sont saufs. Il n'a aucun moyen de le savoir.
— Que voulez-vous dire ?
— *Nous*, nous ignorons qu'ils sont saufs, dit Herrington. Comment Gorbatchev pourrait-il le savoir ?

Bohn sentit que le président arrivait avant même de le voir. L'air se chargea soudain d'électricité. Kathy Osborn, la secrétaire personnelle de Reagan, entra la première. Puis John Poindexter, suivi du président Reagan.

— Ceci nous parvient à l'instant du Département d'Etat, monsieur, lui dit Bohn. Un message du secrétaire général Gorbatchev, qui vous est adressé.

Reagan le lut, puis regarda Poindexter.

— Peut-être que ce type fait des progrès. Peut-être que Tchernobyl lui a appris quelque chose, après tout.

— Vous avez les photos ? demanda l'amiral Poindexter.

Il avait une manière très particulière de vous regarder comme s'il voyait *à travers* vous.

— Oui, amiral.

Bohn ouvrit le paquet de photos et les étala sur le bureau.

— En feu, avec tout ce poison tout autour. Mon Dieu... Y a-t-il quelque chose que nous puissions faire pour ces types ? demanda Reagan.

— Nous avons un navire de sauvetage en route, monsieur le président, dit Poindexter. (Il jeta un coup d'œil rapide en direction de Bohn.) Le *Powhatan*. Et une unité de marine a quitté Norfolk, avec à son bord des spécialistes de la radioactivité.

— Bien. Quand nos hommes arriveront-ils ?

— Dans moins d'une heure, d'après mes informations.

Mais notre sous-marin est déjà sur place ! se dit Bohn.

— Parfait. C'est très bien. Je veux que Gorbatchev sache que nous faisons tout ce qui est en notre pouvoir pour les aider.

L'amiral Poindexter hocha la tête sans rien dire.

Bon Dieu ! Il ne lui parle pas de notre sous-marin !

— Est-ce qu'il y a du danger, John ? demanda Reagan à Poindexter.

— Je l'ignore. Nous n'avons jamais connu une telle situation, monsieur le président.

— Est-ce que nous savons ce qui s'est passé ?

— Nous pensons qu'un de ses missiles a sauté. Il pourrait y avoir un risque de contamination radioactive. Nous faisons des prélèvements en ce moment même. Si nous en trouvons, nous devrons tenir toute navigation à l'écart de cette zone.

— Trois cargos russes sont en route, dit Bohn. L'un d'eux devrait déjà se trouver sur les lieux.

Poindexter le regarda et lâcha :

— Laissons-les s'irradier, s'ils sont si pressés. C'est *leur* merdier, après tout.

— Et le *Powhatan ?* demanda le président.

— Il est équipé pour remorquer, pour combattre les inondations et l'incendie, mais ne peut rien contre la radioactivité, dit Poindexter. Si le Renifleur revient avec des résultats positifs, nous pourrions évacuer les lieux et revoir notre position. Si c'est vraiment trop moche, nous serons peut-être contraints d'établir une zone de quarantaine autour de ce sous-marin. En guise de précaution.

Une zone de quarantaine ? Pour protéger le monde de la radioactivité, ou pour nous permettre d'emmener le K-219 hors de vue en toute tranquillité ?

— Et les vaisseaux russes ? demanda Reagan.

— Un vaisseau est capable de tenir la marée, monsieur le président, ironisa Poindexter. Mais vous pourriez tout de même exprimer votre inquiétude auprès du président Gorbatchev, et le presser de veiller sur ses gens.

Reagan hocha la tête.

— Vous rédigez cela, et vous me le faites lire avant de

l'expédier. (Il tripota encore un peu les photos. Il regarda Bohn.) Il est exact que ça a l'air d'un vrai merdier, là-bas. Proposons à Gorbatchev de lui donner toute l'aide possible. Dites-lui qu'un de nos bâtiments sera bientôt sur les lieux, et que nous sommes prêts à assister ces pauvres garçons dans toute la mesure de nos moyens.
L'amiral Poindexter sourit.
— Je ne pourrais pas mieux dire, monsieur le président.

Air Force Two, au-dessus d'Anchorage (Alaska)

Le Boeing 707 ministériel plafonnait à trente-deux mille pieds. Il faisait route au nord-ouest, en direction du détroit de Béring, puis du Japon et de la Corée du Sud. Caspar Weinberger se trouvait dans la luxueuse salle de réunion, juste derrière la cuisine de l'avant. La cabine était parfaitement isolée, et le silence était presque total. C'était beaucoup plus agréable qu'à l'arrière, dans l'entrepont, la grande cabine réservée aux journalistes accrédités. Il lut le message que lui avait apporté son conseiller pour les questions militaires, le général Gordon Fumell. Le texte était beaucoup plus complet que celui de la simple note qu'on avait fournie au président. Il était en effet élaboré grâce à des sources placées sous le contrôle personnel de Weinberger. Il y était clairement stipulé que l'explosion à bord du *K-219* avait été confirmée non seulement par le SOSUS mais aussi par un bâtiment américain en mission, un sous-marin d'attaque.
Weinberger était un adversaire acharné du sommet des superpuissances qui allait se tenir à Reykjavik. Non que ce fût une mauvaise idée de détendre les relations avec l'Union soviétique. Mais il s'inquiétait de ce que Ronald Reagan, homme accommodant et généreux, puisse leur laisser toute la boutique. Beaucoup trop de gens à Washington, de nos jours, croyaient que la guerre froide était finie depuis l'arrivée au pouvoir de Gorbatchev,

depuis que la *perestroïka* et la *glasnost* avaient le vent en poupe. Ce que tous ces gens avaient l'air d'ignorer, c'est que Gorbatchev n'était qu'un petit caillou posé au sommet d'une énorme, une terrible pyramide. Il était plus facile de déplacer le petit caillou que la pyramide. Il n'était donc pas raisonnable de promettre des coupes drastiques dans les stocks d'armement sans des garanties plus substantielles que la parole de Gorbatchev.

Weinberger s'enfonça dans son fauteuil de cuir. Le président Reagan était un homme sincèrement bon, mais il était trop pressé de placer sa confiance là où la confiance n'avait pas lieu d'être. Trop pressé de voir son nom imprimé dans les livres d'histoire. Trop pressé, au goût de Weinberger, de ne voir que le bon côté des gens. Le sommet allait opposer un vieux professionnel du Parti à un aimable vieux monsieur qui ne se méfiait pas des limites, ni des détails. Reagan allait se faire bouffer tout cru par Gorbatchev.

Il appuya sur un bouton. Robert Sims, le porte-parole du Pentagone, entra dans la cabine.

— Que la presse se prépare pour un briefing ! lui dit Weinberger.

Il plia le message de Washington et le glissa dans la poche de son veston.

Cinq minutes plus tard, il passa à l'arrière de l'avion.

— Messieurs, dit-il, je veux vous informer de certains événements tragiques qui se déroulent dans l'océan Atlantique.

Au mot *tragique*, les journalistes observèrent un silence de mort, et fixèrent le secrétaire à la Défense. Ils connaissaient les mots clefs. Ils s'attendaient à quelque chose d'énorme.

— Hier soir, un sous-marin soviétique a explosé au large de nos côtes. D'après l'enquête préliminaire, il semblerait qu'un de leurs missiles soit parti en fumée. La puissance de l'explosion était énorme.

Les questions des journalistes fusèrent.

— Y a-t-il des pertes en vies humaines ?

— Y a-t-il des émanations radioactives ?
— Quelle était la cause de l'explosion ?
— Comment savons-nous qu'il s'agit d'un missile ?
— Une question à la fois, messieurs, dit Weinberger. Certains détails nous sont fournis par un bâtiment américain qui se trouve à proximité de l'accident.
— Quel genre de bâtiment ? demanda quelqu'un.
— Quel genre ? répéta Weinberger. Il s'agit d'un de nos sous-marins. Vous savez parfaitement que je ne peux rien vous dire de plus.

Ce n'était pas la peine de le préciser.

— Est-ce qu'il est impliqué dans l'incident ?
— Les opérations de pistage présentent toujours des risques. (Ce qui était vrai.) Nous entraînons nos commandants de bord à se montrer très agressifs.
— Suggérez-vous qu'il y a eu collision, monsieur le secrétaire ?

Weinberger savait qu'il les tenait. Il n'avait pas besoin de dire un mot de plus.

— C'est notre sous-marin qui a entendu l'explosion et qui l'a signalée. Il est parfaitement normal de pister les Russes lorsqu'ils viennent si près de nos côtes. Mais je ne peux vraiment pas vous en dire plus. Vous savez comment sont les gens des sous-marins pour ce genre de détails, ajouta-t-il, l'air très sérieux. (Cela aussi, c'était vrai.) La vérité, quoi qu'il en soit, c'est que vu d'ici, c'est un vrai Tchernobyl. Dès que j'en sais un peu plus, je vous tiens au courant.

Il attendit quelques instants.

Au signal, les reporters se ruèrent vers les téléphones mis à leur disposition.

Caspar Weinberger n'avait aucun intérêt personnel à souffler sur les braises de la guerre froide. C'est pourtant ce qu'il venait de faire, et il le savait bien. Il pensait simplement que prêter son parapluie à un communiste mielleux qui vous assure qu'il ne pleuvra jamais, ce n'était pas une très bonne idée.

A bord du *K-219*

Gennadi Kapitulski monta sur le pont extérieur, les bras chargés de couvertures qu'il avait récupérées dans un coffre du compartiment trois, et d'une cartouche d'oxygène neuve pour son masque. Il savait qu'il ne faisait pas aussi froid qu'à Gadjievo, là-haut, mais les embruns et le vent pouvaient être fatals à un homme blessé ou sans connaissance, dans la fraîcheur du pont métallique.

Le soleil était intense, tropical. Rien à voir avec cet astre pâle et chétif qu'on voyait suspendu dans le ciel hivernal de Russie.

Vladmirov, l'officier en second, était déjà là-haut, avec une paire de jumelles. Sa combinaison bleue était largement ouverte sur son torse. Kapitulski s'approcha de lui. Il sentit l'étrange chaleur du soleil lui caresser le dos.

— Eh bien, pour une première patrouille... Vous vous en souviendrez ! dit-il au second.

L'air n'était pas trop mauvais, à condition que le vent chasse la fumée. Parfois, ce n'était pas le cas, et il sentait la brûlure du poison.

— Regardez !

Vladmirov lui tendit les jumelles, en pointant du doigt. Gennadi braqua l'appareil à l'est. L'image était floue. Il fit le point.

A cinq cents mètres de là, un tube gris moucheté fendait tout juste la surface de l'eau. Il apparaissait et disparaissait au rythme de la houle.

— Un périscope ?

— Il y a autre chose. Je crois que ce salopard nous a touchés.

Kapitulski se retourna. Il examina le trou béant, là où il y avait eu l'écoutille du missile. De longues entailles brillantes, fraîchement tracées dans la coque d'acier, étaient visibles à l'arrière. Ce pouvait être l'écoutille, en se détachant. Ce pouvait être autre chose. Kapitulski regarda à nouveau le périscope, puis tourna les jumelles vers le nord.

La silhouette gris foncé du *Féodor Bredkine* occupait tout le champ de vision des jumelles. Il ralentit, puis fit machine arrière pour éviter d'entrer en collision avec le *K-219*.

Kapitulski regarda à l'arrière.

Un important groupe de marins occupait toute la poupe du sous-marin. Certains s'étaient levés, d'autres arpentaient nerveusement le pont, d'autres encore étaient totalement immobiles. Quelques-uns avaient ôté leur uniforme pour s'exposer au soleil.

— Je vais voir en bas si je découvre quelque chose. Vous feriez bien de prévenir le capitaine, à propos de ce périscope.

Kapitulski attendit que le vent disperse le plus gros de la fumée, puis descendit l'échelle avec difficulté et s'avança sur le pont aux missiles proprement dit. La mer frappait par le côté le sous-marin paralysé. Ils dérivaient vers le nord, sous la poussée régulière du Gulf Stream. Il ne voyait plus le périscope. En revanche, il repéra la superstructure grise d'un second cargo arrivant au nord-est. A en juger par la taille de sa lame d'étrave, il filait à grande allure. Un quadrimoteur passait et repassait au-dessus de Kapitulski dans un rugissement répété. On le photographiait, sans doute. Il attendit qu'il revienne, puis leva le poing, majeur dressé. *Certaines langues sont universelles,* se dit-il.

Le vent tourna, et il se retrouva au milieu d'un nuage de fumée. Il retint sa respiration. Il voulait économiser son oxygène pour aller inspecter sous les ponts. Il savait qu'il était dangereux de traîner là, à contempler pour ainsi dire la gueule du volcan. Il dépassa rapidement la section endommagée, passa les écoutilles des missiles intactes, traversa la foule des hommes inquiets, et tomba sur Pchenitchni.

L'officier de la sécurité, agenouillé, était penché sur la

forme immobile du docteur Kotcherguine. Un drap recouvrait la majeure partie du corps du médecin, mais son visage était visible. Il était d'un jaune épouvantable, avec des taches vertes et rouges aux coins des lèvres et sous le nez.

Pchenitchni sanglotait, incapable de résister plus longtemps à l'état de choc. Sans cesser de pleurer, il s'empara d'un chiffon et essuya les dernières bulles vertes apparues sur la face de Kotcherguine.

Kotcherguine doit être mort, se dit Kapitulski. Il prit l'officier de la sécurité par les épaules et l'aida à s'asseoir. L'homme sentait la fumée chimique et l'amande amère. Il essaya de se relever, mais le roulis et ses propres sanglots aidant, il ne parvint qu'à ramper à côté de Kotcherguine.

— Il m'a donné son masque, dit-il entre deux hoquets. Kotcherguine m'a donné sa cartouche, alors que la mienne était vide. Il m'a sauvé la vie.

— Vous avez sauvé la vie de tous ceux-là, lui dit Kapitulski avec un geste vers les hommes qui les entouraient. (Il reconnut Serguienko, le *zampolit*. Quand leurs regards se croisèrent, l'officier politique baissa les yeux. Il n'avait pas l'air blessé. Seulement terrorisé. *Quel est son problème, à ce type ?*) Vous avez pris les choses en mains, Valeri. Vous avez sauvé votre tête, et vous avez sauvé vos hommes. Vous avez fait du bon travail.

— Non. Petratchkov, Preminine... Et deux autres. Tous en bas. Dans le poison et le feu. Et maintenant, nous allons le perdre. (Il regarda Kotcherguine.) L'homme qui m'a sauvé va mourir sous mes yeux.

Kapitulski lui donna une couverture pour recouvrir le docteur. Il en prit une autre, dont il enveloppa Pchenitchni. Il leva les yeux. Le *Féodor Bredkine* mettait à l'eau une chaloupe à moteur.

— Quelle est la situation, en bas ?

— Le huit et le neuf sont irrécupérables, dit Pchenitchni, qui avait cessé de pleurer. Le gaz commence à envahir le dix. L'incendie fait rage aux niveaux inférieurs.

— Dans le huit ?
— Dans le huit, dans le neuf. Peut-être même dans le dix. Les missiles peuvent sauter à n'importe quel moment... (En dépit du soleil, il claquait des dents.) C'est l'antre d'un dragon, là-dessous.
— Laissez-moi m'occuper des dragons, dit Kapitulski.
La chaloupe était maintenant à portée de voix.
— C'est sain ? demanda le timonier, un gros Tadjik à la peau sombre.
Kapitulski se leva et s'approcha du bord.
— C'est plus sain que là où vous êtes.
— Quoi ?
— *Bouge ton cul de là !* rugit-il. Ou je saute à l'eau et je t'étrangle de mes mains !
La chaloupe s'avança le long du sous-marin. C'était une solide embarcation de bois qui avait connu des jours meilleurs. Elle heurta la coque caoutchoutée du sous-marin, rebondit, puis revint le cogner — assez violemment pour que son timonier jette un regard nerveux à ses plats-bords. Ce sous-marin plein d'eau pouvait broyer sa chaloupe d'un seul coup de son épaule noire...
— Embarquez d'abord les douze hommes qui sont sur les brancards, dit Kapitulski.
Les marins firent une chaîne. On passa par-dessus le rebord Belikov, Markov, tous les hommes qui avaient absorbé le poison, tous ceux qui étaient sans connaissance. Kotcherguine était parmi eux.
Les brancards remplissaient la petite chaloupe.
— Parfait, dit Kapitulski. (Il fit un signe de tête à Pchenitchni.) Allez avec eux, et occupez-vous des hommes. Je reste derrière pour organiser les choses.
Il aida Pchenitchni à passer dans la chaloupe qui tanguait.
— Allez-y !
Au moment où le timonier lançait son moteur, une silhouette sauta du pont du sous-marin. Elle atterrit au milieu de la chaloupe, au risque de la faire chavirer.
Serguienko ! L'officier politique. Le *zampolit* alla se

blottir au milieu des brancards blancs. Pchenitchni le regarda avec horreur.
Kapitulski le vit, lui aussi. Leurs regards se croisèrent de nouveau. Serguienko détourna promptement les yeux.
— Camarade ingénieur ?
Kapitulski se retourna.
C'était un des sous-officiers.
— Si vous avez besoin d'aide pour descendre là-dedans, je viens avec vous.
Un autre sous-officier se joignit à lui. Il s'était muni de deux torches à l'épreuve des explosions.
— Moi aussi, monsieur !
Ce que je voudrais, se dit Kapitulski, *c'est la peau de ce zampolit*. Il était prêt à balancer le couard au fond de la cale et à sceller l'écoutille derrière lui.
— Très bien. Où sont vos cartouches d'oxygène ?
— Il n'y en a plus, camarade ingénieur.
Kapitulski avait une cartouche neuve et une autre aux trois quarts pleine. Il se dirigea vers le sas de secours et plongea le regard dans le noir. Il jeta la cartouche neuve à l'un des sous-officiers, et dit à l'autre :
— Donnez-nous les lampes et restez avec vos hommes.
Il mit son masque. Le premier sous-officier vissa la cartouche et inspira une rapide bolée d'air.
— Nous descendons.
Gennadi Kapitulski et le sous-officier volontaire s'introduisirent dans la gueule du dragon. Ils disparurent.

12

Cela vous mettait mal à l'aise. D'une part, un marin est toujours solidaire de quelqu'un qui se trouve en situation de détresse en mer. Mais je savais que ce sous-marin contenait un tas de missiles, et que trois d'entre eux portaient sans doute le nom de ma ville natale. Cela rendait les choses beaucoup moins difficiles.
Capitaine Albert Hunt,
commandant de l'USNS *Powhatan*

Gennadi Kapitulski sauta de l'échelle sur le pont du compartiment dix. Il y faisait sombre, et une chaleur étouffante y régnait. Il sentait la chaleur monter à travers les semelles de ses bottes. Pour que le pont soit chaud à ce point, il fallait qu'un véritable incendie fasse rage au niveau inférieur. Il pensa aux missiles, toujours dans leurs silos, au compartiment quatre. S'il faisait cette chaleur ici, comment était-ce dans le quatre ? Que se passerait-il lorsque les missiles de douze mètres de long atteindraient leur température critique ?

— Camarade ingénieur ?

Le jeune sous-officier l'avait rejoint. Les lampes de secours étaient presque mortes. Elles ne dispensaient plus qu'une faible lueur orange.

— Très bien. (Kapitulski balaya les lieux de sa torche.) Voyons où nous en sommes. Suivez-moi.

Ils avancèrent dans la galerie sombre et étouffante. Plus ils approchaient de la salle des missiles, plus l'air était intenable, plus le pont métallique était brûlant. Finalement, Kapitulski s'arrêta à la cloison donnant sur le compartiment huit.

— Ils sont dans le prochain compartiment, dit le *michman*. (Il avait l'air effrayé.) Petratchkov, et deux autres. Leurs corps, je veux dire... Nous n'avons pas pu les sortir. A cause de la chaleur, camarade ingénieur.
— A cause de la chaleur ?
— Et du poison. Les corps ont gonflé comme des ballons. Ils étaient tout boursouflés. Nous ne pouvions pas les faire passer par l'écoutille.
L'air était lourd, maintenant, à cause du gaz et de la fumée. Kapitulski vérifia sa cartouche d'oxygène. Elle fonctionnait toujours. Il savait qu'il avait utilisé plus d'air que le sous-officier qui l'accompagnait. Il sortit un thermomètre de sa poche, et le tint à la hauteur d'une grille de ventilation qui crachait une épaisse fumée brune. La température de l'air qui en sortait était de plus de 55 °C.
Ces fusées... Il fit demi-tour.
— Allons-nous-en.
Ils retournèrent sur leurs pas, jusqu'au dernier poste d'interphone du compartiment dix. Kapitulski prit le *kashtan*.
— Capitaine ? Gennadi, dans le dix. Vous m'entendez ?
— Je vous écoute, répondit Britanov. Qu'avez-vous trouvé ?
— Dans le huit et le neuf, la température est beaucoup trop élevée. Il doit y avoir un incendie dans les ponts inférieurs. Il semble bien que la chaleur vient d'en bas. L'explosion doit avoir détruit quelques cloisons. Peut-être l'acide a-t-il rongé les joints. Je n'ai pas pu m'en assurer.
— Le gaz ?
— Il se répand dans le neuf et le dix, à partir du huit. Si vous voulez mon avis, capitaine, les quatorze missiles peuvent péter d'une minute à l'autre. Et il n'y aura aucun avertissement, puisque les instruments sont morts. Ils vont juste...
— Je comprends. Sortez de là et verrouillez le sas de secours arrière.

— Nous sortons immédiatement, capitaine.
(Puis, sans trop savoir pourquoi, il ajouta :) Je suis désolé, Igor Anatolievitch. Je ne peux rien faire de plus ici. Sinon, je le ferais...
— Je le sais bien, dit Britanov. Je sais parfaitement que vous le feriez.
— Je raccroche le *kashtan*, capitaine. Nous quittons le dix, maintenant.

Grâce aux rapports de Vladmirov, Britanov savait que la chaloupe était en train de transférer son équipage en sécurité sur le *Féodor Bredkine*. Il savait qu'un second cargo attendait non loin de là, prêt à intervenir. Et un troisième bâtiment, un transport de véhicules, s'approchait à grande allure. *Si ces missiles explosent, nous sommes tous morts. Les hommes qui attendent encore sur le pont extérieur. Ceux qui manœuvrent les chaloupes. Peut-être même aussi ceux qui sont à bord des cargos.* Il fallait qu'il sache si les missiles risquaient vraiment d'exploser, si les incendies brûlaient toujours dans les étages inférieurs. Il fallait que quelqu'un redescende dans le compartiment quatre. Et puisqu'on ne pouvait y accéder par l'arrière, il faudrait y aller par le trois. Celui-là même où il se trouvait. Il savait que Krasilnikov allait insister pour y aller lui-même. Et si ça lui sautait au visage ?

C'est alors qu'Aznabaïev, le navigateur, apparut à côté de lui. Son large visage rond était couvert de rides et de crevasses rouges. Il saignait par endroits, là où la peau était écorchée.

Le capitaine le regarda de près.

— Qu'est-il arrivé à votre visage, Evgueni ?

Aznabaïev, nullement troublé, eut un de ses sourires habituels.

— Ce n'est rien. J'ai simplement pris le mauvais masque à oxygène. Celui de quelqu'un d'autre. Il était trop petit de deux tailles. Vu les circonstances, j'ai fait en sorte qu'il tienne.

Il se frotta la joue.

— Vous avez le visage comme un sac à linge.

— Un quoi ?

— Un sac à linge froissé.

Aznabaïev trouva la force de rire, bien qu'il fût rouge d'épuisement et qu'il eût les nerfs comme des cordes à piano.

Les hommes qui se trouvaient encore au central interrompirent leur travail pour les regarder. L'un d'eux éclata de rire. Puis un autre.

Cela rendait un son si normal, comparé aux événements de ces quinze dernières heures, que Britanov tendit les bras, l'étreignit, puis éclata de rire à son tour.

— Nous sommes vraiment fous, Genia, dit-il.

Les larmes leur inondaient les joues. Puis il lâcha son ami et recula.

— Très bien. Jusqu'à ce que je sache ce qui se passe avec ces missiles, nous continuons de débarquer tout le monde. Transmettez les signaux nécessaires à Moscou. Dites-leur que je donne l'ordre d'abandonner le sous-marin, à l'exception d'un groupe pour contrôler les avaries. Vous pouvez leur dire que les hommes vont être transférés à bord du *Féodor Bredkine* et du...

— Du *Krasnogvardiesk*, souffla quelqu'un.

— Oui. Du *Krasnogvardiesk*. Dites-leur qu'un avion de patrouille américain tourne au-dessus de nous comme un vautour, et qu'un de leurs sous-marins rôde comme une hyène. Vous savez ce qu'ils ont envie d'entendre. Notre radio fonctionne toujours ?

— Oui, camarade capitaine.

— Dites-leur que nous sommes en train de protéger tous les documents codés pour les transférer. Envoyez ça maintenant.

Britanov se redressa de toute sa hauteur.

— J'ai besoin de neuf volontaires pour rester sur le navire avec moi. Vous avez tous entendu ce qu'a dit Kapitulski. La chaleur risque de faire sauter les missiles. Je dois savoir ce qui se passe dans le quatre. Si ça ne présente aucun risque, nous nous accrocherons au plus gros de ces cargos, et nous nous ferons remorquer jusqu'à Gadjievo. Personne n'est obligé de rester s'il n'en a pas envie.

— Vous aurez besoin d'un bon mécanicien, camarade capitaine, dit Krasilnikov. En outre, je suis chez moi, ici. Je ne suis pas prêt à abandonner ce sous-marin. J'irai dans le quatre pour voir ce qui se passe. Si c'est réparable, je le réparerai. Alors nous pourrons rentrer ensemble à Gadjievo.

— Je savais que je pouvais compter sur vous, dit Britanov. Emmenez votre propre équipe technique. Tous les autres, préparez-vous à partir. Commencez à rassembler les documents codés. Tout doit être emballé dans les sacs. Je ne veux pas qu'on trouve quoi que ce soit ici après votre départ.

Les *sacs plombés* étaient de grands sacs de toile blanche lestés de barres de fer. Il fallait être sûr qu'ils couleraient, si nécessaire. Au central, les hommes commencèrent à rassembler des monceaux de cartes, de comptes rendus de communications, de routes de navigation, et les livres barrés de rouge contenant les codes de largage nucléaire. Tout cela occupa bientôt cinq, puis six, puis dix grands sacs. Britanov prit la clef d'argent qu'il portait au cou. La clef qui déverrouillait les missiles prêts à être mis à feu. Un petit objet de rien du tout, si léger, et pourtant si considérable. Il la jeta dans le dernier sac.

Il saisit le *kashtan* et appela le second sur le pont découvert.

— Vladmirov ?
— Capitaine !
— Constituez un détachement de surface pour aider à manœuvrer les toulines. Qu'on ouvre le caisson de proue, et qu'on soit paré à accrocher le grappin. Lequel de ces cargos possède le meilleur cuistot, selon vous ?

Le second hésita un instant.

— Le plus gros, c'est le *Krasnogvardiesk*, capitaine. Il

jauge sans doute dans les huit mille tonnes. Il y a aussi un bâtiment étranger en vue...
— Etranger ? Quel genre ?
— Américain. Deux cheminées, une grosse structure à l'avant. Rien à l'arrière, sauf un dispositif de halage.
— Un remorqueur...
Ils n'oseront pas, se dit-il. Mais où étaient donc les règles en matière de sauvetage en mer ? Que dirait le monde si les Américains trouvaient un sous-marin abandonné en surface, et décidaient de le garder pour eux ? Etait-il possible qu'ils aient ce culot ?
— Quelle distance, Volodia ?
— Trois kilomètres environ. Il s'est mis en attente.
Pour voir si nous sautons.
— Que le commandant du *Krasnogvardiesk* vienne au bord à bord, dit-il à Aznabaïev. Dites-lui qu'il va avoir l'occasion de remplir son devoir patriotique en nous remorquant jusqu'à Gadjievo.
— Et les missiles, capitaine ? demanda le navigateur.
— On verra cela à la maison, dit Britanov. Ou dans des eaux un peu moins favorables à nos amis américains. Chaque chose en son temps. Maintenant, envoyez le message, et soyez prêt à partir. Montez les sacs plombés sur le pont extérieur.
— Je peux rester avec vous, capitaine, objecta Aznabaïev. Vous aurez besoin de moi pour les messages radio.
— J'ai surtout besoin de quelqu'un qui détourne Moscou de mes arrières.

Le soleil de midi diffusait une chaleur accablante, presque insupportable pour des hommes habitués à la lumière artificielle et à vivre enfermés sous l'eau. Même les lampes à rayons ultraviolets du bord n'étaient pas si chaudes.
Sur le pont principal, Gennadi Kapitulski supervisait le transbordement des hommes sur les chaloupes qui faisaient la navette. Il fulminait toujours, au souvenir de

Serguienko sautant du navire. *Si je parviens à quitter ce sous-marin, je l'étrangle.*

C'est une véritable petite flottille qui se trouvait maintenant rassemblée à proximité du sous-marin fumant. Le *Féodor Bredkine* était un petit cargo à vapeur noir. Sur sa cheminée blanche crasseuse était peint le drapeau rouge et or avec la faucille et le marteau. Il brillait sous le soleil tropical.

Le *Krasnogvardiesk* était beaucoup plus gros. Il avait une superstructure blanche et brillante. Son pont était couvert de lourdes grues servant à charger et décharger ses cargaisons. Il arborait lui aussi les insignes rouge et or de l'Union soviétique.

Et puis il y avait le bâtiment américain. Bas, gris et compact, mais puissant d'apparence. Avec sa cabine de pilotage carrée à l'avant et sa poupe droite et luisante, il avait l'air d'un bouledogue à large poitrail. Le pavillon rouge et blanc qui claquait sur son mât portait les couleurs de l'ennemi.

La chaloupe à moteur du *Féodor Bredkine* cogna contre les flancs bas et inclinés du sous-marin.

— Les dix suivants !

Kapitulski appela un groupe de matelots à l'arrière du *K-219* et les fit passer dans la chaloupe.

La mer s'était un peu calmée. Du moins le roulis était beaucoup moins prononcé. Il était possible de passer du sous-marin bas sur l'eau à la chaloupe sans devoir attendre que la houle le permette.

Au moment où la chaloupe démarrait, la cheminée rouillée du cargo lâcha une bouffée de fumée noire. Les machines du *Krasnogvardiesk* se mirent en mouvement. Son hélice unique se mit à brasser l'eau, et sa proue pivota.

Où est-ce qu'il va ? Pour le savoir, Kapitulski s'apprêtait à se rendre à l'avant. Mais Krasilnikov se dirigea vers lui, en marchant avec précaution sur le pont des missiles

endommagé. Il s'arrêta pour passer un doigt dans les entailles sur les plaques du sous-marin. Il s'enfonçait jusqu'à la première phalange. Krasilnikov se redressa et rejoignit Kapitulski à la poupe.
— Où va ce salopard ? lui demanda ce dernier en montrant le cargo.
— Nous allons essayer d'accrocher une touline. Quelques hommes restent ici, dit Grand-Père Krasilnikov.
— Très bien. Je reste.
— Non. Le capitaine veut que tu passes sur le *Bredkine* pour garder un œil sur les hommes. Il dit qu'il a besoin de toi et d'Aznabaïev pour détourner Moscou de nos arrières. Aznabaïev s'occupera des messages radio, mais toi, tu es mécanicien. Ils te croiront quand tu leur expliqueras ce qui se passe. D'accord ? Parfait.

Grand-Père Krasilnikov n'était pas d'humeur à prolonger la conversation.
— Mais...
— Ce sont les ordres du capitaine.

Krasilnikov tourna les talons. Il désigna deux sous-officiers dans le groupe qui se préparait à quitter le sous-marin. Sans leur demander leur avis, il leur enfonça le doigt dans la poitrine et leur fit signe de le suivre. Ils obéirent humblement, sinon de bon gré.

Nous remorquer jusque chez nous ? Ce serait un boulot d'enfer, étant donné qu'ils n'avaient aucun moyen de gouverner le sous-marin. Ils auraient beaucoup de chance s'ils pouvaient aller jusqu'aux Bermudes, la terre la plus proche de là. Nous tirer à travers tout l'Atlantique nord ? L'idée ne lui disait rien qui vaille.

Les trois mécaniciens partirent vers l'avant du navire. Resté seul, Kapitulski réalisa soudain qu'il allait sans doute devoir quitter le *K-219* pour toujours. Il se rappela la cassette vidéo de son mariage, qu'il avait cachée dans sa cabine. Celle-ci se trouvait à l'avant, dans le compartiment deux. Il regarda dans la direction du cargo. On était en train de descendre une lourde touline vers le canot qui attendait sous la haute poupe du *Krasnogvardiesk*. Il voyait la sueur sur le visage des marins qui trimaient dans la chaleur accablante.

Il avait tout juste le temps.

Il courut vers l'avant, évitant la fumée qui s'échappait toujours du silo fracassé, et contourna le kiosque pour aller vers la proue.

Le caisson de remorquage était déjà ouvert. On en avait sorti une boucle de gros câble d'acier, qui était prête. Tout le monde avait les yeux fixés vers l'avant, vers la chaloupe du *Krasnogvardiesk* qui approchait lentement. Elle apportait une chaîne de manille. Celle-ci était fixée à l'énorme grappin qui prolongeait une grosse touline d'acier. Le grappin s'accrocherait à une bride en patte d'oie fixée à la proue du *K-219*.

Personne ne regardait vers le sas de secours avant. Kapitulski l'ouvrit vivement, et se laissa tomber dans les entrailles du sous-marin.

Hors du contact direct avec le soleil, il faisait aussi froid que dans une grotte. Au fond de la salle des torpilles, le pont était inondé. L'air empestait l'amande amère. Les lampes de secours luisaient si faiblement, dans la galerie, que la lumière ne pénétrait même pas dans les cabines des officiers. Kapitulski se dirigea vers la sienne, et pénétra dans la petite pièce. Il faisait nuit noire. Il chercha son coffre à tâtons. Où était donc sa torche ? Il l'avait oubliée. Il avait été trop impulsif. Il devrait prendre son temps pour réfléchir. Il chercha dans les vêtements, les tenues de mauvais temps, les uniformes de cérémonie, fouillant jusqu'à ce que sa main rencontre l'objet bien connu. Il sortit la cassette vidéo. Au moment où il refermait son coffre, il entendit un bruit. Il s'immobilisa.

Il se retourna, et vit la silhouette qui se dessinait à la lueur des lampes de secours.

— Qui va là ?

L'homme se recroquevilla, comme s'il essayait de dissimuler quelque chose dans les plis de sa veste. Il y eut un tintement de verre.

— Qu'est-ce que vous emportez là ? demanda Gennadi.

La silhouette tourna les talons et s'enfuit.

Kapitulski se lança à sa poursuite. Il connaissait les lieux comme sa poche. Il rattrapa le fuyard alors qu'il montait l'échelle du sas de secours. Il lui saisit la jambe et tint bon. Avec un tel poids suspendu à ses basques, l'homme n'irait nulle part.

Kapitulski tira un coup sec, et le « fantôme » tomba sur lui. Ils s'étalèrent sur le pont.

— Alors c'est vous !

Il avait reconnu un sous-officier, *michman* et mécanicien. L'homme serrait des bouteilles contre sa poitrine. De toute évidence, il était passé d'une cabine à l'autre, pillant les réserves personnelles des marins.

— Vous les avez volées !

— Elles ne serviront à rien aux poissons, camarade ingénieur. Il lui tendit une bouteille. Vous en voulez ?

Kapitulski eut un mouvement de recul.

— Combien tu en as pris, espèce de sale voleur ?

Il les compta. Sept bouteilles de vodka pleines, plus un flacon d'alcool artisanal. Il regarda le mécanicien embarrassé.

— Si je trouve une seule de ces bouteilles ouverte, je te désigne comme volontaire pour rester avec l'équipe de sauvetage. Tu passeras tout le voyage de retour à Gadjievo dans ce sous-marin, à chercher de la glace. Tu as compris ?

— Compris, camarade, mais...

— Ne m'appelle pas camarade. Fous le camp sur le pont ! Et souviens-toi que j'ai compté les bouteilles.

Gennadi regarda le type disparaître en haut de l'échelle. Il avait un goût d'amande au fond de la bouche. Il se sentait mal, la tête lui tournait. Il monta à son tour et inspira longuement, profondément, l'air marin.

Voler ses camarades de bord ! Irina, sa femme, détestait ces damnés sous-marins. Elle détestait tout ce qui s'y rapportait. Elle disait que cela transformait les hommes en robots insensibles.

Peut-être a-t-elle raison, se dit-il en regardant son mécanicien fantôme sauter à bord d'une chaloupe.

Grand-Père Krasilnikov se tortilla pour enfiler sa vieille combinaison d'amiante. Elle était moins commode que les modèles plus récents en caoutchouc, mais il s'y fiait bien davantage. Il récupéra son stock personnel de cartouches d'oxygène. Il préférait ne pas compter sur les réserves du navire, en effet, et voulait pouvoir disposer de quelques unités pour les cas d'urgence. Il distribua les cartouches aux deux *michman* mécaniciens qu'il avait désignés comme volontaires.

Krasilnikov n'était pas un homme avec qui on discutait, même dans les meilleures circonstances. On savait qu'il avait fait tomber un maître d'équipage paresseux du haut d'une échelle, un jour, pour le corriger. Un certain nombre de matelots avaient eu à déplorer des épaules et des bras cassés. Grand-Père n'avait jamais été poursuivi pour ces violences, et les tire-au-flanc avaient sagement été mutés. Ce qui était parfait, en ce qui le concernait. Ou bien on donnait toute sa mesure, ou bien on ne travaillait pas avec lui.

— Allons-y, dit-il.

Ils dévalèrent l'échelle qui descendait du central vers le pont inférieur. De là ils passèrent à l'arrière, dans un sas fermé par des doubles panneaux. Il était tout juste assez grand pour accueillir les trois hommes. Krasilnikov serra son masque sur son visage, inspira brièvement pour s'assurer que l'oxygène circulait, puis scella la porte intérieure. Il regarda les deux *michman* apeurés qui étaient enfermés avec lui. L'un d'eux tenait un extincteur. Tous trois étaient munis de sondes thermomètres. Ils portaient dans un sac de toile les outils nécessaires pour ouvrir les écoutilles d'accès dans les silos, et deux ou trois lampes blindées en réserve. Un des hommes portait aussi un détecteur de fumée capable de mesurer la quantité de poison dans l'air.

— Parés ? demanda Krasilnikov.
Ni l'un ni l'autre ne répondit. Aucun son en tout cas ne franchit leurs masques. Leurs yeux, en revanche, étaient fort expressifs. Qu'allaient-ils trouver de l'autre côté de l'écoutille ? Une inondation ? Un incendie ? Une vague de poison ?
— Bien ! Si c'est trop moche, nous jetons un coup d'œil et nous sortons tout de suite. Sinon, faites exactement comme moi, et tout ira bien pour vous.
Sur ces mots, Krasilnikov déverrouilla l'écoutille menant à la salle des missiles saccagée. Dès qu'elle s'ouvrit, un épais nuage de vapeur blanche afflua dans le sas.
— Acide nitrique ! dit le *michman* qui tenait le détecteur de vapeurs chimiques. Concentration élevée, camarade ingénieur !
— Et alors ? Vous avez besoin d'un bain, de toute façon. Gardez vos masques et tout ira bien, ajouta le chef mécanicien en s'engageant dans le brouillard acide.
Leurs lampes avaient du mal à percer l'obscurité. C'était comme s'ils marchaient dans une forêt étrange, empoisonnée, à la lueur d'une lune jaunâtre. Tous les silos fumaient, car les matériaux isolants avaient été endommagés par l'acide. Les conducteurs électriques étaient dénudés, les câbles projetaient des étincelles et de la fumée. La brume semblait venir d'en bas, aspirée par la cheminée que constituait l'écoutille du silo ouverte par l'explosion.
Krasilnikov alla droit au silo six. Levant les yeux, il apercevait la lumière à travers les plaques abîmées. La vapeur acide mortelle montait des cales, où le combustible et l'eau de mer produisaient une réaction chimique.
— Vérifiez la température du silo d'ici vers l'arrière, ordonna-t-il à ses deux assistants. Si quoi que ce soit dépasse les cinquante degrés, criez !
Là-dessus, il se mit à arracher les isolants endommagés, et écrasa à coups de botte quelques braises rougeoyantes.
— Trente-deux degrés ! s'exclama un des *michman*.

Il avait avancé son thermomètre au-dessus du puits, sur le côté du silo huit. C'était chaud, mais sans risque pour le moment. Le vrai danger n'apparaissait que si la température atteignait 70 °C. A ce point, l'explosion pouvait survenir à tout moment.

— Quarante-trois degrés ! dit le second sous-officier devant le silo onze.

— Continuez à vérifier.

Même lorsque le sous-marin était à quai, le chef mécanicien ne quittait jamais son bord. Il ne partait pas en permission. Le navire était son foyer. C'était son univers. Il n'allait pas le regarder exploser sans se battre.

A bord de l'USNS *Powhatan*

Le commandant du *Powhatan*, le remorqueur du Military Sealift Command, se tenait sur le pont de son navire. Il regardait les chaloupes aller et venir entre la forme noire surbaissée du sous-marin soviétique et le cargo tout proche. Que diable faisait-il là, mêlé à *cette* histoire ?

Même si on pouvait lire USNS[1] sur sa coque, le *Powhatan* était un bâtiment civil. Il était attaché à la Navy, mais ne lui appartenait pas. Lui-même était un civil, et ses hommes appartenaient à la marine marchande. Ils n'avaient aucun intérêt à mettre le nez dans cette histoire de fous. Ils étaient des marins. Pas des espions.

Au même moment, un avion de patrouille, un P-3 Orion de la marine, tournait au-dessus de leurs têtes. Sous l'eau, quelque part, non loin de là, un sous-marin d'attaque américain attendait. Pour une raison ou pour une autre, le commandant du sous-marin américain était censé diriger les opérations. Hunt ne pouvait pas lui parler directement, il devait être relayé par l'avion qui se

---

1. *United States Navy Ship* : navire de la marine américaine.

trouvait là-haut. Ce n'était pas très grave. De toute façon, il ne voyait pas ce qu'il pourrait dire à un sous-marin.

Durant sa carrière, le capitaine Albert Hunt avait déjà rempli un certain nombre de missions de sauvetage. Son puissant remorqueur avait tracté quelques-uns des bâtiments les plus prestigieux de la marine américaine. Y compris des porte-avions, et plusieurs de ces énormes cuirassés de la classe Missouri. Certaines opérations avaient été un peu bizarres — mais rien dont il ait eu à garder le secret. Le *Powhatan* était un remorqueur, et le commandant d'un remorqueur avait peu de raisons de s'aventurer dans le monde « noir » des opérations secrètes. Jusqu'à aujourd'hui.

La marine voulait qu'il donne l'impression d'être serviable, tout en faisant son possible pour empêcher ce sous-marin à demi naufragé d'aller trop loin. Il devait récupérer tout ce qui pourrait être jeté par-dessus le bord du sous-marin, recueillir des échantillons d'air et d'eau, prendre des photos et, si possible, faire embarquer quelques-uns de ses hommes à bord du sous-marin sous prétexte de les aider à réparer les dégâts. Aucun Américain n'avait jamais vu l'intérieur d'un sous-marin soviétique. Qui savait dans combien de temps une telle occasion se représenterait ? La marine possédait ses propres remorqueurs de secours en mer, mais aucun ne se trouvait aussi proche que le *Powhatan*. Le message qu'avait craché son télétype « protégé » était très clair : il devait faire tout ce qui était en son pouvoir pour fixer une touline sur le sous-marin endommagé et le remorquer jusqu'à Norfolk, Virginie.

Le capitaine Hunt vit un second navire, plus gros que le premier, manœuvrer vers la proue du sous-marin. Apparemment, il s'apprêtait à fixer une touline. Hunt était **nul** en matière d'espionnage, mais il connaissait les manœuvres de remorquage. Il ne donnait pas aux Russes l'ombre d'une chance.

La poupe du cargo surplombait l'océan de cinquante pieds, alors que le sous-marin se trouvait presque à la surface de l'eau. Un câble de remorquage fixé à ce cargo allait tomber à la verticale, plonger sous l'eau, puis remonter en formant une demi-boucle tendue. La géométrie leur serait défavorable. Une bonne touline est une touline horizontale, qui va droit du remorqueur au navire qu'il tire. C'était précisément pour cette raison que la poupe du *Powhatan* était si basse sur l'eau. Quel pouvait être le poids d'un *boomer* soviétique, par ailleurs ?

Hunt prit un bloc de papier et écrivit quelques lignes. On n'avait pas souvent l'occasion d'envoyer un message par signaux lumineux. Il arracha la page et la tendit à son sémaphoriste.

« AU COMMANDANT DU NAVIRE SOVIÉTIQUE *FEODOR BREDKINE*

« DU COMMANDANT, L'USNS *POWHATAN*, ATF-166

« SALUTATIONS. JE DISPOSE DE POMPES, DE PUISSANTS PROJECTEURS ET DE PETITS CANOTS. AVEZ-VOUS BESOIN D'AIDE ? JE SUIS AUTORISÉ À VOUS AIDER SI VOUS ME LE DEMANDEZ. »

L'opérateur monta sur la passerelle surplombant le pont, et transmit le message au cargo soviétique selon le code international. Un instant plus tard, un éclair lumineux lui vint en réponse.

— Message expédié et reçu, capitaine, cria-t-il.

Hunt vit le *Krasnogvardiesk* se placer juste devant le sous-marin. Une lourde touline d'acier avait été amenée jusqu'à la proue de ce dernier, et fixée à une sorte d'appareil. *Bonne chance, l'ami,* se dit-il. Lui-même était sûrement capable de faire un meilleur travail, mais il doutait que les Russes apprécient sa destination. Remorquer un *boomer* jusqu'à Norfolk ! Une histoire digne d'*Octobre rouge* de Tom Clancy.

Sauf que ce n'était pas de la fiction.

Hunt prit une paire de jumelles pour voir un peu mieux. Il savait ce qui allait arriver, mais il ignorait quand.

A bord du *K-219*

Des tonnes de câble d'acier se déroulaient depuis la haute poupe du cargo, et plongeaient sous l'eau pour en ressortir un peu plus loin, à la proue du *K-219*. Son extrémité était attachée à un anneau fixe logé dans un caisson de la coque du sous-marin. Deux autres câbles, à bâbord et tribord, couraient dans des rainures réservées à cet usage, jusqu'au kiosque.

Britanov était dans la passerelle avec Vladmirov, l'officier en second. Les sacs contenant les documents codés occupaient presque tout l'espace, dans l'étroit poste de pilotage.

— Il fait aussi chaud qu'en été, ici, dit Vladmirov.

— Il fait encore plus chaud en bas, dans la salle des missiles, répliqua Britanov. (Il transpirait abondamment. Comment pouvait-on travailler avec une telle température ?) Cette touline... Elle ne marchera pas.

— S'il va doucement, c'est possible.

— C'est inutile. Nous n'avons pas de dérive. La première vague qui nous frappera nous fera virer à angle aigu. Le câble cassera, et ce sera réglé. Mais vous savez ce qu'ils diront si nous n'essayons pas.

— Vous avez fait tout ce qui était en votre pouvoir, capitaine, dit le second.

Britanov sourit.

— Voilà sans doute la seule chose qu'ils *ne diront pas*, Volodia.

A la proue, les hommes de l'équipe des manœuvres de remorquage firent un signe à Britanov, puis ils se mirent à l'abri. Un câble d'acier de cette taille, soumis à une telle tension, pouvait casser avec une force capable de couper un homme en deux.

Britanov avait une radio portative. Il vérifia qu'elle était réglée sur la bonne fréquence pour communiquer de navire à navire, puis pressa le bouton de transmission.

— Genia ?
— J'écoute, capitaine, dit Aznabaïev.
— Le navigateur du *K-219* avait réquisitionné la cabine radio du *Féodor Bredkine*.
— Comment va le docteur Kotcherguine ?
— Toujours sans connaissance. Ils n'ont aucun médicament à bord, sauf de l'alcool. Ils lui ont mis un chiffon imbibé dans la bouche, et il respire à travers. C'est censé le soulager.
Bien sûr, qu'il y avait de l'alcool. On pouvait oublier les cartouches d'oxygène. On pouvait oublier les joints d'étanchéité capables de résister aux produits chimiques les plus agressifs. On pouvait oublier de concevoir des missiles plus dangereux pour l'ennemi que pour votre propre équipage. On pouvait oublier tout ce qui importait... Mais un navire soviétique sans alcool ? Impensable !
— Dites au capitaine du *Krasnogvardiesk* qu'il peut y aller. En avant, et le plus lentement possible, ou bien ça va casser.
— Compris, camarade capitaine.
La cheminée du *Krasnogvardiesk* cracha un nuage de suie noire. Le câble trembla quand l'hélice du cargo commença à brasser l'eau.
Dès que la touline se tendit, la proue du sous-marin pivota. Le grincement de l'acier soumis à une tension aussi énorme semblait presque humain. Le gros câble vrombit comme une corde de guitare. Une petite lame d'étrave se forma devant le *K-219*.
J'avais peut-être tort, se dit Britanov. Peut-être était-il tellement habitué à l'échec qu'il avait oublié ce qu'était l'espoir. La touline fonctionnait. Ils avançaient de nouveau. Il prit une paire de jumelles, et les braqua sur le câble de remorquage. Ce salaud avait l'air solide, en effet. Il fit pivoter les jumelles d'un côté.
— Capitaine ! Nous avons réussi ! dit Vladmirov.
Britanov avait aperçu une tache blanche, une tache qui se déplaçait, au loin, sur la mer bleue tropicale.

— Capitaine ? fit l'officier en second.
— Regardez.
Britanov lui passa les jumelles.
Un périscope fendait la surface de l'eau à grande allure. Sa forme verte mouchetée dominait son sillage d'écume bouillonnante. Il avait l'air recouvert d'une capuche. On aurait dit un serpent qui se dresse pour frapper. Il se dirigeait droit sur eux.

A bord de l'USS *Augusta*

— En avant toute deux tiers, dit Von Suskil, tandis que le sous-marin d'attaque rapide continuait d'accélérer.
— Ici sonar. Distance, trois cents mètres. Je n'ai pas, je répète : je n'ai pas une vue très claire de ce câble, monsieur.
— Bon Dieu, dit l'opérateur sonar à voix basse.
Le capitaine utilisait un sous-marin à propulsion nucléaire de plusieurs milliards de dollars comme un vulgaire bélier. Et le pire, c'était qu'il les entraînait tous avec lui dans l'aventure. Si quelque chose tournait mal, qui blâmerait-on ?
— Distance, cent mètres. Capitaine, *je n'ai toujours pas encadré ce câble.* La cible se trouve à une profondeur inconnue. Elle pourrait être...
— Maintenez le cap et la vitesse. (Von Suskil mit l'œil au périscope) Doucement. Doucement...
— Monsieur, *je ne garantis pas* le dégagement de ce câble.
Le chef du sonar était stupéfait. Frapper à cette vitesse une haussière d'acier grosse comme le bras allait sûrement la rompre, mais quel serait le résultat sur l'*Augusta ?* Cela démolirait son dôme de sonar, et provoquerait certainement l'inondation de quelques locaux techniques.
— Timonier, virez de cinq degrés à tribord.
— Barre à tribord, cinq, à vos ordres, dit le pilote. Il

déplaça légèrement son manche à balai. Ses articulations étaient toutes blanches.
— Distance, cent mètres.
— Vitesse, vingt et un nœuds.
— Baissez le périscope d'attaque !
Le fragile instrument glissa silencieusement dans son habitacle. Il n'y avait aucune raison de risquer de l'accrocher à ce câble.
— Ok, messieurs, dit Von Suskil. Préparez-vous à l'impact !
L'*Augusta* fonçait sur un point situé à un tiers de la distance entre le cargo et le *K-219*. C'était l'endroit où la touline d'acier descendait le plus bas sous l'eau avant de remonter vers le sous-marin. Mentalement, Von Suskil visualisait parfaitement la situation. Qu'avaient-ils donc tous ? A cette vitesse, ils allaient provoquer un peu de turbulence exactement au point où le câble d'acier était le plus profond et le plus fragile. Le « coup de pouce » casserait la touline. Il avait l'ordre de faire en sorte que cette satanée mangeoire à cochons reste là où elle était. D'utiliser tous les moyens — sauf engager une action hostile — pour y parvenir. Eh bien, personne ne devait douter de Jim Von Suskil. Personne ne pourrait dire qu'il était timoré, qu'il ne poussait pas de toutes ses forces sur ses avirons.

A bord du *K-219*

— Capitaine ! s'écria Vladmirov. Le périscope n'est plus là !
— Il est cinglé, murmura Britanov.
— Il fait peut-être demi-tour !
— Même un sous-marin américain n'est pas capable de faire demi-tour aussi vite. Non, Volodia. Il va frapper.
Ils avaient vu le périscope étranger foncer vers l'espace qui les séparait du *Krasnogvardiesk*. Ils étaient persuadés qu'il allait s'écraser contre le câble. Mais il avait disparu,

il s'était retiré sous les vagues. Seul un léger mouvement d'écume témoignait encore du passage du sous-marin nucléaire.

Le sillage s'éleva soudain juste devant la proue du *K-219*. Britanov réalisa que ses doigts serraient le bord de la passerelle, bien qu'il sût parfaitement que le coup n'était pas dirigé vers lui.

Il y eut une secousse, puis un *clang* extrêmement violent qui se répercuta dans la coque du *K-219*.

Le câble claqua. Le sous-marin avançait toujours, poussé par la force d'inertie. L'énorme grappin de la touline se décrocha, passa par-dessus bord et tomba droit au fond de l'eau. Devant la proue, le sillage disparut. Puis ce fut le silence. Il n'y eut plus rien, hormis la brise chaude d'après-midi qui faisait claquer le pavillon du *K-219*.

— Il l'a coupée ! Ce salaud a coupé notre touline !

Le cargo se trouva soudain soulagé d'un poids mort de plus de dix mille tonnes. Son hélice tourna dans le vide, battit la surface de l'eau en produisant une écume laiteuse, puis plongea. Sa poupe sembla déraper d'un côté, vira en sens inverse, puis se redressa. Les hommes se rassemblèrent sur son arrière surélevé, en montrant la forme noire à peine visible sous la surface.

Une fois de plus, le *K-219* était immobile sur l'eau.

Ils se trouvaient à quelques centaines de milles des côtes américaines. Autant dire à deux pas des plus grosses bases navales ennemies. Ils étaient très loin, en revanche, du bercail et des forces amies. Une fois encore, l'état d'esprit de Britanov se modifia, changea de perspective. Il se demanda comment il pourrait empêcher les Américains de s'emparer du *K-219*. Comment il pourrait promettre à Moscou qu'il ne laisserait en aucun cas la marine américaine le mettre en pièces pour le violenter et en découvrir les secrets.

— Capitaine ? (C'était la radio portative. Aznabaïev l'appelait depuis le *Féodor Bredkine*.) Tout va bien, capitaine ? Nous avons vu...

— Informez Moscou qu'un sous-marin non identifié est en train de saboter nos tentatives de remorquage. Non. Ne dites pas *non identifié*. Dites-leur que ce salopard est un sous-marin *américain*.
— Nous venons de recevoir un message du remorqueur américain. Ils ont des pompes, des canots et de l'oxygène. Ils veulent savoir si nous avons besoin de leur aide.
— Oui, je suis sûr qu'ils sont impatients de nous offrir leur aide, dit Britanov d'un ton amer. Dites-leur de rester à l'écart. Dites-leur que nous maîtrisons parfaitement la situation. Dites-leur ce que vous voulez. Y a-t-il autre chose que je doive savoir ?
— Le largage de matériel d'urgence aura lieu dans quinze minutes. Deux Iliouchine-62, avec des masques et des cartouches d'oxygène. Le quartier-maître du *Bredkine* prépare les canots pour la récupération du matériel.
— Très bien. Parfait.
— Capitaine, Serguienko est à mes côtés dans la cabine radio. Il veut vous parler.
— Pourquoi pas ? Ce bel après-midi se prête parfaitement aux débats politiques.
Le *zampolit* Serguienko vint à l'appareil.
— Capitaine ? Je tiens à souligner que le règlement nous interdit d'accepter l'aide des marines de l'Otan.
— Je le sais parfaitement, dit Britanov.
Il coupa brutalement la communication.
Quinze minutes plus tard, deux Iliouchine blanc et bleu parfaitement ponctuels rugirent au-dessus de leurs têtes. De la fumée noire s'échappait de leurs moteurs fixés à l'arrière, qui leur donnaient l'air de deux grosses oies à long cou.
Ils décrivirent un grand cercle puis revinrent très vite et à basse altitude. Au moment où ils dépassaient le sous-marin, leurs rampes de chargement s'ouvrirent, laissant passer une douzaine de caisses. Les avions s'éloignèrent en prenant rapidement de l'altitude. Avant même que les caisses ne touchent l'eau, ils étaient presque hors de vue.

Les douze caisses tombèrent en dessinant une courbe parfaite. Il n'y avait pas de parachutes. Il n'y avait pas de colliers de flottaison. Elles frappèrent brutalement la surface de l'eau et soulevèrent d'énormes gerbes — dangereusement proches des chaloupes qui attendaient. Quand les embruns furent retombés, les chaloupes se mirent en mouvement pour récupérer l'équipement d'urgence.

Il y avait peu de choses à récupérer. L'impact avait brisé les caisses. Dix sombrèrent sur-le-champ. Des deux dernières, seuls quelques débris dansaient encore à la surface. Les chaloupes récupérèrent six unités d'oxygène utilisables. Le reste était parti droit au fond de l'eau.

Britanov observa toute la scène sans savoir s'il devait rire ou pleurer. Finalement, il prit la radio portative et appela Aznabaïev.

— Dites à Moscou que le parachutage s'est parfaitement déroulé. Mais il y a eu un petit problème. Dites-leur que lorsqu'on jette dans l'eau des objets pesants, ils obéissent aux lois fondamentales de la physique : ils coulent.

13

> *Je me trouvais dans le dernier canot, avec tous les sacs plombés. Nous étions à mi-chemin du cargo lorsque quelqu'un hurla et montra quelque chose du doigt. Le périscope venait à nouveau droit sur nous. Il allait assez vite pour nous couper en deux. Je me suis dit : explosion, gaz mortel, incendies... Je n'avais échappé au K-219 que pour me faire écraser par un sous-marin américain.*
>
> « Grand-Père » Krasilnikov, chef mécanicien

Le soleil était chaud, en cette fin d'après-midi, mais même au large des Bermudes, c'était le mois d'octobre. Il fut bientôt de plus en plus bas sur la mer, là où la brume absorbe la chaleur, ne laissant qu'une lumière éblouissante. L'air était nettement plus frais, même si personne ne pouvait confondre les Bermudes avec la mer de Barents. Britanov et son chef mécanicien se trouvaient dans la passerelle du sous-marin.

— Vous êtes sûr qu'ils n'exploseront pas ? demanda Britanov.

Krasilnikov haussa les épaules.

— Les missiles sont chauds. Une réaction chimique continue de se produire au fond des cales. Cela pourrait même provoquer de nouveaux incendies. Mais ils ne sauteront pas. Ils ne sont pas assez chauds pour cela.

L'uniforme de Krasilnikov empestait la fumée chimique, l'amande amère, le poison de l'acide nitrique. Son visage était sale. Il ouvrit grand la bouche, ce qui mit en évidence deux rangées de plombages dorés, et cracha par-dessus bord.

— Il me faut une cigarette, pour m'ôter ce goût de fumée de la bouche.
— Le tabac nuit à la santé, dit Britanov.
Krasilnikov allait lui répondre méchamment, mais il vit l'expression du capitaine.
— Très drôle.
La lumière de l'après-midi diminuait. L'épaisse fumée brune qui s'échappait du silo béant n'était plus qu'un mince filet de brume jaune. Les deux *michman* qui avaient accompagné Krasilnikov dans la salle des missiles se trouvaient à la proue, avec le reste de l'équipe de contrôle des avaries. Ils observaient la chaloupe du *Krasnogvardiesk* qui allait et venait, et repêchait l'extrémité sectionnée de la touline avec de longs grappins de marine.
— Connaissez-vous la profondeur de l'eau, ici ? demanda Britanov.
— C'est assez profond...
Krasilnikov regarda le capitaine.
— Combien ?
— Six mille mètres.
Ils se tournèrent vers le remorqueur américain.
Alors que le crépuscule commençait à teinter l'horizon de rouge, le patrouilleur américain P-3 alluma ses feux de navigation. Trois étoiles en formation rapprochée, une rouge, une verte et une blanche. Quand il revint au-dessus du sous-marin fumant, il dirigea vers eux le pinceau aveuglant d'un projecteur.
— Je lui souhaite de tomber en panne sèche et de rentrer chez lui à la nage, grommela Krasilnikov après que l'avion fut repassé une fois de plus en rugissant. Il alluma une cigarette.
— Il devra nager bien moins longtemps que nous, pour rentrer chez lui, dit Britanov. Vous n'avez jamais pensé à chasser le goût de la fumée avec encore plus de fumée ?
— Jamais.

— C'est sans doute le meilleur moyen. Vous en avez une pour moi ?
Krasilnikov était stupéfait.
— Je croyais vous avoir entendu dire que fumer était mauvais pour la santé.
— Je vise à plus court terme.
Les sacs de toile blanche contenant les documents codés étaient entassés autour d'eux. La mer était peuplée de navires, mais personne n'allait nulle part. On eût dit un port déplacé au large.
Un troisième bâtiment avait rejoint les deux cargos russes : l'*Anatoli Vassiliev* était un gros porte-conteneurs blanc, avec l'inscription BSC RO-RO SERVICE peinte sur le flanc en énormes lettres noires. Un véritable panneau publicitaire de huit cents pieds pour la Baltic Steamship Company. Sa passerelle se trouvait dans la superstructure placée à l'arrière, et la longue surface de pont à l'avant de cette dernière était couverte de conteneurs. Deux gigantesques portes bivalves s'ouvraient dans sa proue. Ses cales étaient pleines de véhicules agricoles à destination de La Havane. Sa cheminée, comme celles du *Krasnogvardiesk* et du *Féodor Bredkine*, s'ornait de la faucille et du marteau rouge et or.
Il ne restait plus la moindre trace de la touline.
Aznabaïev avait informé Moscou par radio du comportement agressif du sous-marin américain. Britanov imaginait sans peine l'affolement qui devait régner dans la Boîte de Sardines, le centre d'action d'urgence à Moscou. Dès que la politique et la raison entraient en conflit, le haut commandement était paralysé comme un chevreuil pris dans le faisceau d'un projecteur.
Pas étonnant qu'ils aient mis plus d'une heure à répondre... même si la réponse elle-même n'avait rien d'étonnant : Arrêtez. Ne faites rien, surtout, donnez-nous le temps de réfléchir et de discuter.
Moscou avait fini par perdre son goût de l'aventure, et lui avait donné l'ordre d'abandonner les essais de remorquage. Les cinq bâtiments — quatre navires de surface et

le *K-219* — dérivaient sans bruit vers le nord, entraînés par le Gulf Stream.

Non, pas cinq, se dit Britanov, *Six*. Il était persuadé que le sous-marin américain se trouvait encore dans les parages, même si son périscope n'était plus en vue.

Le remorqueur américain s'était approché d'eux, si insensiblement que Britanov sursauta quand il s'en rendit compte. Dans la lumière faiblissante, il voyait les hommes arpenter son arrière-pont, assez nettement pour discerner leurs visages. Il était persuadé qu'ils ne seraient que trop heureux de remorquer le sous-marin. Dès l'instant où tout le monde aurait le dos tourné, ils envahiraient son bord. Il en était sûr, tout comme il était sûr qu'il ne le permettrait jamais.

— Au moins nous ne coulons pas, remarqua Krasilnikov.

Cela pourrait devenir un problème, se dit Britanov.

— Je pense qu'on ne peut rien faire de plus ce soir, dit-il. Pour vous, le moment est venu de prendre le large.

— Moi ? Et vous, capitaine ?

Britanov prit la radio portative.

— Genia ?

— Je vous écoute, capitaine.

C'était la voix familière de son navigateur, à bord du *Féodor Bredkine*.

— Que le commandant du *Bredkine* nous envoie une dernière chaloupe. Je vous expédie les documents codés avec l'équipe des avaries. Que les sacs soient mis sous bonne garde dès leur arrivée. Vous en serez responsable jusqu'à ce que les autorités compétentes en prennent possession.

— Compris, capitaine. Mais vous ne serez pas là pour les surveiller ?

— Non, dit Britanov. Je reste.

Pendant quelques secondes, on n'entendit plus que les parasites. Puis la voix d'Aznabaïev reprit :

— Compris, camarade capitaine.

— Vous voulez vraiment rester ? demanda Krasilni-

kov. Et si quelque chose arrivait ? Ce serait un miracle si tous ces incendies étaient éteints.
— Je garderai le contact par radio. Rassemblez les hommes, et embarquez les sacs dès l'arrivée de la chaloupe. Qui sait ? continua-t-il en haussant les épaules. Croire aux miracles est contraire à la doctrine du Parti. Mais nous sommes loin du Parti, Igor. Nous sommes des marins en mer, et la mer est vaste. Assez vaste pour abriter pas mal de choses qui échappent à notre compréhension.
Krasilnikov ne répondit pas tout de suite.
— Ce sont les Américains... Vous refusez d'abandonner le navire parce que vous pensez qu'ils pourraient essayer de s'en emparer. Je sais que vous ne...
— Est-ce que je dois vous le répéter ? Je veux qu'on embarque ces sacs tant qu'il fait encore assez jour. Compris ?
— Compris. Mais capitaine...
— Quoi encore, Grand-Père ?
— Ne restez pas trop longtemps. Techniquement parlant, un marin ne devrait pas compter sur les miracles.
— Techniquement parlant, je vous remercie. Maintenant, allez-y.
Krasilnikov rassembla les neuf autres membres de l'équipe de contrôle, puis il forma une chaîne de la passerelle à la proue du sous-marin. La mer se trouvait à peine une marche plus bas. Il sentit sa nuque se raidir. Est-ce que les vagues montaient toujours aussi haut contre la coque noire du sous-marin ? Est-ce que ce conduit d'aération à haute pression avait toujours été si proche de la ligne de flottaison ?
Il se retourna. On montait le dernier sac plombé.
Britanov agita le bras. Le point lumineux de sa cigarette avait l'air d'une étoile filante devant le ciel indigo.
La chaloupe du *Bredkine* revint en grondant sur la mer d'huile. Elle vint heurter la coque. On y jeta les sacs plombés, et les neuf « volontaires » embarquèrent à leur tour. Leur poids enfonça l'embarcation bas sur l'eau.

Krasilnikov était le dernier. Il vit un dernier nuage de fumée de cigarette s'élever de la passerelle, Britanov agita la main, puis ce fut tout.

— Allons, camarade ingénieur, appela le timonier de la chaloupe. Notre cuistot a préparé des *pelmieni* pour le dîner.

C'étaient des raviolis sibériens, un mets délicat que les sous-mariniers n'avaient pas vu depuis plus d'un mois. Krasilnikov trouva une place dans la chaloupe. Le pilote poussa au large à l'aide d'un grappin. Quand il fut assez loin, il fit ronfler le moteur, et la chaloupe surchargée partit en ballottant vers le cargo — et le dîner — qui l'attendait.

Britanov était seul sur la passerelle. Il regarda la dernière chaloupe s'éloigner vers le *Féodor Bredkine*. La fraîcheur du crépuscule le fit frissonner. Il était le dernier homme en vie à bord du *K-219*. Dès lors que les sacs plombés se trouvaient en sécurité à bord du cargo, la valeur du sous-marin s'était réduite à celle du bâtiment proprement dit et des armes nucléaires qu'il portait. Le navire de Britanov n'était plus qu'un cercueil abritant les corps de quatre de ses hommes. Preminine, Petratchkov, les deux missiliers. Un cercueil empoisonné et envahi par la fumée. Combien avait-il coûté ? Quatre-vingt-dix, cent millions de roubles ? Quoi qu'il en soit, il ne valait pas ce qu'il avait déjà coûté.

Non que la coque, les armes qui se trouvaient à bord ou ses secrets fussent sans valeur. Un simple regard au remorqueur américain tout proche suffisait à en convaincre Britanov.

Il pensa à Preminine, qui était retourné éteindre les réacteurs à mains nues. Il pensa aux coups sur l'interphone, lorsque le jeune matelot n'avait plus la force de parler. Il pensa à l'instant où les coups avaient cessé. Il était étonnant d'imaginer qu'il avait délibérément donné sa vie pour empêcher les réacteurs d'atteindre le point de fusion, pour les empêcher d'exploser. Et si c'était arrivé, en quoi la Mère Patrie aurait-elle souffert ? La radioactivité aurait balayé des plages américaines, pas des plages russes. Preminine l'avait fait, pourtant. Ni pour la gloire, ni pour l'argent. Simplement parce qu'on le lui avait demandé. Parce que c'était lui qui se trouvait là et que lui seul savait comment faire.

Eh bien, si les Américains essayaient de s'emparer de ce sous-marin, Britanov ferait comme lui. Comme Preminine, il ferait son devoir. Ni pour la gloire, ni pour l'argent. Simplement parce qu'il se trouvait là, et parce qu'il savait comment faire.

La chaloupe se trouvait à mi-chemin du cargo, maintenant. Britanov allait jeter par-dessus bord sa cigarette à demi consumée lorsqu'il aperçut un mouvement soudain sur l'eau, un bouillonnement, à cent mètres au nord-est.

Il braqua ses jumelles sur cette perturbation. C'était le périscope ! Le sous-marin américain, encore une fois, qui fendait l'eau à toute vitesse. Il filait droit sur la chaloupe.

Britanov lâcha les jumelles et alluma la radio.

— Genia ! cria-t-il. Pouvez-vous contacter la chaloupe ?

— Non, répondit Aznabaïev. Ils n'ont pas de radio. Pourquoi ? Ils sont presque arrivés, camarade capitaine. Vouliez-vous parler à...

— Signalez-leur de faire demi-tour ! Pouvez-vous lancer une fusée ?

— Qu'est-ce qui cloche ?

Aznabaïev pensa que le *K-219* menaçait de couler.

— Le sous-marin américain ! Ils ne l'ont pas vu ! Il fonce sur la chaloupe !

Du sommet du kiosque, Britanov voyait le périscope, il voyait l'écume qu'il projetait de part et d'autre en fendant l'eau. Mais à l'arrière de cette chaloupe à moteur lourdement chargée, si basse sur l'eau, personne ne le verrait avant qu'il ne soit presque sur eux.

Britanov tira un pistolet lance-fusées d'un caisson. Il le chargea, le leva au-dessus de sa tête, et tira.

Une, deux, trois secondes... Enfin, une étoile blanche explosa au-dessus de la chaloupe.

Krasilnikov se retourna.
— Le capitaine a des ennuis, dit-il en regardant le sous-marin. Faites demi-tour !
— Ils enverront un autre canot. Nous n'avons pas de place pour...
Krasilnikov frappa violemment le barreur à la poitrine.
— Je t'ai dit de faire demi-tour. Sans quoi, nous donnerons ta place au capitaine !
Le barreur poussa sur son gouvernail. Lentement, la proue de la chaloupe dessina un arc de cercle. Au même moment, il aperçut une chose bizarre, terrifiante, qui s'élevait au-dessus de l'eau, juste en face de lui.
Un grand cylindre vert fendait le flot noir, entre deux gerbes d'écume.
Il se leva sur son siège. Il vit que la surface de l'eau était légèrement bombée, là où elle recouvrait à peine la coque arrondie d'un sous-marin. Celui-ci, telle une torpille géante, fonçait droit sur eux.
Il mit les gaz d'un geste brusque et pesa de tout son poids contre la barre. Le virage était dangereusement serré. Le canot gîta de manière alarmante. Les hommes agglutinés hurlèrent lorsque l'eau passa par-dessus le rebord le plus bas. Quand il fut au plus près, le barreur entendit le battement des machines du sous-marin : un train immergé, grondant sur des rails qui semblaient converger au centre de son estomac. Il entendit le rugissement de l'eau soulevée par le périscope lancé à toute allure.
Il redressa la barre. La chaloupe se stabilisa sur son nouveau cap, à quatre-vingt-dix degrés du précédent. Le périscope passa si près que l'on vit sa tête de cobra encapuchonnée pivoter dans la direction de la chaloupe. Son œil de verre les suivit tandis que le sous-marin d'attaque passait en mugissant, juste sous le flot.

La vague soulevée par le sous-marin les inonda. La chaloupe roula dans son sillage, embarquant encore plus d'eau dans ses fonds de cale, ce qui trempa les hommes et les sacs de toile contenant les documents codés. Le timonier ramena la barre en arrière. Il remit le cap sur le *Féodor Bredkine*, aussi vite que pouvait le faire ce canot surchargé. Ils avaient cru que cette mer d'huile était paisible, mais c'était une illusion. Les vieilles cartes marines montraient des bêtes jaillissant du flot, avec des dents comme des lames de rasoir et des tentacules prêts à s'emparer de vous. Ces eaux abritaient des monstres, elles aussi.

A bord de l'USS *Augusta*

Un silence de mort régnait dans le centre d'opérations. On attendait les ordres de Von Suskil.

— Nous sommes passés diablement près de cette baleinière, dit le second.

— Il le fallait, pour filmer les sacs plombés, dit le capitaine. Nous avons cela sur bande ? Est-ce que la caméra à faible luminosité a fonctionné ?

— Oui, monsieur, répondit un officier subalterne, avec une évidente expression de dégoût dans la voix. Tout a parfaitement fonctionné.

— Très bien. Maintenant, voyez-vous, nous savons à quoi ressemblent ces sacs plombés russes. Cela pourra nous être utile quand nous irons les récupérer au fond.

Tout le monde, au centre d'opérations — et, bientôt, tout le monde à bord de l'*Augusta* —, savait que la chaloupe qu'ils avaient failli éperonner n'emportait pas que des sacs de documents.

Von Suskil s'éloigna du périscope, puis se retourna.

— Prévenez-moi s'il se passe quelque chose. Je vais me reposer. Je vous passe le relais.

L'opérateur sonar savait qu'ils avaient reçu de Norfolk des ordres effrayants. Mais Von Suskil n'était pas seulement en train de jouer aux durs avec son navire d'un milliard de dollars. Il était à deux doigts de violer certains principes sacrés de la mer. On n'éperonne pas les survivants d'un naufrage. Jamais. Se comporter comme si la guerre faisait rage était peut-être le meilleur moyen d'en provoquer une. Et si on en arrive là, se dit l'opérateur, ce n'est pas moi qu'il faudra blâmer. Il commença à faire des copies de tous ses enregistrements sonores. C'était strictement interdit par le règlement, mais il ne voulait pas rester dans les livres d'histoire comme le type qui avait laissé la Troisième Guerre mondiale commencer pendant son quart.

Centre d'action d'urgence, Moscou

Un épais brouillard tabagique noyait quasiment le groupe de surveillance. La table de bois poli était jonchée de cendriers pleins à ras bord, de fragments de sandwiches et de verres de thé froid. Toute la nuit, ils avaient essayé de définir une stratégie, en réaction à la destruction de la touline du *K-219* par un navire de guerre américain. D'un côté, il s'agissait d'une incroyable provocation, d'un autre, tout le monde savait que Gorbatchev tenait à ce que le sommet de Reykjavik se déroule sans accrocs. Tiré dans un sens, poussé dans l'autre, l'état-major s'était chamaillé et finalement n'avait rien d'utile à proposer à Britanov et à ses hommes.

Toutes les lampes brûlaient aussi dans les bureaux de l'amiral Makarov. C'est lui qui avait la mission — peu enviable — d'informer l'amiral de la flotte Tchernavine des événements qui se déroulaient à cinq cents milles au nord des Bermudes. Tchernavine, un sous-marinier de la vieille école, courait en tous sens, la tête retournée par l'incident du *K-219*. Ses subordonnés continuaient de lui dire ce qu'il avait envie d'entendre — tout ce qui était au pouvoir (considérable) de l'Union soviétique était mis en œuvre pour sauver le sous-marin endommagé —, même si chaque communiqué du lieu de l'accident était pire que le précédent. Quelqu'un, quelque part, mentait certainement. Tchernavine n'allait pas tarder à lancer son filet, et personne ne voulait y être pris.

Le capitaine Antonov était chargé de transmettre la plupart des mauvaises nouvelles. C'est lui qui gérait les communications entre Moscou et les navires du pacte de Varsovie présents sur les lieux. Il avait fumé cinq paquets de Belomar — un tabac fort, très apprécié des marins de la flotte du Nord pour l'impression de chaleur qu'il donne à la peau. Bien que ce ne fût pas très réglementaire, il avait parlé personnellement à Natalia, la femme du capitaine Britanov. Elle l'avait écouté, puis avait longtemps gardé le silence, au point qu'Antonov s'était demandé si elle ne s'était pas évanouie. Ensuite, elle lui avait demandé d'une voix calme si d'autres femmes de marins pouvaient être mises au courant. « *Non !* » s'était écrié Antonov.

Natalia Britanova avait fini par lui promettre de ne rien dire. Mais Antonov se doutait bien qu'il s'en fallait de quelques heures pour que tout Gadjievo sache qu'une explosion s'était produite à bord d'un de ses sous-marins. Même si Natalia tenait parole, l'information serait diffusée par La Voix de l'Amérique dont presque personne ne manquait les émissions, pourtant officiellement interdites.

Son téléphone protégé sonna.

— Antonov. *Slouchaïou.*

Un opérateur des communications lui lut le dernier message d'Aznabaïev. Les précédents avaient été de plus en plus terribles. Mais cette fois, c'était totalement différent. Il s'agissait de quelque chose qu'un officier impétueux, une tête brûlée, pouvait parfaitement qualifier d'acte de guerre. Il prit soigneusement des notes pour l'amiral Makarov. Ils commencent par sectionner la touline, se dit-il. Puis ils tentent d'éperonner une baleinière. Quel sera leur prochain mouvement ?

C'était contre toutes les règles de la mer. Quelle sorte

de marin était donc ce capitaine américain ? Essayer d'expédier par le fond un canot de sauvetage chargé de rescapés... Les Américains agissaient comme s'il n'y avait pas de sommet la semaine suivante. Ils se comportaient comme des cow-boys. En mer, avec des hommes entraînés pour la guerre, une telle attitude pouvait avoir des conséquences inattendues. Après quelques escarmouches entre les forces navales soviétiques et américaines, les deux superpuissances étaient parvenues à une sereine compréhension mutuelle. Elles avaient passé une sorte de traité officieux concernant les « incidents » susceptibles de provoquer une escalade incontrôlable vers la guerre. Apparemment, le capitaine de ce « classe Los Angeles » américain avait décidé de l'ignorer.

Le capitaine Antonov raccrocha. Et ce largage de masques à gaz... Sans parachutes ni colliers de flottaison. C'était difficile à admettre. L'amiral Novoïstev faisait preuve d'une stupidité criminelle, ou bien d'une perversité criminelle. Aucune hypothèse n'était exclue. Lui-même n'excluait pas l'idée que le chef des opérations voulait être sûr que Britanov ne disposât pas des moyens nécessaires pour sauver son sous-marin. Britanov avait déjà la tête dans le nœud coulant. Il était plus facile de le pendre que de trouver quelqu'un d'autre pour monter sur l'échafaud. Et si Tchernavine se fâchait, il ne faudrait pas longtemps pour que le nom de l'amiral Novoïstev se retrouve en tête de liste. Il était le chef des opérations, après tout : c'était sur ses ordres qu'on envoyait en patrouille des sous-marins en mauvais état. C'était Novoïstev qui ordonnait de réduire les permissions et d'abréger les séjours au chantier pour leur substituer des réparations, beaucoup moins sûres, effectuées sur le terrain.

La perte totale du *K-219* ne nuirait pas à Novoïstev. Le fait qu'il reste à flot lui serait peut-être même beaucoup plus préjudiciable. Peut-être souhaitait-il que ses erreurs fussent enterrées. Expédiées au fond de l'océan, en l'occurrence.

Antonov appela Makarov, le supérieur de Novoïstev. Il reçut l'ordre d'être prêt cinq minutes plus tard pour informer l'amiral. Il fallait que les choses se tassent dans l'Atlantique. Sans quoi les événements risquaient de se précipiter. Et cela pourrait entraîner le *K-219*, le Los Angeles américain, voire le monde entier, au bord du gouffre.

Antonov alluma une cigarette au mégot de la précédente. Il savait qu'un autre sous-marin stratégique avait été dépêché sur les lieux, pour prendre possession des documents codés du *K-219*. Il s'agissait d'un Delta, un bâtiment nucléaire très rapide. Boris Apanasenko, son commandant, était un jeune capitaine agressif qui n'apprécierait pas trop d'être poursuivi par un sous-marin nucléaire américain. Apanasenko ne demanderait pas la permission à Moscou. Il n'hésiterait pas. Il réagirait, sans doute violemment. Qu'arriverait-il ensuite ?

Il rassembla ses documents et quitta la Boîte de Sardines. Il prit l'ascenseur qui menait au royaume luxueux des grands pontes. Quand on l'introduisit dans le cabinet de l'amiral Makarov, il vit que Novoïstev était déjà là. Le petit amiral était assis dans un immense fauteuil aussi rembourré que lui.

— Eh bien, dit-il à Antonov avec un regard sournois, non seulement votre ami Britanov envoie ses messages en clair, mais il transfère maintenant son matériel codé sur un cargo non protégé. Ignore-t-il qu'Apanasenko est en route pour les récupérer ?

— L'information a été transmise, amiral, dit le capitaine Antonov.

— Et Britanov feint de l'ignorer ! Absolument illégal. Quelles règles a-t-il donc l'intention de respecter ?

— Quelles sont les dernières nouvelles, capitaine ? demanda Makarov.

Il était assis derrière son bureau, l'air faussement dégagé de l'homme qui surveille la marée du coin de l'œil. L'air de celui qui n'a pas l'intention de se laisser tremper par une vague.

— Amiral, les essais de remorquage ont été interrompus sur votre ordre. Tout l'équipage du *K-219* a été transbordé sur le *Féodor Bredkine*, à l'exception du capitaine Britanov.

— Et les documents codés ? demanda Makarov, qui connaissait certainement la réponse.

— Passés également sur le *Bredkine*. Mais un incident s'est produit. La chaloupe qui emmenait les documents codés et les derniers membres de l'équipe des avaries a failli être éperonnée.

Cela éveilla l'attention de Makarov.

— Eperonnée ? Par qui ?

— Par un sous-marin immergé, amiral. Il est passé assez près pour leur faire embarquer de l'eau.

— C'est...

— Vous dites que l'équipe de contrôle des avaries ne se trouve plus à bord ? dit Novoïstev. Personne ne travaille à maintenir ce sous-marin à flot ?

— Le capitaine Britanov est toujours à bord, amiral.

— Peuh ! cracha Novoïstev. Nous nous amusons dans l'arrière-cour des Américains. Rien de tout cela n'aurait dû arriver. Britanov aurait dû régler les problèmes avec décision et fermeté. Voyez-vous où mènent toujours les demi-mesures ? Ce sous-marin américain, il a senti l'odeur du sang. Il a senti sa faiblesse. Le monde entier rit pendant que Britanov s'amuse.

— Il ne s'amuse pas. Il a déjà quatre morts, et nous ignorons combien de blessés. Le *K-219* est immobilisé au milieu de l'océan. Il y a une brèche dans son pont aux missiles, et il est envahi par un gaz mortel. Que vouliez-vous qu'il fasse ?

— Son devoir sacré. Qu'il règle ses problèmes et qu'il se remette en route, comme un officier de la marine soviétique digne de ce nom. Au lieu de quoi, il renvoie tous ses mécaniciens, tous ses spécialistes, et il espère que ses problèmes vont disparaître d'eux-mêmes. Si j'étais un peu moins indulgent, je le soupçonnerais d'essayer de livrer ce sous-marin aux Américains. J'imagine qu'aucun

d'entre vous n'a manqué de s'interroger sur le fait que ce soi-disant accident se déroule à l'endroit précis où se trouvait un remorqueur américain ? Est-ce qu'il s'agit simplement d'une coïncidence, ou d'un plan concerté ?
— C'est assez près de leurs bases... commença Antonov, mais Makarov le coupa.
— Une hypothèse très sombre, en effet, dit-il d'un ton grave.
Même Antonov pouvait voir dans quel sens allait la marée, maintenant. Le mouvement était fortement défavorable à Britanov, et à quiconque tenterait de le défendre. Ce n'était pas bien. Ce n'était pas juste. Mais il savait qu'il ne se trompait pas. Le capitaine du *K-219*, comme son navire, courait le risque de sombrer au fond de l'océan.
— Capitaine Antonov, continua Makarov, cet incident, cette histoire d'éperonnement ne prouve qu'une chose : combien il serait futile de continuer comme nous avons fait jusqu'ici. Nous avons discuté de cette affaire dans le détail avec l'amiral Tchernavine. Lui-même en a discuté avec le secrétaire général Gorbatchev. Inutile de préciser que l'amiral Tchernavine est inquiet et embarrassé à l'idée que nous n'avons pas fait plus pour sauver le *K-219* et ses armes nucléaires.
Vous auriez pu essayer de larguer les masques à oxygène avec des flotteurs, se dit Antonov. Mais il eut le bon sens de se taire.
— Bien évidemment, poursuivit Makarov, cette affaire risque d'entraîner des complications politiques peu souhaitables en ce moment précis. Nous sommes parvenus à la conclusion que le capitaine Britanov a déployé des efforts insuffisants pour sauver le *K-219*. Cela doit cesser, avant que les choses n'aillent trop loin.
— Je vous demande pardon, monsieur ?
— Britanov s'inquiète trop de son équipage, et ne se préoccupe pas assez de son navire, lâcha Novoïstev. Un commandant doit être capable de sacrifier des vies pour gagner la guerre. Le peuple a confié à Britanov son poste

de commandement. Le peuple a payé de son sang pour que nos plus grands savants, nos plus grands architectes puissent créer ce sous-marin et concevoir ces missiles... Et tout ce que Britanov est capable de faire, c'est de danser sur l'eau comme un bouchon de liège, en attendant de sombrer.

— L'amiral a raison, dit Makarov. L'amiral Tchernavine exige des résultats. Nous allons lui en donner. Vous êtes en communication avec le *Féodor Bredkine* ?

— Oui, amiral, répondit Antonov. Le navigateur du *K-219* a pris en charge le travail de communication. Il s'appelle Aznabaïev.

— Eh bien, envoyez-lui immédiatement ceci. (Makarov tendit une feuille de papier au jeune capitaine.) Vous pouvez disposer.

Antonov salua et quitta la pièce. Dès qu'il fut dans le couloir, il lut le document. Les ordres étaient adressés à Valeri Pchenitchni, l'officier du KGB du *K-219*. On contournait donc Britanov. Il poursuivit sa lecture, dans le couloir somptueux et silencieux.

Aux premières lueurs de l'aube, les survivants du *K-219* seraient rembarqués sur le sous-marin, avec les masques à oxygène qu'on leur avait largués dans l'après-midi. Ils devaient faire tout ce qui était en leur pouvoir pour sauver le bâtiment et le remettre en service.

Quels masques à oxygène ? Ils faisaient comme s'ils ignoraient leur fiasco ! Antonov interrompit soudain sa lecture. Ces ordres, il les avait déjà lus.

C'étaient quasiment les mêmes que ceux qu'on avait donnés à l'équipage du *K-8*, en 1970. Ce sous-marin, où un incendie avait éclaté, avait fait surface juste à l'ouest du golfe de Gascogne. A l'instar de Britanov, son capitaine avait mis ses hommes à l'abri sur des bâtiments alliés. Il s'attendait que le *K-8* sombre à tout moment. Mais le sous-marin têtu tanguait sous l'effet de la houle, et il refusait de couler.

Moscou s'énerva et ordonna le rembarquement de l'équipage. Le capitaine obtempéra. Le lendemain, cinquante de ses hommes le suivirent à bord du sous-marin. C'est alors que l'eau envahit subitement le navire. Il s'avéra qu'il était impossible de faire évacuer les cinquante hommes par les trois petites écoutilles disponibles. Tout le monde sombra par huit mille pieds de fond.

Le même scénario se répétait. A la virgule près. Il valait mieux mourir en essayant de sauver le sous-marin plutôt que s'efforcer de ramener le plus d'hommes possible et perdre le navire. Le capitaine Antonov savait que Britanov se souviendrait de l'histoire du *K-8*. C'était le cas, apparemment, de l'amiral Makarov.

L'officier de la sécurité Pchenitchni recevait des ordres clairs. Si Britanov discutait, s'il traînait, s'il s'opposait au retour de l'équipage à bord du *K-219*, Pchenitchni était autorisé à user de la force pour lui retirer son commandement.

14

> Moscou exigeait que nous retournions à bord au petit matin. Pchenitchni m'ordonna de prendre huit hommes pour retourner dans les compartiments huit, neuf et dix. Je savais dans quel état se trouvaient ces compartiments. A dire vrai, j'avais plus peur que lors de l'explosion. Je savais ce qu'étaient devenus des sous-marins qui se trouvaient dans cet état. Je redoutais vraiment l'arrivée du matin.
>
> Gennadi Kapitulski, ingénieur propulsion

Aznabaïev leur fit répéter les ordres deux fois, non parce que la réception était mauvaise, mais parce que les ordres n'avaient aucun sens. Retourner à bord avec les nouveaux masques à oxygène ? Ces masques *n'existaient pas* — ni sur les cargos, ni à bord du *K-219* —, et si Moscou croyait que ce largage ridicule avait eu la moindre utilité, eh bien ils n'étaient pas seulement mal informés. Ils étaient devenus fous.

Dès qu'Aznabaïev lui eut fait lire la retranscription des ordres, Vladmirov saisit le micro.

— Vladmirov, officier en second. Nous n'avons pas de cartouches d'oxygène. Je répète : nous n'avons aucune cartouche d'oxygène à distribuer. Terminé.

A l'autre bout de la ligne, la voix se contenta de répéter les ordres. C'était comme si Vladmirov n'avait rien dit.

— Ecoutez, dit-il, vexé. Il y a ici un navire américain qui nous propose des masques à oxygène. Sommes-nous autorisés à accepter leur aide ?

La réponse fut immédiate.

— Négatif. Utilisez ce que vous avez reçu.

Vladmirov regarda Aznabaïev.
— Ils sont sérieux ?
— Vous feriez mieux d'en parler au capitaine.
Il décrocha à nouveau le microphone.

Britanov se reposait sur la passerelle, recroquevillé sous les parois du cockpit pour se protéger des embruns. Les étoiles les plus vives luisaient dans le ciel indigo. Les vagues gonflaient à nouveau — de cinq à six pieds —, portées par le vent de nord-est. Elles faisaient rouler le sous-marin à demi immergé et projetaient des nappes d'eau sur son pont aux missiles déchiré.

Inlassablement, l'avion de patrouille repassait à basse altitude, et la lueur blessante de son projecteur empêchait Britanov de voir. Le remorqueur américain était si proche qu'il entendait les voix des hommes sur le pont. Les feux des trois bâtiments alliés semblaient dessiner des galaxies dans la nuit. Il sentait les odeurs du dîner que lui apportait le vent plus fort maintenant.

Le sous-marin était de plus en plus bas sur l'eau, Britanov lui-même s'en rendait compte. Combien de vagues pouvait-il encore encaisser par cette brèche du pont aux missiles, avant d'être trop lourd pour flotter ? Serait-ce un glissement progressif sous les vagues ? Ou serait-ce au contraire très soudain ?

Il était ironique de constater quelle masse d'énergie était nécessaire pour entraîner par le fond dix mille tonnes d'acier. Le compartiment quatre était grand ouvert à la mer. Il se remplissait lentement d'eau, et c'était le plus grand local du *K-219*. Mais les architectes soviétiques construisaient des sous-marins durs et résistants. Ils n'étaient pas à l'épreuve du feu, ni du poison, mais ils étaient diaboliquement difficiles à couler.

Britanov inspira profondément l'air pur de l'océan. Il avait sous la langue un goût âpre et métallique. La puanteur qui montait de l'écoutille ouverte au poste central amenait avec elle des bouffées plus fortes de poison. Il s'apprêta à vérifier sa dernière cartouche d'oxygène, lors-

que la radio portative fit entendre un bruit rauque. Il régla le volume au maximum.
— Britanov. J'écoute.
— Capitaine, c'est Vladmirov. Aznabaïev est à mes côtés, ainsi que l'officier de la sécurité Pchenitchni.
— Vous allez être en retard pour dîner. Je sens la cuisine d'ici. Que se passe-t-il, Volodia ? C'est Kotcherguine ?
— Non. Il est toujours dans le même état. Capitaine... (Le second était mal à l'aise.) Capitaine, nous avons reçu de nouveaux ordres de Moscou.
— Eh bien ?
— Ils veulent que je forme des équipes de dix hommes. Ils veulent que nous rembarquions au petit matin. Ils veulent que nous sauvions le sous-marin, capitaine.
Britanov se mit à rire.
— Vous ne pouvez pas rembarquer. Nous n'avons pas de masques à oxygène.
— C'est ce que je leur ai dit. Ils semblent ne pas comprendre. Qu'allons-nous faire ?
Britanov réfléchit. Il n'eut pas besoin de plus d'une seconde.
— Dites-leur qu'ils ne comprennent pas la situation.
Il y eut un silence embarrassant. Puis l'officier de la sécurité vint en ligne.
— Capitaine ? Pchenitchni.
— Je vous entends, Valeri. Comment vont les blessés ?
— Le docteur Kotcherguine n'a pas repris connaissance. Mais quatre autres hommes, qui étaient inconscients, semblent revenir à eux. Ils respirent à travers des chiffons imbibés de vodka. Cela leur rafraîchit les poumons. Markov a même retrouvé l'usage de la parole.
— Eh bien, voilà des bonnes nouvelles, pour changer.
— En ce qui concerne Moscou, monsieur... D'après les ordres, si vous vous opposez au rembarquement de l'équipage, vous devrez être relevé de votre commande-

ment. (Après une seconde de silence, il reprit :) Par la force, si nécessaire.

Une vague recouvrit le pont aux missiles. Britanov écouta le ruissellement et le gargouillis de l'eau qui coulait dans le silo déchiré.

— Capitaine ? Vous êtes toujours là ?
— C'est l'histoire du *K-8* qui se répète. Vous le savez bien, Valeri. Ils se fichent que *nous* allions au fond, pourvu qu'*eux* puissent affirmer qu'ils ont fait de leur mieux. Ce n'est pas possible. Le gaz mortel a envahi le poste de commandement. Qu'est-ce que les hommes sont censés faire ? Embarquer avec des chiffons imbibés de vodka entre les dents ?
— Je le sais bien... Que voulez-vous que nous fassions ?

Une autre vague, plus grosse que les autres, fit pencher le kiosque de dix, puis de quinze degrés. Le sous-marin se redressa lentement, paresseusement.

— Capitaine ?
— Très bien. Vous ne pouvez pas désobéir. Vous appartenez au KGB. Vous savez ce qui se passerait.
— Oui. Mais que voulez-vous que nous disions ?

Une autre vague recouvrit le pont aux missiles. Britanov regarda l'écume former un tourbillon au-dessus du silo ouvert, puis s'engouffrer dans son sous-marin.

— Ecoutez-moi. Restez où vous êtes. Assurez-vous que les hommes sont nourris, qu'ils se reposent, et que les blessés sont soignés. Voilà votre responsabilité.
— Et Moscou, monsieur ? Nous devons leur dire...
— Dites à Moscou que j'annule leurs ordres, dit Britanov. Ça, c'est ma responsabilité.

Centre d'action d'urgence, Moscou

— Il... *quoi ?* cria Makarov.
Le capitaine Antonov dut écarter le téléphone de son

oreille. Il avait retrouvé son bureau, à la Boîte de Sardines. Quand la tempête se calma, il reprit :
— D'après le message d'Aznabaïev, Britanov annule l'ordre de rembarquer. Il estime que la situation est trop dangereuse. Apparemment, ils manquent d'équipement de secours. Si nous pouvions leur larguer un peu de matériel, cette fois avec des parachutes et des flotteurs, ils pourraient peut-être...
— Britanov ne peut pas faire cela. C'est de la trahison.
Antonov resta silencieux.
Makarov jura.
— Très bien. Nous avons été patients. Trop patients. Mais notre patience est épuisée, et Britanov va avoir affaire à nous pour de bon. Qu'ils se tiennent prêts pour un message personnel.
— De votre part, amiral ?
— Non, dit Makarov. Je pense que nous sommes allés beaucoup trop loin, capitaine.
Sur ces mots, la ligne se tut.
Antonov alluma une autre cigarette. Qui allait s'offrir la tête de Britanov ? Pas Makarov seul, apparemment. Novoïstev ? Ce serait une imposture, étant donné que c'était lui qui avait saboté le largage des masques à oxygène. Peut-être serait-ce le commandant de la flotte du Nord, l'amiral Kapitanets. Quoi qu'il en soit, ils étaient en train de former un peloton d'exécution. Même si Britanov n'avait rien fait pour arranger les choses, Antonov admirait toujours son obstination. La décision qu'il avait prise n'était peut-être pas prévue par le règlement, mais c'était une décision courageuse. Peut-être même avait-il raison. Mais cela ne l'aiderait pas. En fait, cela ne ferait qu'aggraver son cas. Antonov tira une longue bouffée apaisante, puis composa le numéro de l'officier de quart responsable des communications.
— En attente pour un message flash de l'amiral Makarov au *Féodor Bredkine*, dit-il.

A bord du *Féodor Bredkine*

— En attente, dit Aznabaïev.

Il reposa le vieux microphone sur son support et actionna un interrupteur pour que tout le monde entende le message de Moscou via le haut-parleur.

La petite cabine radio du cargo était envahie par les officiers du *K-219*. L'officier de la sécurité Pchenitchni, Grand-Père Krasilnikov, le second Vladmirov, et même Serguienko, le *zampolit*, étaient là. Aznabaïev les observa à tour de rôle. Seul Serguienko n'avait pas l'air consterné par les ordres. Il arborait un étrange sourire contraint. *Peut-être est-il aussi terrifié que nous tous,* se dit Aznabaïev. Certains hurlent, d'autres paniquent et courent en tous sens. Peut-être Serguienko sourit-il quand il a peur.

La fréquence du haut commandement siffla, fit entendre quelques craquements de parasites, puis s'éclaircit brusquement.

— Qui est à l'écoute ? demanda une profonde voix de basse.

— Navigateur de premier rang Aznabaïev, j'écoute.

— Qui est votre officier commandant, Aznabaïev ?

La voix lui était familière. Elle ruisselait d'autorité. Vladmirov s'approcha du petit bureau.

— Officier en second Vladmirov, j'écoute.

— Savez-vous qui je suis, Vladmirov ?

— Non, monsieur.

Ce devait être une huile. Et en colère, de surcroît. Vladmirov regarda Pchenitchni. L'officier de la sécurité secoua la tête.

— Laissez-moi me présenter. Je suis l'amiral de la flotte, Tchernavine. J'imagine que vous avez entendu parler de moi. Je suis votre commandant en chef.

Vladmirov écarquilla les yeux. Il se mit au garde-à-vous, comme si Tchernavine pouvait surgir du haut-parleur. Un silence de mort régnait dans la cabine radio, à l'exception des craquements de l'appareil.

— Maintenant que nous nous connaissons, veuillez me mettre en communication avec Britanov.

— A vos ordres, camarade commandant !

Vladmirov regarda Aznabaïev.

Celui-ci tourna le bouton sur la seconde fréquence, celle des communications de navire à navire.

— Capitaine ? chuchota-t-il dans le micro, priant pour avoir opéré les bons réglages. Capitaine ! C'est Tchernavine, au bigophone ! Il veut vous parler !

Il n'y eut aucune réponse.

— Eh bien ? tonna Tchernavine. Il y a un problème, Aznabaïev ? Vous attendez peut-être des ordres d'une autorité supérieure, ou bien êtes-vous incapable de vous servir de cette radio ?

— Oui, camarade commandant ! Je veux dire, non... Veuillez rester en attente. Nous allons joindre le capitaine Britanov, maintenant. (Il tourna le sélecteur en position émetteur.) Capitaine ! C'est Aznabaïev ! Répondez-moi ! Capitaine Britanov ! Répondez-moi !

A bord du *K-219*

— ... Britanov ! Répondez ! C'est *vraiment* Tchernavine !

Britanov s'était assoupi, pelotonné dans un coin de la passerelle. Les voix le firent sursauter. Il rêvait qu'il avait retrouvé son siège au poste de commandement, au milieu du chaos routinier.

— Capitaine ? C'est Aznabaïev ! Répondez !

Puis la voix de Pchenitchni avait retenti dans la radio.

— Capitaine, ils deviennent fous, à Moscou. Tchernavine exige de vous parler. Il veut que vous quittiez le sous-marin sur-le-champ. Capitaine ? Vous êtes là ? C'est... Attendez. L'amiral Tchernavine dit qu'il est votre commandant en chef.

Tchernavine ! Britanov se raidit malgré lui.

— Monsieur ? L'amiral Tchernavine vous ordonne de me remettre votre commandement, dit Pchenitchni. Il veut que vous accusiez réception.

La houle faisait tanguer le sous-marin, l'avion de patrouille rugissait au-dessus de sa tête, puis virait pour effectuer un autre passage. Au-dessous, l'eau gargouillait. Britanov gardait toujours le silence. Il prit une gorgée d'eau minérale tiède, puis la recracha.

— Capitaine ? dit Pchenitchni. Tchernavine vous donne l'ordre de quitter le sous-marin. Il vous demande de cesser ces absurdités, et de ne pas entraîner vos officiers avec vous.

Ne pas entraîner les officiers ? Que diable Tchernavine pensait-il qu'il arriverait s'ils rembarquaient ? Qu'était-il arrivé aux hommes du *K-8 ?* Ne pas les entraîner ? Il jura mentalement, fut tenté de saisir sa radio et de dire le fond de sa pensée à Tchernavine, mais il parvint à se maîtriser.

— Capitaine ? C'est encore Aznabaïev. Vous êtes là ? Capitaine ? Répondez, si vous êtes là.

Une autre voix intervint à l'arrière-plan. Peut-être celle de Vladmirov.

— ... batteries sont mortes ?

— Comment le saurais-je ? répondit sèchement Aznabaïev.

— ... signal ?

Plus de batteries... Britanov regarda la petite radio portative. Pourquoi pas ? Ce serait une assez bonne excuse. Il éteignit la radio. Au même moment, une fusée éclairante verte décrivit un arc de cercle au-dessus du *Féodor Bredkine*. Elle fut suivie un instant plus tard d'une fusée rouge. Elles retombèrent toutes deux lentement vers l'eau noire, sous leurs petits parachutes miniatures. Elles brûlèrent encore un moment, clignotèrent, puis s'éteignirent.

Depuis le *Bredkine*, un projecteur perça l'obscurité. Britanov se cacha sous le rebord de la passerelle. Une éblouissante lumière blanche balaya le vide au-dessus de lui.

Les vagues recouvraient de plus en plus souvent le pont aux missiles. La poupe s'était enfoncée, très nettement. Le poids de l'eau embarquée dans la coque faisait rouler le *K-219* à contretemps des vagues. Le sous-marin faisait des embardées, il tanguait de manière étonnante, dangereuse. Tiendrait-il jusqu'au matin ?

Il n'y avait aucun moyen de le savoir avec certitude. Les sous-marins avaient parfois du mal à couler. Un autre bâtiment accidenté, le *K-19*, avait été victime d'une explosion, à la suite de quoi une partie de l'équipage avait été enfermée dans la poupe. Il avait fait surface au cœur d'une tempête arctique : vents de près de cent soixante kilomètres à l'heure, vagues de quinze à vingt mètres de haut. Le sous-marin et les hommes emprisonnés dans ses flancs étaient condamnés. Les vagues le frappaient sans répit, sous les hurlements de la bourrasque. Trois semaines plus tard, après que les éléments se furent calmés, un bâtiment venu à la rescousse le retrouva, toujours à flot. Pour y entrer, il fallut découper la coque. On retrouva, sains et saufs, les hommes d'équipage captifs.

Non, il n'était pas du tout certain que le *K-219* sombre avant l'aube. Avant que son équipage n'essaie de rembarquer en respirant à travers des chiffons imbibés de vodka. *Quels idiots !* Moscou les condamnait à mort jusqu'au dernier.

Au projecteur du *Féodor Bredkine* s'ajouta un faisceau venu du *Krasnogvardiesk*. Ils déversaient sur la passerelle du *K-219* une lumière si intense qu'elle semblait liquide. Il alluma la radio, une fois de plus.

— Eloignez ces damnées lumières de mes yeux ! cria-t-il à Aznabaïev.

Et il coupa immédiatement la radio.

Un des projecteurs s'éteignit, puis le second.

Britanov se redressa. Il regarda le pont aux missiles, essaya de mesurer de combien il s'était enfoncé depuis qu'il était sur la passerelle. Le navire allait couler, c'était sûr. Mais quand ?

Il avait passé toute sa vie à essayer de maîtriser cette

grosse machine noire, à actionner ses appareils fantasques, à la commander en temps de guerre. A la maintenir en vie. Maintenant il cherchait le meilleur moyen de la détruire avant qu'elle ne détruise le reste de son équipage.

Les charges de sabordage automatiques constituaient la solution logique, mais impossible à mettre en œuvre. Il fallait pour cela du courant électrique, ce dont le sous-marin était privé. En outre, tous les câbles avaient été rongés par l'acide.

Chaque missile abritait dans ses ogives un dispositif de destruction — une charge de thermite de la taille d'un crayon, conçue pour provoquer une explosion non nucléaire de faible puissance. Il suffirait d'en faire sauter une pour produire l'effet recherché. Mais il fallait aussi du courant et des câbles.

Britanov allait devoir le faire de ses mains. Il savait qu'il n'avait que deux possibilités. Les trappes d'écoutilles manuelles situées au fond du compartiment trois, et les tubes lance-torpilles. Qu'il ouvre les premières, et le navire coulerait lentement. Qu'il ouvre les deux extrémités d'un tube lance-torpilles, et l'inondation serait rapide et brutale. Un flot de la taille d'un gros chêne s'engouffrerait dans le sous-marin, qui coulerait peut-être trop vite pour qu'il ait le temps de sortir. Il regarda vers l'avant, et vit l'écoutille de secours apparaître et disparaître tour à tour sous les vagues. Il allait devoir faire vite. Courir tout du long, traverser le compartiment deux et passer dans le trois, escalader l'échelle qui le ramènerait ici, sur la passerelle. Et il devrait le faire dans l'obscurité, poursuivi par un raz-de-marée d'eau noire. C'était peut-être une solution. Ce serait un cauchemar, à coup sûr.

Britanov avala une dernière gorgée d'eau minérale, se leva et balança la bouteille par-dessus bord. Il tendit l'oreille, mais le bruit qu'elle fit en touchant l'eau fut couvert par le rugissement des moteurs de l'avion américain. Il revenait une fois de plus pour effectuer un nouveau passage à basse altitude, projecteur allumé. Britanov était furieux. Il attendit qu'il soit passé puis se rendit à l'arrière, à la grande écoutille. Il enfila son masque à oxygène. Sans hésiter, il descendit l'échelle. D'abord jusqu'à la passerelle intérieure. Il ouvrit un coffre à outils, dont il tira un paquet de caoutchouc lourd et encombrant. Il l'emporta en haut de l'échelle en le tirant derrière lui, et le déposa soigneusement sur le pont découvert.

C'était un radeau de secours jaune pour six personnes. Pour le gonfler, il suffisait de tirer un coup sec sur une amorce fixée à une cartouche de CO_2. Il déroula le câble. Qui sait ? Un marin ne devrait pas compter sur les miracles. Mais si c'était tout ce qui lui restait ?

Britanov regarda les étoiles. Il y en avait des millions, maintenant, aussi étincelantes que des diamants disposés sur du velours. Au-dessous se déployait un paysage de mer mouvante, avec les feux scintillants des cargos alliés, et la silhouette indistincte du remorqueur américain. Moscou avait perdu la raison. Les Américains tout autant. Mais c'était tout de même un monde magnifique. Il y pensa avec nostalgie, comme à son dernier regard sur Gadjievo.

Il était fort peu probable qu'il la revoie un jour. Mais ses hommes la reverraient. Il était responsable d'eux, et il n'allait pas les sacrifier à la stupidité de Moscou.

Il inspira une dernière goulée du bon air nocturne, puis replaça le masque sur son visage et entama la descente par l'écoutille vers les sombres espaces inférieurs.

Il descendit un échelon après l'autre et traversa la passerelle intérieure, jusqu'à l'endroit qu'il connaissait le mieux au monde, excepté son appartement, là-bas à Gadjievo. Et encore, se dit-il en se laissant tomber sur le pont du poste de commandement. Celui-ci lui était peut-être plus familier que celui-là.

Il avait passé la plus grande partie de sa vie adulte dans des sous-marins de toutes sortes. Le *K-219* n'était à personne d'autre que lui. Ni à Moscou ni aux Américains qui attendaient pour se précipiter et le voler. C'était le navire de Britanov. C'était son « commandement », et pour le moment, il était seul à bord.

Le poste central était sombre, sous la lueur faiblissante des lampes de secours. Elles projetaient son ombre autour du compartiment désert. Fantômes des hommes qui travaillaient là, des hommes qui ne reverraient jamais cet endroit. Des hommes — *ses* hommes — qui étaient saufs, maintenant, à moins de cinq cents mètres de là. Des hommes qui auraient certainement péri si Moscou était parvenue à imposer sa solution.

Il s'arrêta un instant, et jeta un regard vers la cloison où il avait installé son petit cadre :

La vie à bord d'un sous-marin n'est pas un service mais une religion.

Il tendit le bras et décrocha la plaque, qu'il glissa sous sa veste. Il se tourna, et se retrouva face à son fauteuil. Celui qui connaissait les formes de son corps, son poids, son odeur. Le siège de sa fierté, de son commandement. Il passa les doigts sur les accoudoirs, les caressa doucement.

Le service sous-marin était une religion qui exigeait beaucoup de ses fidèles. Leur temps, leur talent, leur courage. Parfois, il exigeait encore plus. Parfois, il exigeait qu'ils lui offrent leur vie.

15

J'étais sur le pont, en train de contempler le ciel. Tout à coup, j'ai vu quelque chose bouger. J'ai donné l'ordre d'allumer un projecteur. J'ai vu la poupe du sous-marin se lever hors de l'eau. Il y a eu un rugissement, comme le bruit d'un avion à réaction au décollage. J'ai réalisé qu'il était en train de sombrer, très vite, la proue en avant.

Alexeï Gakkel, second de l'*Anatoli Vassiliev*

La cabine radio était imprégnée de la puanteur des uniformes sales, mêlée à l'odeur âcre des appareils électroniques chauds. Pchenitchni et Vladmirov discutaient de la manière dont ils pouvaient obéir à Moscou — sans être sûrs de pouvoir le faire. Les autres officiers s'agglutinaient à proximité, espérant saisir au passage quelque information utile.

— Comment as-tu pu leur laisser croire que nous pouvions retourner là-bas ? cria Kapitulski à Aznabaïev.

— Je ne leur ai rien laissé croire ! C'était *Tchernavine*.

— Je me fous que ce soit Lénine en personne, appelant de son mausolée, rétorqua Kapitulski. Il n'y a plus de cartouches d'oxygène. Aucune. Zéro. Ce n'est pas parce que Moscou...

— *Tchernavine.*

— *Je m'en fous !* Ce n'est pas parce que Moscou n'a pas assez de ses deux mains pour trouver son cul que nous devons nous soumettre !

Après tant d'heures de veille, tant d'heures passées à se battre pour sa survie, tout le monde était à bout de nerfs.

— Ecoute, dit l'ingénieur en propulsion. Je sais dans quel état sont ces compartiments. Il est impossible d'y retourner sans oxygène. Trouve-moi des cartouches d'oxygène, et j'y vais le premier.

— Moi, je le sais, dit Aznabaïev. Et *tu* le sais. C'est *Moscou* qui ne veut pas le comprendre.

— Les seules cartouches d'oxygène disponibles se trouvent à bord de ce remorqueur américain, ajouta Vladmirov, le second.

— C'est impossible.

Tout le monde se tourna vers Serguienko, l'officier politique. On ne savait trop comment, le *zampolit* avait trouvé le moyen de nettoyer son uniforme blanc — celui qu'il portait pendant son discours sur la *perestroïka* dans les forces armées. Il était peigné avec soin, bien rasé, et il sentait très nettement l'after-shave.

Pour exprimer sa mauvaise humeur, Kapitulski venait de trouver une meilleure cible qu'Aznabaïev.

— Et vous, vous vous êtes préparé pour le bal ? dit-il en ricanant. Ou bien avez-vous l'intention de trouver un autre navire de croisière pour vous éclipser ?

Serguienko tourna le dos à l'ingénieur, et s'adressa à Vladmirov et Pchenitchni.

— Je vous rappelle qu'il nous est interdit d'accepter l'aide des forces de l'Otan. Je parle au nom du Parti, en la matière. Vous savez parfaitement que j'ai raison.

Les autres se tournèrent vers l'officier de la sécurité. Il appartenait au KGB, après tout. Il connaissait les sous-marins, mais aussi la politique.

— Il a raison. Si on se sert de leurs masques, ils nous pendront, c'est sûr.

— Si on ne s'en sert pas, dit Vladmirov, nous étoufferons. C'est ce qu'ils veulent ?

— Nous n'avons pas le choix, dit Pchenitchni en soupirant.

Kapitulski fit un pas dans sa direction.

— Tu plaisantes ! Tu sais bien...

A cet instant précis, le second du *Vassiliev*, Gakkel, fit irruption dans la cabine radio.
— Le sous-marin ! Il coule ! Il coule par la proue ! hurla-t-il, avant de ressortir précipitamment sur le pont.
Gennadi Kapitulski se précipita derrière Gakkel.
Il vit la poupe levée au milieu des vagues déchaînées, de l'agitation, et des explosions de bulles d'air. Les trois cargos braquaient maintenant des projecteurs sur le sous-marin, ce qui rendait l'écume encore plus brillante, sur fond de mer nocturne.
— Le capitaine ! hurla Kapitulski.
Il suivit Gakkel vers l'échelle menant aux bossoirs. En bas, il y avait une chaloupe.
Gakkel s'y trouvait déjà. Un timonier avait passé un grappin dans l'échelle pour retenir l'embarcation que les vagues tentaient d'entraîner au loin. Kapitulski sauta dans le fond du canot.
— Allez-y ! hurla Gakkel.
Le timonier libéra le grappin, et fit hurler son moteur.

A bord du *K-219*

Le monde entier basculait. Une fabuleuse chute d'eau tonnait tout autour de Britanov, qui escalada tant bien que mal l'échelle menant à la passerelle. Il glissa, reprit son équilibre, se hissa jusqu'à l'air pur. Jusqu'à la mer. A l'arrière, le tableau était terrifiant.
On eût dit un gigantesque raz-de-marée. Un rideau aqueux dévalait le pont aux missiles dans un rugissement et se déchirait pour s'élancer de part et d'autre de l'aile. L'air était plein d'embruns. Des tonnes d'eau dégringolaient du pont incliné. La poupe se dressait majestueusement au-dessus de l'eau, alors que la proue s'enfonçait de plus en plus. L'eau était déjà au pied du kiosque. A l'arrière, les hélices de bronze émergeaient du bouillonnement d'écume.
Britanov se dirigea vers le radeau, puis il s'immobilisa.

Il retourna à l'avant du pont — le *bas* du pont, maintenant — et se hissa au sommet du petit mât pour en détacher le pavillon du *K-219*. Il était blanc et bleu, avec l'étoile rouge, la faucille et le marteau rouges. Britanov le fourra sous sa veste, saisit la corde du radeau et l'attacha à sa ceinture, puis tira un coup sec.

Le radeau se gonfla dans un sifflement, mais incomplètement. Un des cargos émit un grand coup de sirène, à peine audible au-dessus du fracas de l'eau dévalant le pont aux missiles et le grondement plus profond qui montait de l'intérieur de la coque.

Le *K-219* sombrait très vite. De plus en plus vite. Britanov balança le radeau par-dessus bord et se prépara à sauter. Il n'était plus qu'à quelques pieds au-dessus de l'eau.

Il se laissa tomber dans le radeau informe, mais une vague le rejeta à l'eau. Elle était moins froide qu'il ne l'avait cru. Il était encore relié au radeau par la corde fixée à sa ceinture. Il le tira vers lui, une main après l'autre, jusqu'à ce qu'il puisse saisir le bord à demi gonflé. La poupe du sous-marin était de plus en plus haute, et le grondement était devenu un tonnerre assourdissant. Il était trempé par l'eau qui dévalait les ponts et s'engouffrait dans le radeau.

La lumière des projecteurs était aussi aveuglante que l'éclair. Britanov leva les yeux vers la coque noire. Il aurait pu la toucher. Il fallait qu'il s'éloigne, ou il serait aspiré vers le fond. Il s'efforça de grimper à nouveau dans le radeau, mais il fut éjecté une fois de plus, à l'extrême limite de sa corde de sécurité.

Le kiosque disparut. Une gigantesque explosion d'air et d'écume éclata au-dessus de lui. Britanov suivit la vague qui l'éloigna du sous-marin en train de sombrer. Un tourbillon noir l'aspira en arrière. Il résista, mais le radeau était pris dans le mouvement. La forme jaune tournoyait à n'en plus finir, entraînant Britanov derrière elle. Elle disparut enfin, aspirée vers le fond par la turbulence. Et elle le tira, comme au bout d'une laisse, droit

vers le centre du tourbillon. Il inspira profondément, et un instant plus tard sa tête était sous l'eau.
Igor Britanov regarda vers le haut. Il était aspiré, toujours plus loin. Au fond de ses oreilles, la pression se faisait de plus en plus forte. Sous l'eau, il voyait le jeu des lumières à la surface. Son sous-marin agonisant l'attirait vers le bas, toujours plus bas, vers les ténèbres.

Le timonier dirigea la chaloupe droit vers le point de convergence des trois projecteurs. Ils virent le nœud de turbulences, le tourbillon, le vomissement de bulles remontant du sous-marin qui tombait à pic. Kapitulski se dressait à la proue. La mer bouillonnait. Aucune trace de Britanov.
La chaloupe ralentit, loin du tourbillon et de son irrésistible force d'attraction.
— Igor ! cria Kapitulski. (Il entendait à peine sa propre voix, à cause du vacarme des cornes des cargos et du grondement régulier qui secouait la mer sous la surface comme un séisme. Il mit ses mains en cornet, et cria encore :) *Igor !*
— Là-bas ! Il y a quelque chose !
Kapitulski dirigea le rayon d'une petite lampe dans la direction que Gakkel lui désignait. Quelque chose brillait. Un radeau jaune à demi submergé dansait sur l'eau noire.
Ils s'approchèrent. Le cœur de Kapitulski vacilla. Le radeau avait l'air plein d'eau. Le fond était invisible, caché dans l'ombre. Le rayon de sa lampe balaya l'embarcation.
— Igor !
— Il n'est plus là, dit Gakkel. Il a coulé. Personne n'aurait pu s'en sortir.
Ils s'approchèrent encore. Kapitulski se tenait à la proue du canot, prêt à sauter. Les vagues avaient deux mètres de haut, et il faillit perdre l'équilibre. L'eau emplissait le radeau, presque à hauteur des plats-bords.
Gakkel le saisit par le col.

— Il n'est pas là ! Vous n'allez pas...
Kapitulski bondit. Il atterrit dans une gerbe d'eau, au milieu du radeau inondé. Il lâcha sa lampe. Elle rebondit sur le rebord en caoutchouc et disparut. Il jura en voyant le faisceau s'évanouir dans les profondeurs, passant du jaune au vert, puis du vert au noir. Alors qu'il gesticulait pour garder son équilibre dans le radeau informe, sa jambe heurta quelque chose. Il pataugea à tâtons dans l'obscurité et sentit un visage, une moustache... Un homme.
— Capitaine ? (Il tenait délicatement la tête de Britanov sur son genou. Le capitaine était inconscient.) Rappliquez par ici en vitesse ! cria-t-il à la chaloupe.
Pendant que celle-ci approchait, le P-3 américain passa au-dessus de leurs têtes dans un rugissement. La lumière blanche de son projecteur les frappa. Lorsqu'ils se trouvèrent dans le faisceau, Kapitulski vit les paupières de Britanov battre faiblement. Puis il ouvrit les yeux.
— Capitaine ?
— Je savais que je pouvais compter sur vous, Gennadi, dit Britanov. Bien joué.
Kapitulski le porta jusqu'à la chaloupe. Le timonier fit ronfler son moteur et appuya sur la barre. La chaloupe fonça dans la houle en direction du bâtiment le plus proche, le gros roulier *Anatoli Vassiliev*. Gakkel savait que le *Féodor Bredkine* disposait de très peu de matériel médical, et que la plupart de ses réserves avaient été utilisées pour les blessés. Il regarda le visage cireux de Britanov. Celui-ci était en état de choc, inutile d'être un spécialiste pour s'en rendre compte. Il tremblait de façon incontrôlable, le visage tordu, passant des larmes au fou rire.

A bord de l'USS *Augusta*

— Ici sonar. Red Two descend toujours de plus en plus vite. Mon estimation : quatre zéro nœuds. Il dépasse les cinq cents pieds, et dérive légèrement vers l'est.

— Marquez l'emplacement, dit le capitaine Von Suskil.

Il n'avait pas besoin du sonar pour entendre les grincements, les hurlements, les grondements sismiques du sous-marin qui sombrait. Tous ces bruits affreux venaient droit à travers sa coque. Ils étaient presque vivants. *Quarante nœuds en plongée,* se dit-il. Le fond se trouvait trois milles et demi plus bas. *Il y sera dans cinq minutes.*

— Cinquante nœuds, monsieur. Passé mille pieds. Accélère toujours.

Quatre minutes, s'il n'explose pas avant.

— Sonar, je veux votre meilleur relèvement de l'endroit où il s'écrasera. L'information pourra sûrement servir à quelqu'un.

— Il descend à la verticale. Passé deux mille pieds.

D'un instant à l'autre, maintenant, se dit le capitaine Von Suskil. La mer allait broyer la coque de Red Two comme une boîte de bière de mauvaise qualité. Tout l'air qui s'y trouvait encore allait se comprimer, prendre feu et exploser. Ainsi que tous ceux qui s'y trouvaient, d'ailleurs. Les débris s'éparpilleraient au fond, et quelqu'un pourrait aussi y trouver des choses intéressantes. Un bruit sourd secoua soudain le sous-marin.

— Passé trois mille, monsieur. Quelque chose vient de sauter.

Les sons s'évanouissaient, tandis que le sous-marin stratégique agonisant s'enfonçait dans les profondeurs de la plaine abyssale d'Hatteras.

— Monsieur, je ne pense pas qu'il se soit écrasé.

— Il *doit* s'être écrasé.

— Passé quatre mille pieds. Toujours intact. Et je viens d'établir un nouveau contact, relèvement zéro-huit-cinq. Selon l'évaluation, c'est Red One. Tourne à vingt-huit nœuds.

— Notre ami le Delta, dit Von Suskil.

Il espérait que la mort de ce vieux Yankee allait faire du bruit dans le landerneau et leur amener quelque chose d'intéressant. Un Delta était un bâtiment nucléaire plus moderne. Un adversaire beaucoup plus digne de l'*Augusta*. Von Suskil sourit. *Bon Dieu. Celui-là va peut-être se tuer, lui aussi.* Il pourrait alors rentrer à New London avec deux étoiles rouges peintes sur son kiosque. Certes, on ne le laisserait pas faire. Mais les Russes le sauraient. Ils devaient comprendre qu'ici, au large de l'Amérique, ils se trouvaient loin de chez eux, qu'ils naviguaient dans des eaux hostiles.

Von Suskil attendit calmement. Comme le reste de l'équipage. Trois minutes. Quatre. Cinq. Enfin, un autre bruit sourd secoua la coque.

— Ici sonar. C'était l'impact. Il semble bien qu'il y soit arrivé en un seul morceau. Dix-huit mille pieds !

— Eh bien, messieurs, dit le capitaine, Ivan ne les fait pas très malins, mais il est évident qu'il les fait costauds. *Comm ?* Envoyez un rapport. Dites-leur que nous reprenons la chasse furtive de Red One.

— A vos ordres !

— Pilote, faites tourner à vingt nœuds. Cap zéro-quatre-zéro. Tout d'abord, nous allons piquer un sprint. Puis nous dériverons sur le côté et nous laisserons ce Delta nous foncer dessus. Et nous nous amuserons un peu avec lui.

Le second frissonna. Le bruit du Yankee agonisant résonnait encore à ses oreilles. Pour autant qu'il sache, il avait sombré par dix-huit mille pieds avec une partie de son équipage. Qu'est-ce qui était pire : mourir dans une explosion d'air comprimé, ou étouffer lentement au fond d'une mer glacée ? C'était un véritable cauchemar. Leur prise de contact, la rupture de la touline, la tentative d'éperonnage. Le fracas lointain marquant l'arrivée du *K-219* dans la plaine abyssale, trois milles et demi plus bas. Un cauchemar. De A à Z. Si c'était cela, s'amuser, le second se demandait ce que Von Suskil réservait au Delta.

Gadjievo

Irina Kapitulski finissait de disposer sur la table de la cuisine le buffet qu'elle venait de préparer. Les femmes d'officiers en patrouille organisaient souvent des repas en commun. Cela les aidait à supporter leur solitude et leur ennui. Ce soir-là, Irina contribuait au dîner avec sa cuisine, quelques bouteilles d'une boisson fruitée — du *sok* — et un jambon en conserve que sa sœur lui avait expédié de Tallinn, en Estonie. Le jambon était une véritable aubaine. Il n'y avait rien de comparable à Gadjievo. Chacune des autres femmes apporterait un plat. Elles pourraient ainsi partager un vrai repas de famille.

Le téléviseur se trouvait dans la pièce voisine. Il était allumé, le son assez fort pour permettre à Irina d'écouter le journal du soir, *Vremia*. Elle prit un couteau bien aiguisé et découpa des tranches ultrafines du jambon. Une viande aussi succulente, il fallait la faire durer.

Elle entendit la voix grave du présentateur prononcer le mot *Navaga*. Elle s'interrompit, leva les yeux, écouta un moment. Le couteau tomba sur le sol avec fracas. Elle se précipita dans l'autre pièce.

L'écran montrait un sous-marin en surface. De la fumée s'échappait d'une brèche à l'arrière de la coque. Le présentateur disait que ces images provenaient d'un avion américain, et que la scène avait été diffusée aux Etats-Unis dans le cadre d'un magazine d'actualités. Il ajouta que le sous-marin avait des ennuis. Il était en feu, au large des côtes américaines.

Irina eut l'impression que sa tête allait exploser. Elle savait que Gennadi se trouvait à bord d'un Navaga, au large des côtes américaines. Combien y en avait-il? Etait-ce son sous-marin qui brûlait? Est-ce qu'il était encore en vie? Etait-il en train de mourir dans des souffrances atroces, alors même qu'elle coupait en tranches ce foutu jambon? Elle avait la nausée. Elle se rendit compte que

la tête lui tournait. Elle fit un effort pour se maîtriser, et se dirigea vers le téléphone.
A la télévision, on avait changé de sujet. Hébétée, elle attendit que Natalia Britanova décroche, impatiente de l'entendre dire « Ne t'inquiète pas » et terrifiée à l'idée qu'elle ne le ferait peut-être pas.

A bord de l'*Anatoli Vassiliev*

Au petit matin, les cent quinze survivants furent transférés à bord du gros cargo de la Baltic Steamship Company, l'*Anatoli Vassiliev*. On transporta les matelots blessés et les sacs de toile blanche sur des brancards. Bien qu'il eût respiré toute la nuit à travers un chiffon imbibé de vodka, le docteur Kotcherguine était toujours dans un sale état. Il continuait à expectorer des particules d'écume acide verte rejetées par ses poumons brûlés.

Les gros conteneurs empilés sur le pont du *Vassiliev* laissaient peu de place pour se rassembler. Quand le bruit courut que le capitaine allait se montrer, les officiers firent aligner leurs hommes. Le bourdonnement continuel des conversations rivalisait avec le battement des machines tournant au ralenti, et les passages à basse altitude de ce casse-pieds de patrouilleur américain.

— Nous devions rembarquer sur le sous-marin. Il nous a sauvé la vie, dit un mécanicien qui travaillait dans la salle des machines du *K-219*. Le capitaine a ôté la bonde, et il nous a sauvés.

— Il n'avait pas besoin de le faire. Il aurait coulé de toute façon.

— Ne sois pas stupide. Bien sûr, qu'il a ôté la bonde.

— Et comment es-tu si bien informé ?

— J'ai entendu les officiers parler dans la cabine radio.

— Ça prouve bien que ce n'est pas vrai. Et si c'est le cas, ils vont le crucifier ! Attendons, nous verrons bien.

— Garde-à-vous ! cria Valeri Pchenitchni. Capitaine sur le pont !

Tous les regards se tournèrent vers la silhouette voûtée qui émergeait de la cabine de pilotage du *Vassiliev*. Britanov resta là un instant, louchant dans la violente lumière du matin. En temps normal, c'était un homme de haute taille, au port majestueux. Rien de tel, ce jour-là. Il portait toujours son uniforme détrempé. Quand il vit son équipage au garde-à-vous devant lui, il eut un sourire las.
— Très heureux de vous revoir, vous tous !
— Félicitations, camarade capitaine ! s'exclamèrent les hommes à l'unisson.
Britanov passa en revue la longue rangée de marins. Il serra la main de chacun d'eux. Il arriva finalement devant l'officier de la sécurité, Pchenitchni. Celui-ci était en larmes.
— Qu'est-ce qui vous arrive, Valeri ?
— Nous avons cru que vous étiez mort, camarade capitaine.
— Pas encore, mais il est encore tôt.
Il serra Pchenitchni dans ses bras, puis recula de quelques pas pour être entendu de tout l'équipage. Il les appela un par un, de mémoire, sans oublier un seul nom.
— Petratchkov.
Gennadi Kapitulski répondit pour l'officier missilier mort.
— Toujours en patrouille, capitaine !
— Pchenitchni.
— Présent, camarade capitaine !
— Preminine.
Un bref silence, puis le chef mécanicien Krasilnikov répondit :
— Toujours en patrouille, camarade capitaine !
Quatre morts, se dit-il. *D'autres mourront pour avoir respiré le poison. Mais combien auraient péri s'ils étaient retournés à bord ?* Il acheva l'appel, puis déclara :
— Je suis fier de vous. Et je sais que la marine est fière de vous, elle aussi. A chacun, je ne dirai qu'un mot : Bravo !
Il fit demi-tour et se dirigea vers la passerelle du cargo

pour appeler Moscou. Il ne vit pas le regard meurtrier que Gennadi Kapitulski adressa au *zampolit* Serguienko, ni le sourire innocent et satisfait de ce dernier.

Soudain, quelqu'un désigna un point, à l'est.

— Regardez !
— Notre bateau ! Il est remonté à la surface !

Les hommes se ruèrent vers les lisses.

Une forme noire s'éleva au-dessus de l'eau. Ils furent stupéfaits, tout d'abord, persuadés que le *K-219* répondait d'une manière ou d'une autre à l'appel de Britanov, et que Preminine, Petratchkov et les deux autres morts étaient revenus, chevauchant une dernière fois le sous-marin naufragé. Mais ce n'était pas un Navaga. Son pont aux missiles était plus arrondi et plus haut, et les détails étaient différents.

— Aucun d'entre vous ne voit ce sous-marin, les prévint Pchenitchni.

C'était Boris Apanasenko et son Delta, venus décharger le cargo de tout le matériel « secret ».

Une fois de plus, on fit la chaîne pour passer les sacs plombés par-dessus bord et les descendre dans les chaloupes. Une fois les sacs transbordés, les canots repartirent. Moins d'une demi-heure plus tard, on entendit le sifflement du délestage, le bateau noir donna un ultime coup de corne en guise d'adieu et glissa lentement sous les vagues.

Skorniakovo

Anatoli Efimovitch Preminine était seul chez lui lorsqu'il reçut la convocation du conseil de village. Comme Irina Kapitulski, cet ouvrier de filature grand et maigre avait vu le reportage de *Vremia*, la veille au soir. Lui aussi avait écouté le compte rendu plus détaillé diffusé par La Voix de l'Amérique. Il était follement inquiet au sujet de son fils, Sergueï. C'était son sous-marin, aucun doute là-dessus. Un incendie. Des problèmes. Et Sergueï, un simple mécanicien ! Probablement au milieu de la mêlée, tel qu'il le connaissait. Pourquoi n'était-il pas resté à Skorniakovo pour travailler à la filature comme tous ses amis ? Qu'est-ce qui lui avait pris — son propre fils ! — de troquer son foyer contre une vie sous les mers ? C'était un garçon, pas un poisson !

Au moins, je vais savoir, se disait-il, dans le vieil autobus poussif qui le conduisait de la ferme collective au bâtiment de béton gris du conseil de la communauté rurale.

Un homme en uniforme de la marine l'y attendait. Un homme porteur d'une enveloppe du même gris que le béton, du même gris que la tristesse qui avait envahi le cœur d'Anatoli. Il la lui tendit, sans un mot.

Preminine avait les mains rudes, des doigts épais et couverts de cicatrices. Toute sa vie, il avait travaillé avec des machines. Il savait ce dont elles étaient capables quand le diable s'y mettait. Est-ce que Sergueï était blessé ? Avait-il perdu un bras, une jambe ? Les mains tremblantes, il déchira l'enveloppe et déplia la lettre qu'elle contenait.

> « Cher Anatoli Efimovitch Preminine. C'est avec une immense douleur que je vous informe de la mort de votre fils, le matelot Sergueï Anatolievitch Preminine (né en 1965), dans l'exécution de ses devoirs militaires sacrés. »

Il replia la feuille de papier gris, la glissa sous son bleu de travail et sortit. Le car de Skorniakovo vint à l'arrêt, mais il l'ignora. Preminine entreprit de regagner son village à pied, par la route étroite et défoncée. Un pas après l'autre, dans les flaques gelées, par-dessus les tas de neige fraîche, il marchait comme un automate, sans rien voir, sans rien sentir.

Il s'immobilisa près d'une congère. Il chancelait, à la manière d'un homme qui se tient au bord du gouffre, et qui sent l'étrange attraction du vide. Il se pencha en avant, puis se laissa tomber dans la neige en sanglotant, la main crispée sur le cœur.

Un villageois s'en vint à passer dans sa charrette. Il reconnut Preminine, le ramassa et le ramena chez lui.

Le Pentagone

La salle à manger des VIP était déserte, à l'exception de deux hommes : un amiral en bleu foncé et un général de l'aviation dans un uniforme bleu légèrement plus clair. Un steward de la marine leur servit leur déjeuner. Le général Richard Burpee avait pris un sandwich bacon-laitue-tomate. L'amiral Bill Crowe, président du groupe des chefs d'état-major, était au régime. Son assiette ne contenait que des légumes crus.

— Je ne suis toujours pas sûr d'être le mieux placé pour parler du *K-219* à la presse, dit Burpee. Cette affaire ne regarde que la marine.

— Vous ferez cela très bien, dit l'amiral Crowe.

— Comment saurai-je où se trouve la limite ? Je pourrais dépasser la mesure sans m'en rendre compte.

— Ne vous en faites pas. Powell Carter est parfait pour représenter l'état-major. Et les sous-mariniers nous envoient Hank Chiles. Ils seront là pour vous encadrer. Comment est votre sandwich ? Vous n'y avez pas touché.

— Il est très bien, monsieur.

Burpee n'avait pas très faim. En qualité d'officier d'opérations J3 auprès des chefs d'état-major, il était de service depuis le début de l'incident du *K-219*. Mais il était pilote, pas sous-marinier, et toute cette affaire dégageait une odeur qu'il n'aimait pas. C'est pourquoi Hank Chiles assisterait au briefing. Il était le chien de garde numéro un des sous-mariniers. Si Burpee commettait une bévue, il n'aurait pas fini d'en entendre parler. Et il était persuadé qu'on ne lui avait pas tout dit sur cette affaire.

La mafia sous-marine lui cachait quelque chose. Peut-être même cachait-elle quelque chose à Crowe. Les sous-mariniers ne considéraient pas l'amiral comme l'un d'entre eux. Il avait commandé un sous-marin diesel, longtemps auparavant, et il portait l'uniforme de la marine. Mais en tant que patron du groupe des chefs d'état-major, il était plus proche des « pourpres ». Une fonction presque politique, qui l'obligeait à entretenir beaucoup trop de liens hors du monde sous-marin.

Une conférence de presse était prévue pour midi dans la salle de briefing. Grâce à la petite fuite de Caspar Weinberger, tous les journalistes savaient qu'un sous-marin américain se trouvait sur place en train d'observer le *K-219*. La presse viendrait armée, et Burpee n'avait aucune intention de tomber dans une embuscade.

Crowe prit un morceau de carotte. Puis il le reposa, sans quitter des yeux le sandwich du général Burpee.

— Contentez-vous de les tenir à l'écart de ce qui vous semble trop brûlant. Faites quelques blagues, et promettez-leur qu'ils seront informés de tout ce qui arrivera.

— Les tenir à l'écart ne fera qu'exciter leur intérêt, dit Burpee d'un ton morne. Et s'ils veulent savoir si nous avons heurté ce sous-marin ?

— Dites-leur que non.

Crowe prit une branche de céleri, qu'il examina d'un œil soupçonneux.

— Est-ce que c'est vrai, amiral ?

— Du diable si je le sais. (L'amiral rejeta le céleri sur son assiette.) Ecoutez, Dick. Vous êtes parfait pour ce briefing. Vous n'êtes pas de la marine. Ils ne croiraient pas un vieux sous-marinier comme moi. Ils pensent que nous sommes tous sournois.

Ils ne sont pas les seuls, se dit Burpee.

— Vous vous en sortirez très bien. Détendez-vous, prenez l'air idiot. C'est le meilleur truc pour manipuler la presse. Il faut les convaincre que vous êtes bien trop stupide pour savoir quoi que ce soit d'intéressant.

— Le SecDef ne nous a pas beaucoup aidés.

— *Pas aidés ?* Cap Weinberger nous chie dessus, s'écria Crowe. (Malgré ses études à Princeton, l'amiral parlait une langue aussi verte que le commun des matelots.) D'un autre côté, des tas de gens dans ce pays ont été foutrement surpris d'apprendre qu'un *boomer* russe et ses seize missiles ait pu se trouver au large du cap Hatteras. Bon Dieu, des tas de gens dans cette ville ignoraient que leurs patrouilles stratégiques venaient si près d'ici. Ayez la bonté de le leur faire comprendre.

— Mon seul problème, c'est que je dois me jeter à l'eau sans connaître toute l'histoire.

Burpee prit la moitié de son sandwich. Un morceau de bacon croustillant retomba sur l'assiette. Crowe le suivit des yeux.

— L'amiral Carter interceptera toutes les balles coupées qu'ils vous enverront. Il sait qu'il a gros à perdre. S'ils veulent descendre jouer avec ce sous-marin, ils doivent aplanir les difficultés de ce côté-ci. C'est à eux de jouer.

— Jouer avec le sous-marin ?

— D'après notre unité sur place, il a sombré plus ou moins intact. Réacteurs. Missiles. Et le diable sait quoi encore.

— Il est question de sortir le *Glomar Explorer* de sa retraite, amiral ?

— On a vu des choses plus bizarres. Après un silence, Crowe ajouta : Il est bientôt l'heure de ce briefing. Vous êtes sûr que vous n'avez pas faim ?

L'Air Force rendit les armes à la Navy. Burpee poussa son assiette vers l'amiral.

La conférence de presse annoncée pour midi commença un peu après une heure. Le vice-amiral Powell Carter répondit à la question que Burpee redoutait.

— Y a-t-il eu une collision ? demanda un journaliste.

Le général Burpee sourit, et regarda l'amiral.

— Non, dit Carter. Absolument pas. Comme vous le savez, nos forces ont passé un accord avec les Soviétiques. Nous essayons d'éviter certaines complications, comme les collisions. Surtout à une semaine d'un sommet.

Rires des journalistes.

— Il me semblait que cet accord sur les incidents en mer ne concernait que les navires de surface, dit quelqu'un.

— C'est exact, répondit l'amiral. Dès lors que sa coque était percée, le *K-219* est devenu un navire de surface.

Puis un journaliste de *Newsweek* se leva.

— Amiral, est-ce que les Etats-Unis essaieront de jeter un coup d'œil sur ce sous-marin soviétique ? A des fins de renseignement militaire, j'entends.

— Pour parler franchement, dit Carter, j'en doute fort. Ce bâtiment a vingt ans. Je doute que nous en apprenions assez pour justifier le coût d'une telle opération.

— Et l'équipage ? Où ira-t-il dans l'immédiat ?

— Messieurs, voilà un problème qui concerne la marine soviétique, dit Burpee, tout heureux de se manifester et d'avoir l'air accommodant. Entre nous, je pense que ces hommes ont droit à quelques vacances sous les tropiques.

— Des vacances ?

— A La Havane.

16

Pour la plupart d'entre nous, il a été très difficile d'admettre la réalité de La Havane. Mais par la suite, plus nous approchions du moment de rentrer à la maison, plus on nous traitait durement.

Gennadi Kapitulski, ingénieur propulsion

La Havane

Trois jours après le naufrage du *K-219*, quatre officiers sans navire se tenaient côte à côte à tribord de la passerelle de l'*Anatoli Vassiliev*. Britanov, Grand-Père Krasilnikov, Aznabaïev et Gennadi Kapitulski. Tous, sauf Kapitulski, fumaient cigarette sur cigarette, tandis que le commandant du *Vassiliev* pilotait son cargo dans le port intérieur de La Havane. C'était un matin radieux. Le soleil tropical cognait sur les toits de tuiles rouges et brunes de la capitale cubaine, et leur chauffait agréablement le dos.

— Je pensais que la première terre que je reverrais serait couverte de neige, dit Britanov, tandis que le gros navire avançait avec précaution vers son point d'amarrage. De l'autre côté des docks, l'esplanade fourmillait de femmes et d'hommes bruns aux vêtements légers. Ils transportaient des richesses inimaginables : des fruits et des légumes frais — autant de produits introuvables à Gadjievo en été, a fortiori en plein mois d'octobre. Cela semblait presque irréel à des hommes habitués aux fjords glacials et à la côte rocheuse de la Russie du Nord.

— Nous avons intérêt à en profiter, dit Aznabaïev. Chez nous, nous n'aurons pas aussi chaud.

Britanov inspira une longue bouffée de sa cigarette, puis exhala lentement la fumée.
— Comme c'est doux, dit-il. Vous sentez ?
— Tout ce que je sens, c'est une odeur de fruits pourris, maugréa Krasilnikov.
— Ça sent meilleur que toi, lui dit Kapitulski.
— Nous puons tous comme des boucs en train de paître sur une décharge chimique, ajouta Aznabaïev.
Il avait raison. Il n'y avait pas vraiment de blanchisserie à bord de l'*Anatoli Vassiliev*. A l'exception de Serguienko, tous les hommes empestaient le caoutchouc brûlé, les produits chimiques, la fumée et le gaz létal. Ils s'étaient lavés le mieux possible, mais les odeurs refusaient de s'en aller.
— Il faudrait rassembler les hommes sur le pont, dit Britanov. Assigner un détachement à l'infirmerie. Kotcherguine est toujours incapable de se déplacer.
Il tourna les talons et se dirigea vers la passerelle du cargo. Il voulait remercier le commandant de son aide.
— Il ne va pas bien, dit Aznabaïev.
— Tendu comme un tambour, ajouta Kapitulski.
— Il sait que nous allons tous dérouiller, dit Krasilnikov.
Il jeta sa cigarette par-dessus bord. Les trois hommes rejoignirent Britanov sur la passerelle.
Tandis qu'on amarrait le navire, une file d'autocars pour touristes s'avança sur le quai. Une grosse Mercedes noire flanquée de policiers en moto les précédait. On leva une rampe d'embarquement vers le *Vassiliev*. Avant même qu'elle soit fixée au pont du cargo, un groupe d'hommes en uniforme s'extirpa de la Mercedes, monta à bord et se dirigea vers la passerelle.
Toutes ces personnalités portaient des treillis vert clair parfaitement repassés, et couverts de médailles. Ils étaient trop neufs pour avoir été jamais portés dans un jardin, encore moins dans la jungle. Les gardes qui les suivaient étaient lourdement armés et portaient des cartouchières croisées sur le torse. Leurs bérets et leurs

barbes leur donnaient plus l'air de terroristes que de soldats.
Ils arrivèrent sur la passerelle du cargo. Le plus petit (celui qui montrait aussi le plus grand nombre de médailles) prit la parole.
— Bienvenue à Cuba, camarades. Je suis Raul Castro, ministre de la Défense. (Il était beaucoup plus petit et plus mince que son frère. Il avait une barbe prématurément grise, et un visage presque ratatiné.) Lequel d'entre vous est le capitaine Britanov ?
Celui-ci s'avança, dominant le ministre de sa haute taille.
— C'est moi.
Castro s'approcha pour lui serrer la main, puis, à la surprise de Britanov, lui donna une accolade embarrassante. Il recula d'un pas et souhaita la bienvenue dans un russe parfait aux autres officiers du sous-marin.
— Vous serez accueillis chaleureusement à Cuba, camarades, dit-il. Rien ne sera trop bon pour vous. Vous recevrez d'excellents soins médicaux, et vous pourrez vous rétablir dans les meilleures conditions. Et vos blessés, à propos ? Combien y en a-t-il ?
— Quatorze, dit Britanov. Dont un grièvement.
— Allons leur rendre visite.
Le groupe suivit le ministre de la Défense qui se dirigea vers la petite infirmerie du cargo. Trois hommes reposaient sur les couchettes. L'air sentait l'amande amère et la fumée chimique. Le docteur Kotcherguine avait les yeux jaunes. Au moins étaient-ils ouverts. Le chiffon qu'on lui avait fourré dans la bouche était taché de mucus vert. Un liquide vert coulait aux coins de ses lèvres. Ses cheveux roux clair et ses yeux d'une pâleur cireuse, jaunis par le poison, lui donnaient l'air d'un vampire, d'une terrifiante citrouille de Halloween. Les deux autres hommes alités allaient beaucoup mieux. Ils s'assirent pour regarder la scène.
Castro s'approcha du lit de Kotcherguine.
— Jeune homme, vous serez bientôt sur pied. Et vous

y avez intérêt, parce que nous allons vous donner le meilleur de La Havane, et vous ne voudrez rien manquer.

Les deux autres blessés sourirent, mais Kotcherguine se contenta de lever les yeux au ciel.

— Nous allons vous trouver une belle Cubaine aux yeux noirs, poursuivit Castro. Nous verrons ce que produira la rencontre de votre tignasse rouge et de nos beautés basanées.

Kotcherguine cracha son chiffon, toussa, et essuya le mucus de ses lèvres. D'une petite voix coassante, comme un grincement, il répondit :

— Je vous remercie, mais je suis marié.

Britanov applaudit en silence. Castro semblait déconcerté. Il tapota l'épaule de Kotcherguine et se tourna vers Britanov.

— Que vos hommes rejoignent les autocars. Nous allons nous occuper d'eux.

Puis il fit demi-tour et sortit.

Britanov fit un clin d'œil à Kotcherguine.

Les hommes du *K-219* étaient rassemblés sur le pont principal inondé de soleil, dans un assortiment d'uniformes hétéroclite. Certains portaient un pull rayé, d'autres leur combinaison bleue de sous-marinier, d'autres n'avaient que ce qu'ils portaient quand ils avaient été arrachés à leur couchette à bord du sous-marin. Leur peau nue, pâle comme la lumière polaire, était exposée au soleil brûlant. Castro s'arrêta devant eux, leur fit un bref discours, puis remonta en hâte dans sa Mercedes qui s'en alla en rugissant dans un nuage de fumée bleue.

— Sa voiture a besoin d'une bonne vidange, dit Krasilnikov.

— Pas autant que moi, gloussa Kapitulski. Déjà goûté au rhum cubain ?

Krasilnikov prit la mouche.

— J'ai pissé plus de rhum cubain que tu n'en as jamais avalé.

— Nous verrons cela.

L'équipage avança vers les cars qui les attendaient. C'étaient de luxueux Ikaru hongrois climatisés, avec des sièges en peluche et des vitres teintées. Le nez collé aux fenêtres, les hommes étaient bouche bée à la vue des jolies brunes qui vaquaient à leurs occupations matinales. Dans leurs légères robes tropicales, elles avaient l'air presque nues.

Les cars les emmenèrent à travers les rues bondées, jusqu'à une maison de repos de l'armée située en bordure de la ville. L'endroit offrait une vue magnifique sur l'étincelante mer des Caraïbes. Ils disposaient d'une immense véranda à l'ombre des palmiers, d'une piscine et, surtout, de chambres avec seulement deux lits. Chacun d'eux reçut un short de coton neuf, des sandales et une chemise propre. Ils entrèrent dans l'établissement comme dans un rêve. Seul Britanov semblait encore préoccupé.

Cet après-midi-là, après s'être douchés et reposés, Aznabaïev, Kapitulski et Krasilnikov se retrouvèrent dans un réfectoire. Un buffet immense, incroyablement exotique, était disposé sur une longue table. Un assortiment d'ananas et d'oranges, de viandes et de fromages, de pain et de légumes frais.

— Comment s'y est-il pris, à votre avis ? demanda Aznabaïev en chuchotant.

— Qui cela ? dit Krasilnikov en lorgnant le plat d'œufs durs qui passait devant lui. De quoi parles-tu ?

Aznabaïev se pencha.

— Le capitaine. D'une manière ou d'une autre, il a sabordé le navire.

A cet instant précis, Britanov entra dans la salle à manger. Il avait toujours cet air fantomatique qui ne le quittait pas depuis l'instant où Kapitulski l'avait retrouvé au fond de son radeau. Les trois officiers se levèrent.

— Repos, dit-il. (Il regarda le buffet.) Tout va bien, ici ?

— Oui, sauf pour la vodka, dit Kapitulski d'un ton morne. (D'un mouvement du menton, il montra une rangée de bouteilles.) Rien que de l'eau minérale.

Mais un serveur avait compris. Il se dirigea vers un bar à toit de bambou et ouvrit une double porte. Les lattes de bois dissimulaient un grand réfrigérateur bourré de bière, de champagne et de bouteilles de vodka russe glacée.

— Longue vie à Cuba, l'Etat socialiste frère !

Krasilnikov s'empara d'une poignée d'œufs durs, et s'en fourra un dans la bouche.

— Je meurs de soif, dit Kapitulski en prenant le chemin du bar.

Avant qu'il ait le temps d'y arriver, un homme portant l'uniforme de vice-amiral de la marine soviétique apparut à la porte.

— Garde-à-vous ! cria Britanov. Amiral sur le pont !

Le vice-amiral Koslov entra dans la pièce, suivi de l'officier politique du *K-219*, le *zampolit* Serguienko. Ce n'était pas un hasard. Koslov était issu de la section politique principale de la marine. Serguienko, en un sens, était son héritier.

Grand-Père Krasilnikov recracha son œuf dans la paume de sa main, et se mit au garde-à-vous.

— Repos, dit Koslov. Je viens d'arriver de Moscou. Dès que vous vous serez reposés, vous et vos hommes m'accompagnerez au pays. (Il jeta un regard glacé à Kapitulski.)

Dans les prochains jours et les prochaines semaines, il vous faudra répondre à quelques questions. Les experts sont prêts à vous aider à vous rappeler les détails nécessaires.

Kapitulski échangea un regard entendu avec Aznabaïev. Le mot *experts* ne présageait rien de bon.

— En attendant, l'alcool devra être consommé avec modération. Nous ne tolérerons aucun abus. (Koslov se tourna vers Britanov.) Votre capitaine y veillera.

Koslov et Serguienko quittèrent les lieux. Les autres officiers du sous-marin entrèrent, l'officier de la sécurité Pchenitchni en tête.

— Serguienko. Ce salaud, gronda Kapitulski en crachant.

Il n'avait dit à personne que Serguienko avait paniqué, qu'il avait fui l'arrière du sous-marin et sauté dans une chaloupe réservée aux blessés.

Britanov attendit d'être sûr que l'amiral était bien parti.

— Je délègue à Genia Aznabaïev toute autorité sur la consommation d'alcool, dit-il avec un clin d'œil. En qualité de navigateur, il devra s'assurer que personne ne s'égare en regagnant sa chambre. Compris ?

— Compris, camarade capitaine ! lui répondit-on d'une seule voix.

Britanov se dirigea vers le bar et s'empara d'une bouteille de vodka Stolitchnaïa glacée. Il emplit une rangée de verres qu'il distribua à ses officiers. Il monta sur un tabouret et tendit le bras, le verre plein à ras bord.

— Messieurs, officiers de l'équipage numéro un du sous-marin *K-219* de la flotte du Nord, mes amis, mes camarades. Je propose de commencer dans le respect de la tradition, en portant le premier toast de la nuit.

Le silence se fit dans la salle.

Ses mains tremblaient. Des gouttes de vodka tombèrent sur le sol, comme des larmes.

— Je bois à ceux que nous avons laissés derrière nous au fond... au fond de la mer.

Ses yeux brillaient. Son corps tangua, comme s'il avait été giflé par un vent invisible. Il avala sa vodka. En descendant du tabouret, il tomba.

Aznabaïev et Kapitulski le rattrapèrent. Britanov sanglotait, incapable de se contrôler, les épaules en proie à des convulsions. Ils l'emmenèrent dans sa chambre et l'aidèrent à s'allonger. On appela un médecin. Mais le capitaine s'endormit avant son arrivée.

Vers minuit, ils avaient bu toute la vodka et presque toute la bière. Même le champagne se faisait rare. Le buffet était sens dessus dessous. Aznabaïev, Krasilnikov et

Kapitulski étaient assis autour d'une table, jouissant d'un rare sentiment d'abondance.
— Ils savent, dit Kapitulski.
— Bien sûr, qu'ils savent. Puisque je le leur ai dit, rétorqua Aznabaïev. Le capitaine a dit : « J'annule l'ordre de rembarquer. » C'était culotté. Ils n'oublieront jamais quelque chose comme ça.
— Et ils ne pardonneront pas, dit Krasilnikov. (Il se tourna vers Kapitulski.) Qu'est-ce qui s'est passé entre Serguienko et toi ? Quand il est arrivé avec l'amiral en se pavanant, j'ai cru que tu allais le bouffer.
— Ce qu'il a fait est tout aussi impardonnable, dit Kapitulski.
Les deux autres s'approchèrent, et il leur raconta toute l'histoire.

Gadjievo

Il faisait froid et gris. Un ciel bas et cotonneux crachait des grêlons glacés. Une journée d'octobre parfaitement normale dans le nord de la Russie. Un représentant du conseil politique de la flotte sous-marine monta les marches de béton de l'immeuble du quartier général de la marine. Avec son gros pardessus, cet officier rondelet ressemblait à une matriochka — une de ces poupées traditionnelles (sourire épanoui et gros postérieur) qui s'emboîtent les unes dans les autres. Un groupe de femmes se tenait au bas des marches. C'étaient les épouses des membres de l'équipage du *K-219*. Elles avaient été convoquées par le conseil politique pour une « annonce d'importance majeure ».
Bien entendu, elles savaient toutes de quoi il s'agissait. Elles ignoraient simplement ce qu'on allait leur dire. Natalia Britanova et Irina Kapitulski avaient appelé presque toutes celles qui avaient besoin de savoir, et les autres n'avaient pas tardé à apprendre ce qui se passait. Irina avait même reçu un message indirect de Gennadi.

Il l'avait fait envoyer à la sœur d'Irina, en Estonie, via un centre de communications de la marine marchande de Tallinn.

« *Le mari de votre sœur rentre chez lui, à Cheremetievo.* » Cheremetievo était le nom de l'aéroport central de Moscou.

Grâce à l'amabilité d'un officier du centre d'action d'urgence à Moscou, Natalia Britanova connaissait même le nom de la maison de repos de la marine qui accueillerait l'équipage du sous-marin. Toutes ces femmes souhaitaient que l'officier politique leur fournisse des détails supplémentaires, même si aucune d'elles ne lui faisait confiance. Après tout, c'étaient des hommes comme lui qui échangeaient des sauf-conduits, des bas de Nylon et des médicaments contre des faveurs.

Il s'arrêta en haut des marches, et se tourna vers le groupe de femmes.

— Des rumeurs circulent, à Gadjievo, dit-il d'un air sombre. Le moment est venu d'y mettre un terme.

— Tu ne crois pas si bien dire, murmura Irina Kapitulski.

— Je suis ici pour mettre les choses au point, et vous fournir le maximum d'informations. Bien entendu, ces questions relèvent de la sécurité nationale. Nous devons être très prudents.

Il marqua une pause pour s'assurer que toutes ces femmes savaient qu'il savait quelque chose qu'elles ignoraient. Peut-être qu'il en savait plus que ce qu'il allait leur dire, d'ailleurs. Plus tard, en privé... ce serait une autre histoire.

— Il y a eu un accident à bord du sous-marin de vos maris, reprit le *zampolit*. Le navire est perdu, mais l'équipage rentrera très bientôt.

A ces mots, les femmes manifestèrent leur soulagement. Elles se dirent qu'il n'y avait pas de morts.

— Ils vont avoir besoin de vêtements chauds. Rentrez chez vous, et emballez les uniformes d'hiver de vos maris, des sous-vêtements et des chaussures. Ne dites rien à vos voisins. Apportez les vêtements ici dès que possible. Si nous avons d'autres informations, le Conseil politique fera en sorte qu'elles soient correctement diffusées.

— Il veut dire *négociées*, murmura Irina tandis que les femmes se dispersaient.

Elle les haïssait vraiment tous.

Liudmilla Petratchkova se dirigea vers son appartement, hébétée. Bien sûr, elle avait demandé le divorce. Mais Petratchkov était le père de son fils. Et même si elle vivait avec un autre homme, ses vêtements se trouvaient toujours à l'appartement.

Elle préféra monter quatre à quatre les marches sombres et crasseuses, plutôt que d'attendre l'ascenseur sur lequel on ne pouvait compter. Dieu merci, son nouveau compagnon, *michman* sur un autre sous-marin, n'était pas là. Elle n'avait pas envie de le voir pour l'instant. Inexplicablement, elle se sentait coupable, comme s'il y avait une relation directe entre l'accident des Bermudes et le fait qu'elle ait quitté Alexeï.

Elle fouilla dans les vêtements entassés dans des boîtes, en sortit d'épais pull-overs de laine et des bottes solides, des sous-vêtements et un chapeau, et jeta le tout dans une vieille valise marron cabossée. Son intention avait été de mettre toutes ses affaires au garde-meuble jusqu'à son retour. Elle dut s'asseoir sur la valise pour la fermer. Elle commençait à la traîner vers la porte, lorsque son fils Alexeï, âgé de huit ans, rentra de sa séance de hockey.

— Où vas-tu, maman ?

— Ce sont les affaires de ton père. Il en a besoin. Aide-moi à porter ça à la flottille.

Ils s'accrochèrent tous deux à la poignée de la valise et la tirèrent entre eux, le long des rues glacées et boueuses, vers le QG en béton gris. D'autres femmes de marins étaient déjà là avec leurs valises. Certaines n'avaient que des boîtes en carton. Leurs possessions s'alignaient en haut des marches.

Le *zampolit* était là, lui aussi, avec une feuille sur une

planchette de contreplaqué. Liudmilla et Alexeï soulevèrent la lourde valise avec effort, et la posèrent à ses pieds.
— Liudmilla Petratchkova, dit-elle, presque à bout de souffle.
L'officier jeta à peine un coup d'œil à sa feuille de papier.
— Rentrez chez vous. Votre mari n'en a plus besoin.
— Que... que voulez-vous dire ?
Il leva les yeux.
— Il est mort en remplissant son devoir patriotique.
— Mais vous avez dit qu'ils rentraient tous...
— Vous pouvez être fière de lui.
Son regard retourna à sa planchette.
Elle resta là, bouche bée, puis vacilla. Alexeï se mit à pleurer. Les autres femmes reculèrent, comme s'ils étaient atteints d'une maladie contagieuse.
— Suivante !
Liudmilla et son fils soulevèrent la lourde valise, et la tirèrent en bas des marches, sous le regard des autres femmes.
Galina Kotcherguine s'avança. Elle avait laissé son bébé de huit mois à l'appartement, avec sa mère. « Et mon Igor ? »
Le *zampolit* regarda la femme du médecin. Elle était jolie, et effrontée. Il savait qu'elle avait eu le cran de se moquer de Romanov, lorsqu'il lui avait proposé de mieux faire connaissance avec elle. Mieux que cela : en tant qu'épouse d'un officier médecin, elle avait droit à des sauf-conduits que les autres femmes ne recevaient pas. Elle n'avait pas besoin de mendier la permission de se rendre dans d'autres villes. Elle ne lui devait rien. Elle n'était pas en son pouvoir.
— Je suis vraiment désolé, dit l'officier. Votre mari est mort en remplissant son devoir patriotique. Vous pouvez remporter ses affaires. Suivante !
Les femmes se mirent à crier, chacune appelant le nom de son mari.
— Et mon Sergueï ?

— Victor Petrovitch ? Il est vivant ?
Le *zampolit* leva la main.
— Chacune son tour !
Il ignora la femme du docteur.
Sous le choc, Galina Kotcherguine redescendit les marches. Natalia Britanova la prit dans ses bras. Mais elle ne s'était jamais sentie aussi seule.

La Havane

Pour se rendre à l'aéroport militaire, l'équipage du *K-219* utilisa les mêmes autocars luxueux qu'à son arrivée. Ils franchirent une barrière protégée par des gardes et se dirigèrent vers le flanc de l'Iliouchine-62 spécial qui allait les ramener chez eux. Deux jours de repos avaient suffi pour cicatriser presque toutes les plaies et, à l'exception du docteur Kotcherguine, tous les blessés étaient sur pied.

Kotcherguine était toujours sur un brancard, la peau toujours trop pâle, les yeux trop jaunes. Il avait été gravement empoisonné quand il avait donné son masque à oxygène à Pchenitchni. Ce dernier rôdait à ses côtés, s'assurant qu'on faisait le maximum pour son confort.

L'équipage s'avança en file sur le tarmac brûlant. Ils portaient leurs nouveaux shorts tropicaux kaki, des sandales et des chemisettes légères.

Les hommes occupèrent les sièges de première classe, sans distinction de grade. Britanov se trouvait avec Kapitulski et Aznabaïev, deux rangées derrière l'amiral Koslov. Celui-ci était seul au premier rang, ignorant les officiers et l'équipage. Il leur faisait clairement comprendre qu'il ne voulait pas fraterniser avec des hommes qui avaient perdu leur sous-marin.

Le mot n'avait pas tardé à circuler : personne ne s'était assis à côté du *zampolit* Serguienko.

On ferma l'écoutille. Les gros turboréacteurs se mirent en route. Le long-courrier décolla, et s'éleva bientôt au-dessus de la mer des Caraïbes bleu azur. Les hommes regardèrent Cuba disparaître derrière eux comme s'il s'agissait d'un paradis perdu.

A mesure qu'ils progressaient vers le nord-est, l'océan devenait de plus en plus sombre, de plus en plus froid. Quand l'avion entama sa descente vers Shannon, en Irlande, pour faire provision de carburant, l'amiral Koslov se leva et s'adressa enfin à l'équipage du *K-219*.

— Camarades, dit-il dans le micro que lui tendait un membre du personnel de bord, il y a dans la soute des uniformes neufs. Pendant le ravitaillement de l'avion, nous vous les ferons passer. Trouvez-en un à votre taille, et changez-vous, mettez-vous dans une tenue correcte. Un groupe d'officiers supérieurs sera présent pour vous accueillir à l'atterrissage à Moscou. Autre chose : quand nous serons au sol, tous les stores devront être baissés, pour raisons de sécurité.

Il rendit le micro et retourna s'asseoir.

— Quelles raisons de sécurité ? demanda Kapitulski.

— Les siennes, dit Britanov. J'ai cru comprendre que vous aviez quelque chose à dire à propos de Serguienko ?

L'ingénieur lui raconta toute l'histoire. Il lui dit comment le *zampolit* paniqué avait sauté du sous-marin ballotté par le flot dans un canot réservé aux blessés. Britanov en eut la nausée.

— Vous savez, ils vont sans doute le décorer pour avoir héroïquement prêté le poids de son corps pour lester ce canot de sauvetage.

Mais Britanov ne riait pas.

— A partir de cet instant, Serguienko n'existe plus. Il n'appartient plus à cet équipage.

Il tourna la tête et regarda par le hublot. L'Irlande apparaissait au-dessus de la mer, sur l'horizon bleu et froid.

Au sol, on déchargea les caisses du ventre de l'avion blanc et bleu. On les ouvrit, et on les fit circuler dans la cabine. Les hommes découvrirent rapidement que tous

les uniformes étaient de la même taille. Presque aucun ne leur allait, et ils ne portaient aucun signe distinctif.
— Ce sont des tenues de prisonniers ! dit quelqu'un.
Subitement, les uniformes commencèrent à voler à travers la cabine. Les hommes riaient. Ils se libéraient de la tension qui croissait à mesure qu'ils approchaient de Moscou. C'était le chaos. Britanov essaya de les arrêter, sans succès. Finalement, l'amiral Koslov descendit lentement l'allée centrale, et leur distribua des regards furieux qui ramenèrent le calme.
L'avion redécolla et mit le cap sur le nord-nord-est. La mer disparut derrière eux. En bas, le sol devint brun et nu, puis uniformément blanc.
Le nez collé au hublot, quelqu'un cria soudain :
— Moscou !
Britanov regarda à l'extérieur. Où les faisait-on atterrir ? La ville était *du mauvais côté de l'avion.*
— Nous n'allons pas à l'aéroport principal, lui dit Kapitulski.
— C'est ce que je vois.
— Ce doit être Vnukovo.
Cet aéroport situé au sud-ouest de la capitale était réservé aux personnages importants. Il était interdit aux citoyens soviétiques ordinaires. Kapitulski était inquiet, car son message secret à Irina mentionnait l'aéroport de Cheremetievo. Elle ne serait donc pas là pour l'accueillir.
L'avion décrivit un cercle puis entama sa descente. Le pilote exécuta un atterrissage parfait, tout en douceur. Il est vrai qu'il avait l'habitude de transporter des huiles. Il fit rouler l'avion jusqu'à une passerelle de débarquement. Six autocars cabossés les attendaient, ainsi que deux ambulances et trois groupes d'officiers. Britanov reconnut les représentants de la sécurité et du contre-espionnage navals. Un autre groupe était constitué d'officiers de la section politique. Le troisième était une équipe du service médical de la flotte.
Les autocars étaient jaunes, là où la rouille n'avait pas pris, et les vitres de trois d'entre eux étaient doublées de

plaques métalliques. Ils se trouvaient à des années-lumière de La Havane et de l'accueil qu'on leur avait réservé là-bas.

La porte de l'avion s'ouvrit. L'amiral Koslov dévala la passerelle en toute hâte. Il s'engouffra dans une Volga noire et disparut sans demander son reste.

Valeri Pchenitchni accompagna Britanov en bas des marches. Il fut accueilli par ses collègues du KGB et monta dans une autre Volga. Le *zampolit* Serguienko retrouva quant à lui les officiers de la section politique. Personne n'accorda d'attention à Britanov.

Une autre voiture fit son apparition : une Zil noire flanquée d'une conduite intérieure Volga avec les insignes de la police militaire. Elle s'arrêta devant la passerelle. Un amiral à trois étoiles en descendit. Britanov le reconnut sur-le-champ. C'était Medvedev, le chef de la section politique de la marine.

L'amiral s'approcha de Britanov. Il lui serra mollement la main, sans lui rendre son salut.

— Amiral, commença Britanov, l'équipage numéro un du *K-219* est de retour pour...

Medvedev le coupa brutalement.

— Je dois vous informer que vous êtes inculpé pour la perte de votre navire. Votre équipage et vous-même serez consignés à la maison de repos Gorki jusqu'à ce que nous sachions quoi faire. Une enquête officielle est en cours.

L'amiral ouvrit la portière de sa voiture et se retourna brusquement vers Britanov :

— Les charges relevées contre vous sont sérieuses, capitaine. Mais vous avez de la chance !

— Monsieur ?

— Il n'y a pas si longtemps, on vous aurait fusillé.

Sur ces mots, l'amiral remonta en voiture et claqua la portière.

— Bienvenue à la maison, murmura Kapitulski.

Britanov resta sur la passerelle pendant que ses hommes embarquaient dans les cars. Pendant un instant, il se dit que la blague sur les tenues de prisonniers n'en était peut-être pas une. Puis il comprit qu'il n'y pouvait rien. Ils étaient de retour chez eux. Ce qu'ils voulaient faire, ce qu'ils voulaient voir, l'endroit où ils voudraient se rendre, tout cela avait très peu d'importance.

Les cars prirent en ahanant la direction de Moscou. Mais ils n'allèrent pas jusqu'à la capitale. Sur le périphérique extérieur, un embranchement les mena à une zone recouverte d'une profonde forêt de bouleaux et de pins. Ils quittèrent la route principale par une sortie non signalée, et prirent une allée étroite pour s'enfoncer dans les bois avec un fracas épouvantable. Les cars penchaient dans les virages. Chaque véhicule, prévu pour douze passagers, en emportait vingt, et les hommes étaient aussi serrés que des poissons en conserve. Un car tomba en panne, mais un des mécaniciens du *K-219* parvint à le faire repartir.

Le premier car s'arrêta enfin devant une guérite. Deux hommes portant l'uniforme de l'infanterie de marine ouvrirent un haut portail d'acier et les laissèrent entrer. Le portail se referma derrière eux.

Ils se trouvaient dans un centre de repos de la marine portant le nom de Gorki (un mot qui signifie aussi *amer*). C'était un groupe de bâtiments de briques ternes autour d'une cour centrale. La neige crasseuse avait été repoussée sur les côtés de la cour, et les allées étaient recouvertes de plaques de glace.

Britanov sauta du car et pénétra dans le bâtiment que des panneaux désignaient comme le centre administratif. Au bureau, on lui donna des clefs et un numéro de chambre.

La sienne se trouvait au troisième étage. C'était un minuscule réduit sans fenêtre, encore moins accueillant que sa cabine à bord du sous-marin perdu.

L'officier politique Serguienko était arrivé un peu avant le reste de l'équipage. Il avait reçu une chambre double, avec deux fenêtres donnant sur la cour grise.

Le sens de cette rebuffade n'échappa ni à Britanov ni à ses hommes. Ils se calmèrent, et se surveillèrent mutuellement. Tous les hommes — surtout les officiers — commençaient à comprendre que s'échapper du sous-marin en feu et envahi par le poison n'avait été que l'étape la plus facile de leur retour à la maison.

17

> *On nous avait interdit d'aller à Moscou, mais nous avons trouvé le moyen d'y aller quand même. Quelle est la première chose que j'ai faite en voyant Gennadi à la maison de repos Gorki ? Eh bien, je ne peux pas vous le dire. Mais la seconde chose que j'ai faite, ça a été de poser ma valise.*
>
> Irina Kapitulski

Au large des Bermudes

Le *K-219* reposant désormais au fond de l'eau, il n'était pas nécessaire de dépêcher sur les lieux des spécialistes de la radioactivité. Le destroyer américain qui fonçait depuis Norfolk fit demi-tour et mit le cap sur sa base. L'USNS *Powhatan* resta au-dessus du sous-marin naufragé, prélevant des échantillons d'air et d'eau jusqu'à ce qu'une force d'intervention de la marine soviétique vienne le déloger. Le croiseur à propulsion nucléaire *Kirov*, ses unités d'escorte et plusieurs sous-marins d'attaque rapides fouillèrent la mer à la recherche de fragments du *K-219*. Par la même occasion, ils nettoyèrent le secteur des forces américaines. Mais ils ne trouvèrent pas grand-chose du sous-marin disparu. Quelques morceaux de matière isolante, des flacons de saumure échappés du réfectoire, un magazine vieux de plus d'un mois.

Le sommet Reagan-Gorbatchev allait s'ouvrir à Reykjavik, et les coûts financiers et politiques exigés par le maintien de toutes ces unités aussi loin de chez elles allaient rapidement dépasser les bénéfices qu'on pouvait attendre de l'opération. La marine soviétique se retira donc, non sans caresser le projet de revenir visiter l'épave au fond de l'océan. Plus loin à l'est, le Delta-1 de Boris Apanasenko rentrait chez lui, immergé, à grande vitesse. Il emportait les douze sacs plombés du *K-219* et, peut-être, un peu de sa malchance.

Jim Von Suskil et l'*Augusta* se trouvaient juste derrière lui. Ils le suivaient, tandis qu'il filait à travers l'Atlantique en direction de Gadjievo.

Von Suskil ignorait que les Soviétiques le tenaient pour responsable du naufrage du *K-219*. Furieux, ils lui tendirent un piège. Tandis que l'*Augusta* filait le Delta, un Victor III (sous-marin d'attaque à propulsion nucléaire) se lançait à ses trousses.

A la vitesse où ils allaient, même la sensibilité acoustique tant vantée du sonar américain était sérieusement diminuée. Von Suskil n'avait pas repéré le Victor. Celui-ci, en effet, était camouflé par le son blanc de l'eau ruisselant le long de la coque de l'*Augusta*.

Quand Apanasenko donna l'ordre d'effectuer un Ivan Fou, ce virage sur l'aile qui avait sonné le glas du *K-219*, l'*Augusta* fut contraint de se dérober pour ne pas écraser le *boomer* soviétique. L'un et l'autre se trouvaient à trois cent quatre-vingt-seize pieds sous la surface de l'eau.

Ce n'est qu'au moment où l'*Augusta* vira et ralentit que le chef sonar de Von Suskil détecta le Victor qui se dissimulait dans son sillage.

C'étaient maintenant *trois* sous-marins qui fonçaient à la vitesse de l'éclair, à des angles et des distances incroyablement variables. Dans la mêlée qui s'ensuivit, Von Suskil perdit le contrôle de la situation. Il n'avait plus une idée très claire des positions relatives de l'*Augusta*, du Victor et du Delta d'Apanasenko.

Dans la confusion, l'*Augusta* et le Delta se heurtèrent.

Exactement comme Britanov quelques jours plus tôt, Apanasenko purgea ses ballasts et fit surface pour voir ce qui s'était passé. De l'aile à la proue, son avant-pont était sérieusement enfoncé. On eût dit que quelqu'un avait martelé sa coque avec une masse géante. Il n'y avait pas de fuites, heureusement. Apanasenko savait que si la collision avait eu lieu à l'arrière de l'aile, au-dessus de ses écoutilles de missiles, l'incident aurait été autrement plus lourd de conséquences.

Après la collision, l'*Augusta* resta absolument silencieux. Le globe de son sonar de proue était défoncé, et quelques compartiments de magasinage étaient inondés.

Quand Von Suskil fut convaincu que les deux Soviétiques ne représentaient plus une menace, il rentra à New London en boitillant. Le voyage de retour lui prit une semaine. Il arriva le 27 octobre. Il fallut près d'un an de travail et des millions de dollars pour remettre en état ce qui avait été le sous-marin d'attaque le plus moderne de la flotte américaine.

Restaurer la carrière de Von Suskil fut plus difficile encore.

Les doubles des bandes sonores conservées par des membres de son équipage remontèrent la chaîne de commandement de la communauté des sous-mariniers. On fit mine de ne pas entendre les accusations de comportement agressif, et tous les rapports furent enterrés. Un commandant de sous-marin d'attaque était payé pour être agressif.

Dépités, certains de ses accusateurs laissèrent filtrer leurs allégations à la presse. A la grande consternation de la « mafia sous-marine », cela provoqua l'ouverture d'une enquête officielle.

Le rapport final des enquêteurs fut classé « secret-défense ». Le scandale retomba. Aujourd'hui, les conclusions sont toujours protégées par le secret. Mais Jim Von Suskil ne reçut plus jamais le commandement d'un navire. Après avoir échoué à la sélection pour la promotion au grade d'amiral, il quitta la marine.

Maison de repos Gorki, Moscou

Quand elle apprit que le vol de La Havane n'avait pas atterri à l'endroit prévu, Irina Kapitulski fut à deux doigts de céder à la panique. Elle n'avait confiance en personne pour ce qui concernait les sous-marins ou la marine en général. Si cela les arrangeait de lui mentir, ils mentiraient. Si la mort ou la disparition de son mari les arrangeait, eh bien il mourrait ou il disparaîtrait. Elle appela un taxi. La panique laissait place à la fureur.

— Maison de repos de la marine Gorki, dit-elle au chauffeur.

L'homme se tourna vers elle.

— Où cela ?

— Conduisez. A nous deux, nous la trouverons.

Elle n'avait qu'une description sommaire de l'endroit, glanée auprès d'autres épouses de marins, et un message laconique de Gennadi. Mais si son mari avait pu retrouver son chemin depuis le fond de la mer, elle serait capable de trouver la maison de repos Gorki.

Pendant des heures, ils allèrent au hasard dans les faubourgs de la capitale. Finalement, plus par lassitude que par intuition, elle demanda au chauffeur de s'engager sur une route quelconque, à une seule voie. Celle-ci s'enfonçait dans une profonde forêt de bouleaux où la nuit tomba très vite. Le conducteur alluma ses phares. Un panneau les avertit qu'ils approchaient d'une zone militaire interdite d'accès. Puis, au bout d'une allée, une barrière apparut dans le faisceau des phares.

— Et voilà, dit-il.

Le chauffeur stoppa et s'apprêta à faire demi-tour.

— Attendez. (Irina Kapitulski avait vu quelque chose bouger.) Approchez encore un peu.

— C'est une zone militaire interdite. Ils vont me tirer dessus.

— Très bien. Alors j'irai toute seule.

Elle saisit la lourde valise contenant l'uniforme d'hiver de Gennadi, descendit de la voiture et claqua la portière. Le taxi recula, fit demi-tour et s'en alla, laissant Irina en plan. Elle ne pouvait qu'aller de l'avant. Elle se dirigea donc vers la barrière gardée par une sentinelle armée d'un fusil. L'homme portait l'uniforme de l'infanterie de marine.

— Interdit, dit-il.

Puis il lui tourna le dos pour regagner sa guérite chauffée.

— Je suis Irina Kapitulski. La femme de l'ingénieur en chef Gennadi Kapitulski. Laissez-moi entrer, ou bien vous aurez des nouvelles de mon mari !

La sentinelle s'arrêta, puis entra dans sa cabane. Elle en revint avec une planchette de bois.

— Kapitulski ?

— Capitaine de troisième rang Gennadi Iakovlevitch Kapitulski, équipage numéro un, *K-219*. Ça vous suffit, ou vous préférez que le commandant de la flotte vous en dise plus ?

Le verrou de la barrière s'ouvrit. Dans l'air glacé de la nuit, la chaîne fit un bruit de ferraille. Irina pénétra dans l'enceinte en souriant. La victoire était douce à savourer.

Elle tira la lourde valise le long de l'allée, trouva le bâtiment administratif et se fit communiquer le numéro de chambre de son Gennadi. Personne ne lui offrit de l'aider à porter son bagage. Elle n'en avait cure. Elle gravit les marches qui menaient à la chambre, frappa à la porte et recula d'un pas.

Gennadi était abruti de sommeil. Aucun des membres de l'équipage n'était capable de se concentrer très longtemps sur quoi que ce soit. Même les interrogatoires enregistrés menés par les gens de la Sécurité et des représentants de la flotte ne suffisaient pas à étouffer leurs bâillements. Ils savaient qu'il était dangereux de se conduire de manière si désinvolte, mais leurs nerfs avaient été soumis à rude épreuve. Quand il entendit frapper, Gennadi Kapitulski se leva de son lit. Il ouvrit la porte de sa

chambre, et écarquilla les yeux. Il n'était pas sûr d'être tout à fait éveillé.
— J'ai fait une longue route pour venir ici, lui dit Irina. Tu ne me fais pas entrer ?
Elle lâcha sa valise et se jeta dans les bras de son mari.
Le lendemain matin, Gennadi mit des vêtements chauds et propres. Chez lui, il avait caché cinq cents roubles dans son pardessus de laine. Quand il glissa la main dans sa poche, il n'en trouva que deux cent cinquante et un mot : *moitié pour toi, moitié pour nous.*

Seule dans son appartement froid et vide, Galina Kotcherguine écoutait le tic-tac d'une vieille pendule à remontoir. La neige s'amoncelait devant sa seule fenêtre. Le jour déclinait, passant du gris au noir — parfaitement conforme au sentiment de vide qui avait envahi son cœur. Elle se levait pour allumer une lampe lorsque le téléphone se mit à sonner. Elle se demanda si elle allait répondre. La plupart de ses amies — des femmes des membres de l'équipage — l'avaient appelée pour lui témoigner leur sympathie. Etait-elle encore capable de le supporter ? Pouvait-elle les entendre une fois de plus lui dire qu'elles étaient désolées ? Non.
Le téléphone sonnait toujours. Qui que ce fût, à l'autre bout, il insistait... Galina regarda la photo de son mari en uniforme de cérémonie. Elle regarda l'appareil, souhaitant qu'il se taise. Elle n'avait plus rien à dire, plus rien à donner.
Mais le téléphone ne se taisait pas. Elle décrocha, avec un soupir.
— Oui ?
Ce n'était pas une femme de Gadjievo. Mais un capitaine, qui appelait de Moscou. Son nom lui était inconnu. Antonov.
— Je suis le capitaine Antonov. Je vous appelle du centre d'action d'urgence.

— Je sais déjà ce qui s'est passé. Vous n'aviez pas besoin d'appeler, capitaine.
— Je ne comprends pas.
— Le *zampolit* m'a prévenue. Mon mari est mort. Qu'allez-vous encore me demander ? Que puis-je vous donner de plus ? Vous voulez un de nos enfants ? Ils sont trop jeunes. Je peux vous donner mon sang, mais je crains qu'il ne soit bien léger en ce moment.
— Je vous appelle parce que ce qu'on vous a dit n'est pas exact.

Le cœur de Galina eut un raté.

— Que voulez-vous dire ?
— Le docteur Kotcherguine est gravement blessé. Mais il va rentrer chez lui.
— Igor est...
— Oui, il est vivant.

L'enquête officielle commença pour de bon le lendemain matin. Britanov fut conduit dans une petite maison isolée, au fond du bois qui entourait le bâtiment principal. C'est là, à l'écart de ses hommes, qu'il fut mis sur la sellette par des officiers appartenant à l'état-major de Tchernavine, à la flottille, à la direction du conseil politique et, le plus inquiétant, au KGB. Ils étaient installés derrière une longue table, et ils fumaient. Un sous-marin Navaga en modèle réduit était posé sur son support.

On ne proposa pas de siège à Britanov. Il resta debout devant eux, contraint de répéter à l'infini le récit du naufrage. Clairement, ses interrogateurs souhaitaient l'entraîner dans une impasse et le forcer à avouer que leurs soupçons les plus noirs étaient fondés.

— Est-ce que vous connaissiez la présence du sous-marin américain ?
— Je m'en doutais.
— Et le remorqueur ?
— Non. Cela m'a surpris.
— Je me le demande, dit un capitaine de l'état-major

de l'amiral Medvedev. Dites-nous encore une fois... Comment avez-vous saboté votre navire ?
— Il coulait. Il n'était pas nécessaire de le saboter.
L'officier politique eut un mouvement du pouce vers la queue du sous-marin miniature.
— Vous avez fait quelque chose. Quoi ?
— Vous avez mon rapport, dit Britanov.
— Vous avez ouvert un tube lance-torpilles ? Libéré les charges de sabordage ? Comment avez-vous coulé votre navire, capitaine ? Je vous en prie, dites-le-nous.
— Vous avez mon rapport.
— *Nous nous foutons de votre rapport !* lâcha l'officier de la section politique. Tout ce que vous dites ne fait que vous enfoncer. Votre *zampolit* nous a décrit votre attitude à l'égard de l'autorité. Nous connaissons votre habitude d'afficher dans tout le sous-marin des slogans anti-Parti.
— Des slogans ?
— *La vie sur les sous-marins n'est pas un service, mais une religion !* Cette phrase est en soi un symptôme de dérangement mental. Si le service est une religion, qui êtes-vous donc ? Un prêtre ? Dieu ? Quels étaient vos projets, capitaine ? Livrer votre sous-marin à l'ennemi ? Déserter et utiliser le *K-219* comme carte de visite ? Personne n'aurait l'audace d'annuler les ordres de l'amiral Tchernavine sans être sûr de ne jamais remettre les pieds en Union soviétique. Ce que vous aviez en tête, c'était la trahison !
— J'ai perdu mon sous-marin, mais j'ai sauvé mon équipage. Aucune trahison là-dedans.
L'officier du KGB se pencha en avant. Depuis le début de l'interrogatoire, il était resté silencieux.
— Vous avez perdu votre sous-marin *et* trente ogives nucléaires, et tout cela est tombé dans le giron des Américains. Il est probable qu'ils en ont déjà récupéré quelques-unes. Bientôt, elles seront toutes en leur possession. Vous n'aviez pas pensé à cela ?
— Ce qu'ils font ou ne font pas ne me regarde plus. J'ai fait mon devoir. C'était suffisant.

— Je ne suis pas de cet avis, capitaine, dit l'homme de l'état-major de Medvedev. Je ne suis pas du tout de cet avis. Vous n'avez rien de plus à nous dire ? C'est peut-être votre dernière chance.
— Vous avez mon rapport.

Quatre jours plus tard, le capitaine de premier rang Igor Britanov et le chef mécanicien Igor Krasilnikov reçurent l'ordre de se rendre à Moscou en civil. On leur confisqua leurs cartes du Parti communiste.
L'équipage savait que le haut commandement attaquait Britanov pour la perte du sous-marin et de ses armes nucléaires. Le fait d'avoir sauvé ses hommes n'avait aucune signification. De fait, cela semblait même jouer très lourdement contre Britanov. Des rumeurs, parfois fondées, circulaient tard dans la nuit dans les couloirs étroits et mal éclairés menant aux dortoirs. La seule chose certaine, c'était que Britanov et son chef mécanicien partiraient, tôt le lendemain matin, vers un destin inconnu mais manifestement peu enviable.
Avant l'aube, une conduite intérieure Volga noire remonta l'allée étroite de la maison de repos Gorki. Ses phares balayèrent les fenêtres obscures des dortoirs. Ses pneus crissèrent sur le gravier qu'on avait répandu sur la neige boueuse et gelée.
Britanov était déjà levé. Pour la première fois depuis des semaines, il avait eu du mal à trouver le sommeil. Il portait un costume civil et un long pardessus. Grand-Père Krasilnikov frappa à la porte de sa chambre. Le mécanicien avait revêtu une veste de cuir contre le froid. Chacun d'eux portait un petit sac de toile contenant leur uniforme dûment plié.
— Paré, capitaine ? dit le mécanicien d'une voix bourrue.
— C'est à l'aube qu'on fusille les prisonniers, non ?
— Plus maintenant. Ou du moins, beaucoup moins qu'avant.

Britanov prit son sac.
— Dans ce cas, allons-y.
Il ferma la porte de sa chambre minuscule. Il avait connu une irrésistible progression vers le bas, de sa cabine à bord du sous-marin à l'hôtel incroyable sur une plage des Caraïbes, puis à cet austère cagibi monacal. Que pouvait être l'étape suivante, sinon une cellule ?
Ils descendirent le couloir silencieux menant vers le hall. Aucune trace de l'équipage. Ils étaient tous dans leurs chambres. Britanov avait échappé à la cérémonie des adieux... et il le regrettait. Ils avaient formé une bonne équipe. L'équipage numéro un du *K-219*. Cela n'avait pas toujours été le cas, et pas pour tout le monde. Petratchkov avait été un imbécile suicidaire, et le *zampolit* Serguienko — eh bien, il n'appartenait pas à l'équipe avant l'accident, et il en avait encore moins le droit maintenant. Mais ils avaient appris à compter les uns sur les autres. C'était une honte que le groupe soit dissous, et que ces hommes soient dispersés aux quatre coins de la marine soviétique.

S'ils ont de la chance, se dit Britanov. Il les avait encouragés à ne pas mentir aux interrogatoires. Il se doutait pourtant qu'ils diraient ce qui pourrait les aider à survivre. N'importe quel mensonge ferait l'affaire. N'importe quoi. Ça n'avait pas besoin d'être vrai. Le haut commandement l'avait déjà condamné. Il était parfaitement normal que les autres essaient de sauver leur peau.

Quant au sort de Grand-Père Krasilnikov et le sien propre... Il fallait bien que Moscou fasse porter le chapeau à quelqu'un. Condamner le chef mécanicien, c'était honteux. Britanov, lui, était prêt à assumer les responsabilités de son commandement.

Les deux officiers qui venaient chercher Britanov attendaient déjà à la porte. L'un d'eux regarda sa montre.
— C'est l'heure.
Britanov jeta un regard circulaire dans le hall désert. Il savait qu'un instant plus tard, il aurait quitté la vie de

marin. Il savait que ce serait sa dernière sortie. Il regretta qu'on lui ait interdit de porter l'uniforme.
— Allons-y, dit le second officier.
Il ouvrit la porte d'entrée. Britanov et son chef mécanicien le suivirent.
Il y avait dans le ciel un soupçon de lumière, et le givre désolé qu'apportait l'aube pâle. Britanov fit deux pas en direction de la Volga dont le moteur tournait au ralenti. Puis il s'immobilisa.
Les hommes étaient rassemblés dans la cour, en deux longues rangées qui s'allongeaient jusqu'à mi-chemin des barrières. Ses hommes. Son équipage.
— Garde-à-vous! cria Kapitulski. Capitaine sur le pont!
Un cri s'éleva des rangs, poussé d'une seule voix par quatre-vingt-dix poitrines :
« Oh-Oh-Oh! Bri-Ta-Nov! »
Cloué sur place, Britanov sonda leurs visages. Krasilnikov alla déposer dans la voiture le sac de son capitaine. Celui-ci s'avança au milieu de la cour, et leur fit face.
— Messieurs, dit-il, la voix tremblante, je veux que vous sachiez ceci : quelle que soit la façon dont nous en sommes arrivés là, je suis fier de chacun de vous. Quel que soit le sort qui m'attend, mon plus grand regret — après la perte de notre navire et la mort de nos quatre camarades — est de savoir que cet équipage, l'équipage numéro un du *K-219*, va être dispersé. Je souhaite le meilleur à chacun de vous.
Britanov se mit au garde-à-vous et salua ses hommes. Le cri collectif s'éleva à nouveau :
« Oh-Oh-Oh! Bri-Ta-Nov! »
Aznabaïev s'avança et lui tendit un petit paquet.
— Qu'est-ce que c'est que ça, Genia?
— Ouvrez-le, capitaine.
Malgré son embarras, Britanov obtempéra. Sous l'emballage de papier, il trouva un pavillon. Bleu et blanc, avec une étoile rouge. Celui-là même qu'il avait récupéré sur le *K-219* au moment où il s'enfonçait dans la mer.

Et une plaque :

« *La vie à bord d'un sous-marin n'est pas un service, mais une religion.* »

Les yeux de Britanov brillaient sous l'effet de l'émotion. Il fourra soigneusement le pavillon et la plaque sous sa veste, répétant les gestes qu'il avait accomplis sur la passerelle du *K-219* en train de sombrer. Il tourna le dos à son équipage et s'engouffra dans la Volga qui l'attendait.

Tandis que l'auto descendait l'allée, il entendait encore leurs acclamations, qui finirent par s'évanouir dans l'aube grise et glacée :

« Oh-Oh-Oh ! Bri-Ta-Nov ! »

— Quoi que vous ayez fait, ils savent que vous l'avez fait pour eux, lui dit Krasilnikov. Il alluma une cigarette, puis lui en proposa une.

— Merci, dit Britanov en l'acceptant.

Il entendit leur cri majestueux bien après que la Volga eut laissé Gorki derrière elle. Il était honoré d'être associé aux jeunes gens de l'équipage numéro un du *K-219*. Certains d'entre eux avaient tout juste l'âge de quitter leur mère. Honoré, même si ses chefs l'avaient mis à l'épreuve et l'avaient trouvé décevant. Il avait fait ce qu'il fallait faire. Il avait tenu ses promesses à l'égard de ses hommes. Peut-être était-ce suffisant.

La Volga traversa le centre-ville à toute allure, en empruntant la file centrale réservée aux véhicules officiels. Elle tourna à droite sur la rue Ianecheva, passa le poste de garde et pénétra sur le parking du ministère de la Défense. La voiture s'arrêta et leurs deux escortes en descendirent. Britanov et Krasilnikov les suivirent. Le capitaine remarqua qu'on n'avait pas coupé le moteur de la Volga. Quoi qu'on leur réservât à l'intérieur, ça n'allait pas durer très longtemps.

Leurs escortes leur firent presser le pas. Ils franchirent un tunnel voûté, passèrent deux sentinelles portant de très belles bottes et des ceintures de cuir blanc, et entrèrent dans l'immeuble. Il ne faisait pas très froid, pour

Moscou, mais Britanov était engourdi, gelé, presque paralysé, comme un condamné que l'on traîne vers le lieu de son exécution. Résigné à son sort.

On leur fit suivre un long couloir au sol couvert de moquette, jusqu'au bureau tout en longueur du vice-ministre chargé des affaires politiques.

Dans l'antichambre, un colonel à l'air sinistre portant l'insigne du corps des blindés leva les yeux vers eux, fit entendre un grognement et ouvrit une porte de communication intérieure. Britanov et Krasilnikov entrèrent sans leur escorte.

A l'intérieur du bureau, ils aperçurent un général trapu dont le nez couperosé trahissait le buveur invétéré. L'amiral Medvedev (celui-là même qui avait accueilli Britanov à l'aéroport) se tenait à côté de lui. Au moment où ils entraient, la pendule posée sur le bureau du général sonna neuf heures.

— *Zdorovie zbelaiou*, camarade général, dit Britanov en se mettant au garde-à-vous.

Le général grogna, mais ne lui répondit pas.

Britanov et son chef mécanicien durent rester debout, tandis qu'il se lançait dans une homélie de vingt minutes sur les responsabilités qu'un commandant doit assumer pour empêcher des armes nucléaires de tomber entre les mains de l'ennemi.

— A ce titre, conclut-il, les résultats de notre enquête montrent que vous et votre chef mécanicien devez être poursuivis pour négligence. Je suis moi-même persuadé que le pire de vos crimes est d'avoir donné trente ogives nucléaires aux Américains. La peine maximale pour ces crimes est de vingt ans de travaux forcés. Votre comportement douteux, alors que vous étiez seul à bord de votre navire, a donné lieu à l'accusation supplémentaire de sabotage. Si cette dernière est justifiée, vous passerez tous les deux en cour martiale pour trahison à l'égard de l'Etat. Et pour ça, la peine prévue par la loi, c'est la mort. Personnellement, je pense que l'accusation est justifiée.

Vous serez renvoyés tous les deux à Gadjievo, en attendant les décisions finales.

Le général hocha la tête, pour les renvoyer de son bureau.

Britanov sortit, toujours engourdi. La Volga noire était là où ils l'avaient laissée. Il y remonta, aussi raide que s'il était à moitié mort de froid. Mais sous la torpeur, sous la glace, il sentait battre sa conviction d'une vérité unique, flamboyante. Il avait fait ce qu'il devait faire pour ses hommes. A Gadjievo, le jour de leur départ en patrouille, il s'était engagé à assumer la responsabilité de l'équipage. Il avait fait ce qui était en son pouvoir pour les ramener chez eux.

Le sort avait voulu qu'il soit leur commandant. Aujourd'hui, le sort les séparait. Peut-être pour vingt ans. Peut-être pour l'éternité.

Il lui faudrait attendre cinq mois pour découvrir que son avenir — et celui du chef mécanicien Krasilnikov — se trouvait entre les mains d'un garçon allemand, plus jeune encore que les hommes du *K-219*. Un élève pilote nommé Matthias Rust.

18

> *Tout le monde avait peur de mécontenter Moscou. Cela n'explique pas seulement la tragédie qui a suivi notre accident. Cela explique presque tout ce qui cloche dans la Russie d'aujourd'hui.*
>
> Gennadi Kapitulski

Le sommet Reagan-Gorbatchev de Reykjavik eut bien lieu, en dépit des protestations relatives à l'incident du K-219. Tout le monde ne s'en réjouissait pas. Beaucoup pensaient que les présidents devenaient trop amicaux, trop désireux de renoncer à tout au nom de la paix. L'élimination totale de l'armement nucléaire était à l'ordre du jour, même si les lieutenants des deux leaders s'efforçaient de faire marche arrière.

Caspar Weinberger était persuadé que le président soviétique n'offrait que des concessions sans valeur en échange de coupes drastiques dans l'arsenal nucléaire américain. Ses idées trouvaient un écho de l'autre côté de la table de négociations.

Le ministre soviétique de la Défense, le maréchal Sergueï Sokolov, était l'adversaire de tout ce qui pouvait réduire la puissance et le prestige de l'URSS. Cet ancien officier de blindés de la vieille école se moquait des hommes politiques qui se servaient des forces militaires comme d'éléments de marchandage. Elles devaient servir à mener des guerres, et à les gagner. Point.

Au-dessous du niveau le plus élevé de la diplomatie, le monde continuait de tourner comme il l'avait toujours fait. Au mois de juin suivant, l'amiral Novoïstev se rendit à Washington afin d'y rencontrer ses homologues américains. Toujours vexé par le naufrage du *K-219* — le seul sous-marin nucléaire lance-missiles qu'un des camps en présence ait jamais perdu —, il lança un avertissement brutal. Si les sous-marins américains ne renonçaient pas à leur conduite agressive, les forces soviétiques n'auraient d'autre choix que de riposter. Il déposa une protestation officielle pour les ingérences américaines lors de l'incident du *K-219*. Bien que les enquêtes internes des Soviétiques eussent révélé l'existence de la fuite au silo six, Novoïstev suggérait que la tragédie résultait d'une collision avec le sous-marin américain qui pistait le *K-219* : l'USS *Augusta*.

Il ne souffla mot ni des fuites sur les silos, ni de l'officier missilier en instance de divorce, ni des systèmes de sécurité nucléaire qui tombent en panne quand on en a besoin.

Pas plus qu'on ne discuta du sort du capitaine et de son chef mécanicien.

Igor Britanov et sa femme Natalia durent quitter la base de Gadjievo en attendant qu'on prononce la sentence pour les crimes qu'il avait commis contre l'Etat. Ils libérèrent leur appartement et s'installèrent chez les parents de Britanov, à Sverdlovsk, à quarante-huit heures de là par le train. Krasilnikov, lui, déménagea dans la ville de Mourmansk, toute proche. Les deux officiers passèrent ce long et sombre hiver en famille, en attendant de savoir quel châtiment Moscou allait leur infliger. Le règlement final de l'affaire n'attendait plus que la signature de Sokolov, le ministre de la Défense.

Elle ne viendrait jamais.

L'après-midi du 28 mai 1987, à bord d'un Cessna 172 de location, Matthias Rust décolla d'un petit aérodrome civil proche d'Helsinki. Il survola le golfe de Finlande à basse altitude, puis vira au sud-est. Il passa la frontière soviétique près de chez la sœur d'Irina Kapitulski, à Tallinn (Estonie). Il poursuivit son vol jusqu'à ce que les cieux maculés de Moscou apparaissent dans son pare-brise. C'était un jour férié national, en l'honneur des gardes frontières de l'Union soviétique.

On ne sait si Rust avait choisi ce jour-là pour cette raison, mais on ne peut manquer d'y voir une bonne dose d'ironie. Peut-être les gardes frontières étaient-ils trop occupés à festoyer pour le remarquer. Peut-être étaient-ils peu disposés à se pencher sur le cas d'un avion s'approchant de Moscou. Quoi qu'il en soit, Rust et son Cessna pénétrèrent sans problème dans l'un des espaces aériens les mieux gardés du monde.

A sept heures du soir, Rust avait parcouru plus de cinq cent cinquante milles. Presque à court de carburant, il décrivit quelques cercles au-dessus du centre de Moscou, à la recherche d'une piste d'atterrissage. Il manqua un petit aérodrome herbeux situé au cœur de la ville, et décida de se poser sur la place Rouge.

Hier comme aujourd'hui, aucun incident se déroulant dans la capitale soviétique n'était exempt de conséquences politiques. L'arrivée du petit Cessna blanc eut des conséquences assourdissantes : la démission de Sokolov, ministre de la Défense, et son remplacement par Dimitri Iasov, général d'armée et membre du clan Gorbatchev.

Les conclusions de l'enquête sur le naufrage du *K-219*, ainsi que le châtiment suggéré pour Britanov et Krasilnikov, se trouvaient désormais sur le bureau de Iasov. Tout comme l'enquête sur le viol de l'espace aérien soviétique par le jeune pilote allemand.

Dimitri Iasov était un général foncièrement politique, dans un système politique byzantin. Il lut très attentivement les deux rapports, non seulement pour y lire entre les lignes ce qu'il fallait y lire, mais à cause des probables retombées de sa décision.

D'un côté, on recommandait un châtiment très lourd pour un capitaine dont les agissements, certes inconsidérés, avaient été commis dans l'intérêt de son équipage. Il était une sorte de héros, du moins aux yeux du monde extérieur. Mieux : on pouvait le considérer comme un homme qui avait adopté la « Nouvelle Pensée » que défendait Gorbatchev. Un mode de pensée qui voulait plaquer un visage humain sur la façade de granit du communisme à l'ancienne.

De l'autre côté, une brochette de généraux de la défense aérienne avaient été incapables d'arrêter Rust, et avaient fait de l'Union soviétique l'objet de la risée générale. Manifestement, c'était beaucoup moins pardonnable. Aux yeux des Russes, rien n'est aussi grave — pas même la perte d'un sous-marin plein d'ogives nucléaires devant la porte des Etats-Unis — que de susciter la moquerie.

En outre, Gorbatchev avait transmis une directive à tous ses ministres. Il voulait qu'on lui soumette les noms des prisonniers politiques, dissidents et victimes de la répression susceptibles de bénéficier de l'amnistie générale qu'il voulait promulguer. Dans ce contexte, la décision de Iasov était évidente.

Il déchira les ordres décrétant la culpabilité de Britanov et Krasilnikov. Puis il en rédigea de nouveaux, à charge des amiraux de la section politique de les faire appliquer.

20.7.1987
« Déclaration de suspension de charges criminelles
« Enquête sur l'Affaire militaire spéciale par le Procureur militaire général, le colonel Erofeïev
« Considérant les conditions extraordinaires et inhabituelles dans lesquelles s'est déroulé l'accident survenu à une unité nucléaire stratégique, accident qui a entraîné la perte du sous-marin,
« Il a été établi que l'équipage et les officiers responsables des opérations, BRITANOV, I.A. et KRASILNIKOV, I.P., n'auraient pas pu empêcher, sans actions anormales, l'explosion et la fuite subséquente de combustible dans les compartiments de leur sous-marin. Les actions entreprises par eux pour contrecarrer les effets de l'accident ont été irréprochables et positives, et de nature à les relaxer des charges d'inconduite, conformément à l'Article 1er des Chapitres 208 et 209 des Statuts du Parti

communiste de l'URSS. Les accusés sont relaxés des charges de responsabilité criminelle et de tous actes criminels en vertu de l'Article fondamental 6 des Lois du Parti communiste de l'URSS, en accord avec l'enquête sur ces accusations. »

Bien que leur expulsion du Parti fût confirmée, Britanov et Krasilnikov restèrent officiers de réserve de la marine. On leur accorda même une petite retraite (que l'inflation, après la chute de l'URSS, allait laminer). Mais Britanov avait sauvé sa tête, et il savait combien le pardon du ministre de la Défense était fragile. Ils en avaient bénéficié par accident. Il pouvait être annulé par simple caprice.

Lorsqu'on apprit comment il s'était comporté le jour du naufrage, sur le *K-219* en feu, le *zampolit* Serguienko fut définitivement exclu du service sous-marin. Personne ne lui confisqua sa carte du Parti. (Les forces qui allaient faire perdre sa valeur au rouble ne tarderaient pas à la rendre, elle aussi, totalement inutile.)

Mais, pour Britanov, l'indulgence de Iasov n'était pas synonyme de pardon, encore moins d'approbation. Exclu de la société des marins, considéré par ses pairs comme le capitaine qui avait osé défier Tchernavine, il broya du noir pendant des années et refusa de rencontrer les membres de son ancien équipage. Libéré de la menace de la prison, il restait prisonnier de sa mémoire.

Krasilnikov trouva du travail à Mourmansk : un emploi pénible, sur les gros brise-glace à propulsion nucléaire basés dans cette ville. L'histoire du sous-marin perdu et du capitaine qui avait refusé d'obéir à Moscou, qui avait abandonné son navire et s'était sacrifié pour son équipage, continua de circuler dans les milieux de la marine soviétique. On n'oublia pas les terribles épreuves du *K-219*.

Les Américains ne l'oublièrent pas, eux non plus.

En 1988, le *Keldesh*, navire de recherche hydrographique soviétique, prit position au-dessus de l'épave. Il envoya au fond des caméras télécommandées pour examiner ce qui restait du *K-219*. Voici ce qu'ils découvrirent, à dix-huit mille pieds sous la surface de l'eau :

Le sous-marin était planté à la verticale sur le fond sablonneux. Il s'était cassé en deux, à l'arrière du kiosque. Plusieurs panneaux d'accès aux silos à missiles avaient été fracturés. Tous les missiles, avec leurs ogives nucléaires, avaient disparu.

Sergueï Preminine, le jeune matelot qui avait pénétré dans le réacteur nucléaire chaud et l'avait éteint avec une grosse clef à pipe et la force de sa volonté fut cité à l'ordre de l'Etoile rouge à titre posthume, pour bravoure. Dans leur village, ses parents eurent droit à un appartement un peu plus grand et à un téléphone.

Le seul survivant du naufrage à être honoré fut le lieutenant Sergueï Voroblev, l'officier de contrôle des avaries qui fumait une cigarette au niveau inférieur de la salle des missiles lorsque le silo numéro six lui sauta au visage. Il reçut l'Etoile rouge pour avoir évacué sur ses épaules l'officier des communications blessé, Markov, du compartiment envahi par le feu et l'inondation.

Le *K-219* a sombré en octobre 1986. Plus de dix ans après l'accident, la fuite dans une écoutille de silo continue de tuer. Des poumons rongés par l'acide cèdent devant la pneumonie. Des foies empoisonnés par les vapeurs nitriques flanchent. Des hommes hantés par leurs souvenirs s'abandonnent au désespoir, parfois au suicide. Le sous-marin naufragé, pillé pour ses secrets, abandonné sous la couche uniforme de limon déposée par le Gulf Stream, réclame chaque année de nouvelles victimes. Cent quinze hommes ont survécu à l'explosion, à l'inondation et aux incendies. Quatre ont succombé à leurs blessures. Onze autres sont estropiés. Beaucoup de survivants n'ont pas accès aux traitements spéciaux que leur doit une marine en faillite, et n'ont pas les moyens de se faire soigner dans les hôpitaux privés de la nouvelle Russie.

En 1996, les poumons du chef mécanicien Igor Krasilnikov ont commencé à le lâcher. L'acide qu'il avait inhalé en se rendant dans le compartiment quatre est venu finalement réclamer son dû.

Gadjievo, jour de la Fête de l'Armée, 1995

Gadjievo doit à son environnement rocailleux le surnom de « La Rocheuse », mais elle est baptisée officiellement Mourmansk-130. Depuis la fin de l'ère soviétique, elle a plutôt mal vieilli. Les grands immeubles collectifs ont besoin d'être repeints et se désagrègent. Les docks s'inclinent de façon alarmante vers le fjord glacé, et les nids-de-poule sont profonds. Le courant électrique est parfois coupé pendant plusieurs jours — y compris dans des zones sensibles de la base — pour défaut de paiement à la compagnie locale d'électricité, désormais gérée par des intérêts privés.

Nombre de sous-marins de la flottille n'ont pas quitté le port depuis des années. Sans doute ne présentent-ils pas les conditions de sécurité requises. Certains ont carrément coulé, amarrés au quai.

Malgré sa rudesse, l'hiver recouvre les formes maigres de la ville militaire d'un manteau blanc immaculé. C'est par une telle journée, le 13 février 1995, qu'une cérémonie fut organisée en l'honneur des sous-mariniers de Gadjievo disparus en mer. Britanov avait été invité. Son ami Gennadi Kapitulski l'avait prié de venir. Personne ne savait s'il le ferait.

Le jour était clair et lumineux, le soleil bas étincelait sur la neige, lorsque les officiers et leurs familles se rassemblèrent devant l'un des immeubles gris. Sur un coin du bâtiment, on avait apposé une plaque, encore recouverte d'un voile. Un orchestre jouait des airs martiaux absorbés par le froid glacial et le ciel bleu vide.

Deux gardes se tenaient de part et d'autre du mémorial. Le maire de Mourmansk prononça un bref discours, quelqu'un tira une corde, et l'on ôta le voile. Le monument était dédié au matelot Serguei Preminine. La fanfare jouait un chant funèbre, très lent. Ses amis, ses parents s'avancèrent pour toucher le bronze froid et déposer des fleurs au pied du monument. Les survivants de l'équipage du *K-219* étaient venus en force. Tous ceux qui étaient capables de voyager étaient là — excepté le *zampolit* Serguienko. Un banquet était organisé le soir même en leur honneur, au Club des officiers de Gadjievo. Presque une décennie après leur épreuve atroce, leur bravoure et leur endurance étaient enfin reconnues par la fraternité des sous-mariniers.

Grand-Père Krasilnikov fut l'un des derniers à déposer une gerbe de fleurs. Quand il se retourna, il s'immobilisa. Il avait reconnu la silhouette solitaire qui descendait l'allée enneigée de l'entrée principale.

Il se mit au garde-à-vous. La foule laissa échapper un murmure, puis se tut.

Très grand, très droit, le visage résolu, la tête nue couverte d'un simple béret de toile, Igor Britanov passa devant les rangs où les membres de son ancien équipage côtoyaient des sous-mariniers encore en activité. Il tenait le bouquet de fleurs qu'il avait apporté durant le long voyage en train de Sverdlovsk.

Kapitulski cria : « Garde-à-vous ! » Les anciens du *K-219* se redressèrent. Britanov déposa ses fleurs devant le mémorial à Preminine, puis tourna les talons.

Kapitulski souriait. Krasilnikov aussi, à sa manière. Genia Aznabaïev s'approcha de Britanov. Il était un peu plus lourd qu'à l'époque où il servait comme navigateur sur le *K-219*, et il avait perdu une bonne partie de ses cheveux. Mais son sourire n'avait pas changé.

— Bienvenue pour votre retour, capitaine, dit-il.

Il serra Britanov dans ses bras. Il fut bien vite rejoint par Kapitulski. Pendant que ses officiers, l'un après

l'autre, lui donnaient l'accolade, le cri de l'équipage retentit, spontané et puissant :
« Oh-Oh-Oh ! Bri-Ta-Nov ! »
« Oh-Oh-Oh ! Bri-Ta-Nov ! »
« Oh-Oh-Oh ! Bri-Ta-Nov ! »
La patrouille de trois mois avait duré presque dix ans, mais le capitaine Igor Britanov avait fini par revenir à Gadjievo. Il était revenu vers les hommes pour qui il avait sacrifié une décennie et son poste de commandement. Britanov était revenu des plaines abyssales où les monstres rôdaient. Il avait refait surface, il avait retrouvé la lumière. Alors qu'il se tenait là, sous les acclamations qui se répercutaient le long des immeubles collectifs de béton gris, on avait l'impression que sa longue épreuve touchait peut-être à sa fin. Que même après la mort de son ancien pays, tandis que le nouveau luttait pour trouver sa place dans le monde, la vie de Britanov pouvait redémarrer.

Annexe

Navaga *K-219* : les effectifs du sous-marin

1. Morts le 3 octobre 1986

Alexandre V. Petratchkov	Capitaine de troisième rang	Officier missilier
Igor K. Khartchenko	Matelot	Mécanicien
Nikolaï L. Smagliuk	Matelot	Division missiles
Sergueï A. Preminine	Matelot	Equipe du réacteur

2. Survivants

Officiers

Igor A. Britanov	Capitaine de second rang	Commandant du K-219
Igor P. Krasilnikov	Capitaine de second rang	Chef mécanicien
Sergueï V. Vladmirov	Capitaine de troisième rang	Officier en second
Evgueni R. Aznabaïev	Capitaine de troisième rang	Navigateur
Valeri I. Pchenitchni	Capitaine de troisième rang	Officier de la sécurité
Iouri O. Serguienko	Capitaine de troisième rang	Officier politique
Gennadi Ia. Kapitulski	Capitaine de troisième rang	Chef ingénieur en propulsion
Oleg M. Lysenko	Capitaine de troisième rang	Officier contrôle des avaries
Vladimir D. Gordeïev	Capitaine de troisième rang	Officier aux torpilles
Vladimir A. Osipov	Lieutenant-capitaine	Responsable du groupe coque

Sergueï A. Prikhounov	Lieutenant-capitaine	Officier électronicien
Igor O. Kretov	Lieutenant-capitaine	Officier mécanicien
Alexandre V. Vitchtalenko	Lieutenant-capitaine	Officier mécanicien
Iouri V. Babenko	Lieutenant-capitaine	Officier électricien
Viatcheslav V. Kiselev	Lieutenant-capitaine	Officier radio-électronicien
Sergueï N. Ryasanov	Lieutenant-capitaine	Officier sonar
Alexandre I. Simakov	Lieutenant-capitaine	Commandant compartiment n° 3
Sergueï V. Voroblev	Lieutenant-capitaine	Chef de l'équipe chimistes
Sergueï A. Tcherkassov	Premier lieutenant	Second navigateur
Oleg V. Gouchkov	Premier lieutenant	Second navigateur
Oleg P. Koujmenko	Premier lieutenant	Second officier missilier
Iouri M. Demyan	Premier lieutenant	Officier mécanicien
Nikolaï N. Belikov	Premier lieutenant	Officier resp. des réacteurs
Alexeï K. Konoplev	Premier lieutenant	Commandant compartiment n° 8
Sergueï G. Scriabine	Premier lieutenant	Commandant compartiment n° 6
Roman M. Dolmatov	Premier lieutenant	Officier électronique
Igor A. Kotcherguine	Lieutenant (service médical)	Médecin
Vladimir N. Serguienko	Lieutenant	Commandant compartiment n° 2
Anatoli I. Pasetchnik	Lieutenant	Commandant compartiment n° 10

Sous-officiers

Baïdine, A. I.	Demtchenko, V.M.	Kalitchenko, V.A.
Bednocheïev, S.V.	Dmitrievski, V.A.	Ketov, N.M.
Bondarenko, A.F.	Dyachkov, Y.A.	Koussov, A.Io.
Borounov, S.M.	Gasparyan, A.Kh.	Linskii, V.V.
Boudalov, A.A.	Gourchal, V.V.	Lioutikov, I.V.
Buryak, V.V.	Gridine, A.D.	Medyanik, A.P.
Chpakov, N.T.	Iejov, V.N.	Morozov, P.N.
Chvidoune, V.V.	Jdanov, A.E.	Pounguine, S.V.

Povarov, S.V.
Rizkine, N.I.
Samorokovski, V.P.
Sergueïev, V.V.
Smolev, V.P.

Syich, V.N.
Taran, V.V.
Tchepinchenko, V.V.
Tcherbakov, A.A.
Tchoudakov, Y.I.

Vachtchenko, Iu.I.
Vasilchouk, A.D.
Yourine, A.A.
Zastavnyi, P.F.

Matelots

Almonaïtis, B.V.
Ananenko, A.S.
Banders, A.Ia.
Banyjkov, M.A.
Beskier, S.M.
Bourounov, I.G.
Boutkous, V.P.
Boutnaru, I.A.
Bystrov, V.G.
Derkach, A.A.
Dolotii, A.A.
Griyasnov, A.A.
Guekalo, S.N.
Ivanov, D.N.
Khaïdarov, N.G.
Koutchkarov, U.Kh.

Maïkan, A.N.
Maïorov, V.L.
Martchoukov, S.A.
Melynikov, S.A.
Mingliev, A.T.
Moujaryakov, A.A.
Moukharryamov, F.Kh.
Mousiakevitch, A.N.
Nedely, A.M.
Popov, N.N.
Postnikov, S.A.
Rakoulitsev, I.G.
Roman, L.P.
Sadauskas, R.V.
Salikhov, V.I.

Savine, V.N.
Savtchik, V.V.
Soloveï, A.F.
Solovyev, I.V.
Tarassov, S.A.
Tatarenko, V.N.
Timatchkov, S.V.
Vaniouchkov, M.A.
Vassiliev, N.B.
Velientienko, S.I.
Viouguine, V.G.
Yegorov, V.A.
Yesipov, V.V.
Zakharoutine, I.N.
Zakroujni, A.Ia.
Zoubov, Yu.V.

3. Morts de complications découlant de l'accident

Vladimir N. Karpatchev — Lieutenant-capitaine — Aide de camp du commandant

Vladimir P. Markov — Capitaine de troisième rang — Officier des communications

Bibliographie

1. Sources primaires

Entretiens, retranscriptions de conversations

Andreïev, Gennadi Alexievitch, capitaine de premier rang. Ancien commandant de SSBN classe Yankee, spécialiste missiles Flag, division de Gadjievo. [Entretien : Saint-Pétersbourg 2/10/1995]
Antonov, Gennadi Nikolaievitch, vice-amiral. Ancien commandant de SSBN classe Delta, chef de la commission Missiles, commission des Inspections *in situ*, ministère russe de la Défense. [Entretien : Saint-Pétersbourg 2/10/1995]
Aznabaïev, Evgueni, capitaine de troisième rang. Ancien navigateur du *K-219*. [Entretien : Saint-Pétersbourg 27/9/1995]
Bohn, Michael K., capitaine US Navy (à la retraite). Ancien directeur de la Situation Room à la Maison-Blanche. [Entretien téléphonique : Washington (DC) 11/1/1995]
Britanov, Igor A., capitaine de premier rang. Ancien commandant et survivant du SSBN de classe Yankee *K-219*. [Entretiens : Moscou 8-9/11/1994, téléphone 15/2/1995, Iekaterinburg 4/3/1995]
Brooks, Thomas A., vice-amiral (à la retraite). Chef du centre de renseignement, état-major interarmes. [Entretien téléphonique : Greensboro (Caroline du Nord) 10/1/1995]
Burpee, Richard, général de corps US Air Force (à la retraite). Officier d'opérations J3 auprès du chef d'état-

major, état-major interarmes. [Entretien : Alexandria (Virginie) 9/1/1995]
Bush, James, capitaine US Navy (à la retraite). Centre d'Information Défense. [Entretien : Washington (DC), 12/1/1995]
Carter, Powell N., amiral US Navy (à la retraite). Ancien directeur de l'état-major interarmes. [Entretien téléphonique : Virginie occidentale, 10/1/1995]
Chevarnadze, Edouard, ancien Premier ministre de l'URSS. [Entretiens : Moscou, 20/6 et 5/9/1991]
Combs, Richard E., officier service Etranger. Ancien chef adjoint de mission à l'ambassade des Etats-Unis à Moscou. [Entretien : Washington (DC) 12/1/1995]
Federov, George, spécialiste de la marine russe, commandement du renseignement naval. [Entretiens : Washington (DC) 11/1/1995, 5/2/1997]
Herrington, David L., capitaine US Navy (à la retraite). Ancien directeur du Groupe de renseignement naval. [Entretien : Arlington (Virginie) 10/1/1995]
Iazov, Dimitri Timofeïevitch, maréchal. Ministre soviétique de la Défense, juillet 1987-août 1991. [Entretien : Sébastopol, 9/8/1988]
Ivanov, Vladimir Petrovitch, contre-amiral marine soviétique (à la retraite). Ancien chef des services de sécurité et de contre-espionnage de la marine. [Entretien : Saint-Pétersbourg, 1/8/1996]
Kalistratov, Nikolaï Iakoblevitch, directeur général et directeur de la production scientifique de Svejdotchka (« La Petite Etoile »), chantier naval de construction et d'entretien de sous-marins nucléaires, Severodvinsk, Russie (où fut construit et réparé le SSBN *K-219*). [Entretien : Moscou, 30/7/1996]
Kapitanets, I.M., amiral. Adjoint au commandement en chef de la flotte soviétique, commandant de la flotte du Nord à l'époque du naufrage du *K-219*. [Retranscription de conversation : Moscou, 10/7/1989]
Kapitulski, Gennadi Ia., capitaine de troisième rang.

Ancien chef ingénieur en propulsion, survivant du SSBN *K-219*. [Entretien : Saint-Pétersbourg 15/11/1994, 26/9/1995 et 30/7/1996]

Kapitulski, Irina Iourevna, épouse de Gennadi Kapitulski. [Entretiens : Saint-Pétersbourg 15/11/1994, 26/9/1995 et 30/7/1996]

Kipiatkova, Anna I., directeur, histoire de la construction navale sous-marine, bureau central de conception pour l'ingénierie marine, RUBIN. [Entretien : Saint-Pétersbourg, 26/9/1995]

Kotcherguine, Igor N., capitaine de troisième rang. Ancien médecin de bord et survivant du SSBN *K-219*. [Entretiens : Saint-Pétersbourg 15/11/1994 et 1/8/1996]

Kourdina, Irina, épouse de l'ancien second du SSBN *K-219*, habitante de Gadjievo. [Entretiens : Saint-Pétersbourg, 18/9-2/10/1995 et 28-31/7/1996]

Kourdine, Igor K., capitaine de premier rang. Ancien second du SSBN *K-219*, commandant du SSBN Yankee-1 *K-241* et du Delta-IV *K-84*. [Entretiens : Saint-Pétersbourg : 15/11/1994, 18/9-2/10/1995 et 28-31/7/1996]

Idem. Lettres aux auteurs datées 15/2/1995, 13/11/1995, 10 et 27/12/1995, relatant des interrogatoires des hommes d'équipage du *K-219*.

Idem. Entretiens enregistrés (vidéo) avec les anciens officiers du *K-219* : le navigateur Evgueni Aznabaïev, le chef mécanicien Igor Krasilnikov, l'officier en second Vladimir Vladmirov. Severomorsk 23/2/1995.

Idem. Entretien enregistré (audio) avec les anciens officiers survivants du *K-219*, Vladmirov, Pchenitchni, Aznabaïev et Krasilnikov, à propos des communications radio échangées par le cargo *Krasnogvardiesk* et le haut commandement naval à Moscou, les 5 et 6 octobre 1986.

Idem. Entretien enregistré (audio) avec le second Alexeï Gakkel de l'*Anatoli Vassiliev*, qui récupéra le capitaine Britanov dans le radeau de sauvetage le 6 octobre 1986.

Idem. Entretiens enregistrés (vidéo) avec d'anciens hommes d'équipage et le commandant du *K-219*, et leurs épouses, filmés par « la Pomme d'Adam » (produit par Kiril Nabutov). [LenTV, 4/10/1996]

Krause, Vladimir Alexeïevitch, capitaine de premier rang, GRU. Ancien assistant à l'attaché naval soviétique, Ottawa et Washington (DC), 1986-1990. [Entretiens : 8-13/11/1994]

Loikanen, Gari Genrikovitch, vice-amiral. Ancien commandant d'une flottille de Yankee de la flotte du Nord. [Entretien : Saint-Pétersbourg, 27/9/1995]

Makhonine, amiral. Ancien adjoint au chef d'état-major de la marine soviétique pour la logistique, 1988-1991. [Entretien : Moscou, 14/11/1994]

Moiseïev, Mikhaïl, général de l'armée. Ancien chef de l'état-major général soviétique, 1988-1991. [Entretien : Moscou, 14/11/1994]

Musatenko, Roman Ivanovitch, capitaine de premier rang. Ancien commandant de SSBN Yankee, directeur de la section Armes, Collège militaire. [Entretien : Saint-Pétersbourg, 28/9/1995]

Nikitine, Iouri, capitaine de second rang. Auteur. [Entretien : Moscou, 8/11/1994]

Northup, Donn, Commandant, US Navy (à la retraite). Ancien officier chef de quart au Nosic. [Entretien téléphonique : Springfield (Virginie), 9/1/1995]

Novoïstev, Pietr Nikolaïevitch, amiral. Ancien adjoint pour les opérations au chef d'état-major de la marine soviétique, 1975-1987. [Entretien : Washington (DC), 18-24/6/1987, alors qu'il accompagnait la délégation soviétique aux annuels « Pourparlers américano-soviétiques sur les incidents en mer »]

Parochine, Vladimir I., vice-amiral. Ancien adjoint au commandant en chef de la flotte du Nord à l'époque du naufrage du *K-219*. [Entretien avec le capitaine Kourdine : Saint-Pétersbourg, 3/6/1996]

Pchenitchni, Valeri, capitaine de second rang. Ancien

officier de la sécurité à bord du *K-219*. [Entretien : Saint-Pétersbourg, 15/11/1994]

Petratchkov, Alexeï A., cadet à l'Ecole de Marine Nakhimov. Fils du capitaine de troisième rang Petratchkov, ancien officier missilier, tué durant l'accident du SSBN *K-219*. [Entretien : Saint-Pétersbourg, 15/11/1994]

Poindexter, John M., vice-amiral (à la retraite). Ancien conseiller du président Reagan pour les affaires de sécurité nationale. [Entretien : Rockville (Maryland), 11/1/1995]

Ponikarovsky, Valentin Nikolaïevitch, amiral. Ancien commandant de SSN Novembre, adjoint au commandant de la flotte du Nord pour les opérations sous-marines, directeur au Collège militaire naval de Saint-Pétersbourg. [Entretien : Saint-Pétersbourg, 29/9/1995]

Ramee, Mark, officier service Etranger. Ancien conseiller politique à l'ambassade des Etats-Unis à Moscou. [Entretien : Washington (DC) 11/1/1995]

Scriabine, Sergueï, lieutenant. Ancien commandant du compartiment six à bord du *K-219*. [Lettre adressée au capitaine Igor K. Kourdine en décembre 1995, et retraçant les événements auxquels il a assisté à bord du *K-219* du 3 au 6/10/1986]

Selivanov, Ie. V., amiral. Chef de l'état-major de la marine russe. [Entretien : 20/9/1995]

Sheafer, E.D., vice-amiral, US Navy (à la retraite). Ancien J2/Officier de renseignement de la flotte, commandant en chef d'état-major de la flotte atlantique, Norfolk (Virginie). [Entretien : McLean (Virginie), 12/1/1995 et (au téléphone) 3/2/1997]

Tarasenko, Vladimir Ivanovitch, capitaine de premier rang. Ancien second du SSBN Delta-1 *K-279*, qui entra en collision avec l'USS *Augusta* (SSN-710) dans l'Atlantique est, le 20/10/1986.

Tchernavine, Vladimir Nikolaïevitch, amiral de la flotte. Ancien commandant en chef de la marine soviétique. [Entretien : Saint-Pétersbourg, 29/7/1996]

Tchifonov, vice-amiral. Sous-directeur de la commission d'enquête sur le naufrage du SSBN *K-219*, commandant d'un SSBN Delta-IV. [Entretien : Moscou, 8/11/1994]
Toporikov, Victor Victorovitch, capitaine de premier rang. Ancien aide de camp de l'amiral Novoïstev. [Entretiens : Washington (DC), 18-24/6/1987, durant les « Pourparlers américano-soviétiques sur les incidents en mer ». Moscou 8/7/1988 et 20/7/1989]
Volkova, Elena Petrovna, épouse d'un ancien officier du *K-219*, habitante de Gadjievo. [Entretien : Saint-Pétersbourg, 15/11/1994]
Voroblev, Sergueï, lieutenant. Officier chimiste à bord du *K-219*. [Entretien avec le capitaine Kourdine : Mourmansk, 23/2/1995]
Weinberger, Caspar, ancien secrétaire américain à la Défense. [Entretien : Arlington (Virginie), 6/1/1995]
Zadorine, capitaine de premier rang. Ancien assistant du commandant en chef de la flotte soviétique V.N. Tchernavine, 1985-1991. [Entretien : Moscou, 8/11/1994]

Documents publics et privés, et études diverses

Bellona Report, vol. 2. « The Russian Northern Fleet, Sources of Radioactive Contamination », Thomas Nilsen, Igor Kudrik, et Alexander Nikitine. Oslo, 1996.

Liste de l'équipage du projet 667, SSBN de classe Navaga, *K-219*.

Décret du procureur militaire général, ministère soviétique de la Défense, relaxant de toutes les charges criminelles Igor A. Britanov et Igor P. Krasilnikov, 20 juillet 1987.

Greenpeace : compte rendu d'expédition. « Radioactive Waste Situation in the Russian Pacific Fleet, Nuclear Waste Disposal Problems, Submarine Decommissioning, Submarine Safety, and Security of Naval Fuel », Joshua

Handler, coordinateur des recherches, Campagne pour le désarmement, 27/10/1994.
Greenpeace : document de travail. « Soviet Submarine Accidents and Submarine Safety », Joshua Handler, coordinateur des recherches, Campagne Mers sans atome, Washington (DC), 4/9/1991.
Greenpeace : « Soviet/Russian Submarine Accidents : 1956-94 », Joshua Handler, coordinateur des recherches, Campagne internationale pour le désarmement, 9/10/1994.
Journal de bord du « projet 667, SSBN de classe Navaga, *K-219* », période du 3 au 6/10/1986.
Neptune Papers n° 3 : « Naval Accidents 1945-1988. » William M. Arkin et Joshua Handler, Greenpeace, Institute for Policy Studies, juin 1989.
Nikitine, Evgueni : « Murmures au large des Bermudes ». Texte manuscrit inédit sur la perte du SSBN classe Yankee *K-219*.
US Council for Energy Awareness : « Les centrales nucléaires de conception soviétique dans les anciennes républiques soviétiques, la Tchécoslovaquie, la Hongrie et la Bulgarie », Washington (DC), 1992.
Rapport Iablokov : « Faits et problèmes relatifs à la destruction des déchets radioactifs dans les mers limitrophes au territoire de la fédération de Russie (Eléments pour un rapport de la Commission gouvernementale sur les questions relatives à la destruction des déchets radioactifs, créée par le décret n° 613 du président de la fédération de Russie, le 24/10/1992), Bureau du président de la fédération de Russie, Moscou, 1993.

Autobiographies, mémoires et témoignages de première main

Jiltsov, Lev, Nikolaï Mormoul et Leonid Ossipenko,
La Dramatique Histoire des sous-marins nucléaires soviétiques : des exploits, des échecs et des catastrophes cachées pendant trente ans, Paris, Robert Laffont, 1992.

Idem, *Les Sous-Marins nucléaires : exploits, infortunes, catastrophes,* Moscou, A/O « Borgee », 1994.
Mikhaïlovski, Arkadi P., amiral, *Blow to the surface,* Saint-Pétersbourg, Nauka, 1995.
Romanov, D.A., *La Tragédie des sous-marins komsomolets. Les arguments des constructeurs,* Saint-Pétersbourg, Presses de l'Institut rural et humanitaire, 1995.
Samoïlov, V., amiral de réserve, « Par mille sept cents mètres de fond, à bord des komsomolets », *Morskoï Sbornik* 4 (septembre 1992), 33-36.
Tchernavine, Vladimir N., amiral de la flotte. *Le Journal de bord. La flotte et le destin de la Russie,* Moscou, Andreïevski Flag, 1993.

Articles de journaux

Alexeïev, Vladimir, « Dans des eaux hostiles. Dixième anniversaire du naufrage du sous-marin nucléaire *K-219* », *Smena,* Saint-Pétersbourg, 4/10/1996, n° 223.
Idem. « Des sous-mariniers soviétiques ont sauvé l'Amérique en 1986 », *Smena,* Saint-Pétersbourg, 11/9/1996, n° 204.
Atlas, Terry, « Old Russian Nuclear Subs Pose Environmental Threat, Study Says », *Chicago Tribune,* 26/2/1993.
Bivens, Matt, « Soviet Captain Recounts Tale of a Chernobyl Under Sea », *The Nation,* Bangkok, 21/5/1993.
Black, Norman, « *Augusta* Likely Hit Soviet Sub », *The Day,* New London (Connecticut), 2/3/1987.
Bohlen, Celestine, « Soviet A-Sub Blaze Off Bermuda Kills Three », *Washington Post,* 5/10/1986.
Broad, William J., « Navy Has Long Had Secret Subs », *The New York Times,* 7/2/1994.
Idem. « Russians Seal Nuclear Sub on Ocean Floor », *The New York Times,* 9/9/1994.

Idem. « Disasters with Nuclear Subs in Moscou's Fleet Reported », *The New York Times (intl)*, 26/2/1993.
Idem. « Sunken Soviet Sub Leaks Radioactivity in Atlantic », *The New York Times*, 8/2/1994.
Drew, Christopher, et Michael L. Millenson, « For the US and Soviets, an Intricate Undersea Minuet », *Chicago Tribune*, 8/1/1991.
Fagin, Steve, et Maria Hileman, « Navy Admits Sub Hit Object », *The Day*, Groton (Connecticut), 4/11/1986.
Gundarov, Vladimir, « Violation des règles des opérations sous-marines lors d'un incident de dissimulation. Collision d'un sous-marin atomique russe avec un sous-marin nucléaire américain en présence de témoins », *Krasnaya Zvesda*, Moscou, 27/3/1993, n° 69-70.
Gwertzman, Bernard, « Moscou Reports Fire on Atomic Sub in North Atlantic », *The New York Times*, 5/10/1986.
Idem. « Soviet Submarine Crippled by Fire on Her Way Home », *The New York Times*, 6/10/1986.
Idem. « Soviet Atomic Sub Sinks in Atlantic 3 Days After Fire », *The New York Times*, 7/10/1986.
Iemelianekov, Alexander, « La marine : les tragédies au port, dans des conditions du large. Insubmersible, d'après des notes "classifiées" », *Sobesednik* 14, Moscou (avril 1992), 4-5.
Khraptovitch, Albert, « Nous avons tenu en ligne de mire des centaines de cibles flottantes », *Rossiskovo Gazeta*, Moscou, 19/10/1996.
Kolton, Ilya, « Documents ultra-secrets sur la situation des sous-marins dans la flotte russe », *Sobesednik* 12, Moscou (juin 1992), 1-3.
Kondratev, V., « Pourquoi vivre à Gadjievo la Rocheuse ? », *Murmanski vestnik*, 30/8/1994, n° 171.
Krikunov, Konstantin, « Les catastrophes du siècle. Le naufrage secret du sous-marin nucléaire *K-219* », *Izvestiya*, Moscou, 4/10/1996, n° 147.
McNish, Thomas, « USNS *Powhatan* Sails on Eventful Voyage », *Sealift*, Norfolk, 1/11/1986.

Nikitine, Evgueni, « Le secret "déclassifié" du sous-marin Yankee », *Rossiskaya Gazeta*, Moscou, 2/9/1994, p.6.
Rensberger, Boyce, « Soviet Sub Fire Seems to Be Out », *Washington Post*, 6/10/1986.
Sokirko, Viktor, « Comment deux sous-mariniers russes ont sauvé l'Amérique d'une catastrophe nucléaire », *Komsomolskaya Pravda*, Moscou, 4/10/1996.
Wilson, George C., « Soviet Sub Skipper Balked at Rescue », *Washington Post*, 9/10/1986.
Yakimets, Vladimir, « La fission de l'atome, le premier demi-siècle », *Sobesednik*, Moscou (1994), 3-7.

2. Sources secondaires et périodiques

Alexine, V., contre-amiral, « L'opération Jennifer », *Morskoï Sbornik*, Moscou, 5/6/1992.
Idem. « Incident dans la mer de Barents », *Morskoï Sbornik*, Moscou, 5/6/1992.
Idem. « Le taux d'accidents de la flotte », *Morskoï Sbornik* 10, Moscou, 1992, 37-42.
Idem. « Ils sont morts à leurs postes de combat », *Morskoï Sbornik*, Moscou, 1993, 12-14.
Bourov, Victor N., *La construction navale patriotique au trois centième anniversaire de notre pays*, Saint-Pétersbourg, Sudostroïenie, 1995.
Bukan, S.P., *Sur la piste des catastrophes sous-marines*, Moscou, Guild Master « Rus », 1992.
Chaze, William, et Robert Kayler, « Silent War Beneath the Waves », *US News and World Report*, 15/6/1987, 36-43.
Clancy, Tom, *Submarine : A Guided Tour Inside a Nuclear Warship*, New York, Berkeley Books, 1993.
Doubski, Kiril, « Le secret du volume n° 33 », *Chest Imayu 7*, Moscou (1994), 16-19.
Handler, Joshua, « No Sleep In the Deep for Russian Subs », *Bulletin of the Atomic Scientists* (avril 1993), 7-9.

Idem. « Submarine Safety — The Soviet/Russian Record », *Jane's Intelligence Review*, (édition internationale, juillet 1992), 328-332.

Huchthausen, Peter, « Russian Navy in Distress », *US Naval Institute Proceedings*, Annapolis (mai 1993), 77-80.

Idem. « Sabotage or Espionage ; The Secret Sinking of Battleship *Novorossisk* », *US Naval Institute Naval History*, Annapolis (février 1996), 19-23.

Kessler, Ronald, *Moscou Station : How the KGB Penetrated the American Embassy*, New York, Simon and Schuster, 1989.

Kobchikov, E.I., « Un Tchernobyl qui n'a pas eu lieu. Le dixième anniversaire du naufrage du *K-219* », *Pamyat*, Saint-Pétersbourg, 10/9/1996.

Kravtsov, Anatoli, « Enquête sur un Tchernobyl sous-marin ? », *Ogoniok*, Moscou (décembre 1993), 44-45.

Mikhaïlov, A., « Un secret du triangle des Bermudes », *Severni Rabotchi*, Mourmansk, 20/10/1994.

Mintchenko, S., capitaine de premier rang, « Opération Profondeurs », *Morskoï Sbornik*, Moscou (juillet 1994).

Mozgovoï, Alexander, « Des secrets dissimulés sous les vagues », *Echo of the Planet 6*, Moscou (février 1994), 22-27.

Idem. « Taran Hiroshima », *Morskoï Sbornik* 11, Moscou (1993), 48-50.

Nikitine, Ie., capitaine de premier rang, « Tragédie dans la mer des Sargasses », *Morskoï Sbornik*, Moscou (octobre 1991), 45-51.

Idem. « Le marin qui sauva l'Amérique. Serguéï contre Tchernobyl 2 », *Echo of the Planet*, Moscou, 4/10/1991, n° 40.

Oberg, James E., *Uncovering Soviet Disasters : The Limits of Glasnost*, New York, Random House, 1988.

Polmar, Norman, et Jurrien Noot, *Submarines of the Russian and Soviet Navies, 1918-1990*, Annapolis, US Naval Institute Press, 1991.

Schoenfeld, Gabriel, « Underwatergate, A Submarine Tchernobyl », *The New Republic*, 27/4/1993, 20-21.
Shoumatoff, Alex, « The Silenced Love Song of Pvt. Clayton Lonetree », *Esquire* (novembre 1993), 105-112.
Tcherkachine, Nikolaï, « Requiem pour un vaisseau de guerre », in *Le Lien qui unit tous les marins*, Moscou, Voïenizdat, 1990.
Idem. « Hiroshima : faites surface à midi », in *Vakhteni Dzhurnal (le Journal de bord)* Moscou, Andreïevski Flag, 1993.
Idem. « Comment meurent les sous-marins », in *Vakhteni Dzhurnal (le Journal de bord)*, Moscou, Andreïevski Flag, 1995.
van Voors, Bruce, « Murky Waters for the Supersub », *Time*, 25/1/1988, p. 26.
Zavarine, V., « A la mémoire des vivants », *Morskoï Sbornik* 6, Moscou (1990), 42-46.

Remerciements

Les auteurs veulent exprimer leur reconnaissance à leur ami, l'agent littéraire Knox Burger. Sans sa gentillesse et ses conseils, ce livre n'aurait pas été réalisé avec la même efficacité.

Nous remercions l'amiral Valentin Selivanov, ancien chef de l'état-major de la marine russe, grâce à qui nous avons pu obtenir des entretiens avec de nombreux officiers de marine russe d'active. Et le vice-amiral Ted Sheafer pour son aide dans notre enquête sur le déroulement des faits, dans la chaîne de commandement américaine, pendant l'accident du *K-219*.

Nous adressons des remerciements particuliers à Tom Mangold de la BBC et Bill Cran d'In Vision Productions, qui ont rendu possible la réalisation de nos efforts. Nous exprimons notre profonde reconnaissance pour les attentions et les conseils sans nombre que nous a accordés Stephanie Tepper, l'épouse de Bill Cran et son associée dans In Vision. Stephanie a perdu en mars 1997 le long combat qu'elle menait contre le cancer. Elle a joué un rôle clé dans la narration de cette histoire.

Le capitaine Igor Britanov, ainsi que nombre d'officiers, leurs femmes et des membres de l'équipage numéro un du Yankee-1, classe SSBN *K-219*, nous ont fourni la plupart du matériel dont nous nous sommes servis pour décrire les épreuves qu'ils ont traversées. Leur empressement à raconter leur histoire fut inestimable.

*Cet ouvrage a été
imprimé sur presse Cameron
dans les ateliers de*
Bussière Camedan Imprimeries
*à Saint-Amand-Montrond (Cher)
en août 1998*

N° d'édition : 6677. N° d'impression : 983959/1.
Dépôt légal : août 1998.
Imprimé en France